bup
BERLIN UNIVERSITY PRESS

Marcia Pally
Die Neuen Evangelikalen
Freiheitsgewinne durch fromme Politik

Berlin University Press

Marcia Pally
Die Neuen Evangelikalen
Freiheitsgewinne durch fromme Politik

Erste Auflage im September 2010
© Berlin University Press 2010
Alle Rechte vorbehalten

Ausstattung und Umschlag
Groothuis, Lohfert, Consorten | glcons.de
Satz und Herstellung
Bernd Krüger, Berlin
Schrift
Borgis Joanna MT
Druck
Beltz Druckpartner, Hemsbach
ISBN 978-3-940432-93-3

Teil IV:
Zusammenfassende Bemerkungen

Vorwort

Das Wort »Evangelicals« verbindet sich in Deutschland mit einer Bewegung amerikanischer Christen, die ihre religiösen Überzeugungen mit Hilfe des Staates für das ganze Land verbindlich machen möchten, und zwar ohne Rücksicht auf den säkularen Charakter der USA, die zwischen Staat und Kirchen verfassungsrechtlich wesentlich schärfer trennen als das deutsche Grundgesetz, und auch ohne Rücksicht auf die konkurrierenden Wahrheiten anderer Religionsgemeinschaften in einer multikulturellen und multireligiösen Gesellschaft: die USA als eine »Christian Nation«, der Staat mit seinem Gewaltmonopol als Garant einer christlichen Ordnung.

Marcia Pallys Buch belehrt uns, dass diese Annahme, so berechtigt sie noch vor etwa fünf Jahren gewesen sein mag, heute nicht mehr zutrifft. Damit soll nicht gesagt werden, dass die evangelikale Bewegung verschwunden sei oder ihren Einfluss verloren habe. Sie erhebt im Gegenteil seit Barack Obamas Präsidentschaft ihre Stimme schärfer als zuvor und findet weithin Resonanz in der Politik, die sich von einer verzweigten evangelikalen Publizistik danach klassifiziert sieht, inwieweit sie sich die religiösen Forderungen der Bewegung zu Eigen macht. Jeder Wahlkampf liefert dafür Anschauungsmaterial.

Neu ist dagegen, wie Marcia Pally beschreibt, dass sich innerhalb der evangelikalen Bewegung ein Flügel herausgebildet hat, dessen Angehörige sich selbst als »New Evangelicals« begreifen und mit der fundamentalistischen Attitüde der »old Evangelicals« gebrochen haben. Ohne deren religiösen Grundüberzeugungen und den daraus folgenden Verhaltensmaximen abzuschwören, zielen sie doch nicht mehr darauf ab, sie mit Hilfe des Staates für die Gesellschaft insgesamt verbindlich zu machen. Der religiös und weltanschaulich neutrale Staat, der in Äquidistanz zu allen Religionen steht, wird vielmehr akzeptiert.

Das schließt nicht aus, dass die neue evangelikale Bewegung für ihre Vorstellungen wirbt und sie politisch zur Geltung zu bringen versucht. Doch tut sie das nach Marcia Pallys Darstellung als Teil der Zivilgesellschaft, die Erwartungen an den Staat richtet und ihn auf der Basis ihrer ethischen Überzeugungen kritisiert, aber anerkennt, dass die Rechte, welche sie für sich selbst beansprucht, auch allen anderen Religionsgemeinschaften zugestanden werden müssen. Der Vorzug des säkularen Staates für religiöse Freiheit seiner Bürger wird erkannt, staatlicher Zwang zur Durchsetzung göttlicher Gebote abgelehnt.

Zugleich verschiebt sich die politische Agenda der »New Evangelicals«, verglichen mit derjenigen der Religiösen Rechten in den USA. Themen wie der Schwangerschaftsabbruch und die gleichgeschlechtliche Ehe treten in den Hintergrund. Fragen der Armutsbekämpfung, im eigenen Land und in der Welt, des Umweltschutzes, der Klimaveränderung treten in den Vordergrund. Auch die einseitige Nähe der Evangelicals zur Republikanischen Partei lockert sich. Die »New Evangelicals« finden sich nahezu gleichmäßig auf Republikaner und Demokraten verteilt.

Marcia Pally belegt dies sorgfältig aus Schriften und Reden der »New Evanglicals«, aus statistischen Erhebungen und vor allem aus zahlreichen Interviews, die sie mit Führern und Angehörigen der Bewegung aus verschiedenen Teilen des Landes, verschiedenen Altersgruppen, verschiedenen Bildungsschichten und Professionen geführt hat. Die Darstellung gewinnt durch die Wiedergabe der Interviews ihre spezifische Anschaulichkeit und Authentizität. Die »New Evangelicals« bekommen ein Gesicht.

In einer Zeit, in der sich die Religion vermehrt und nicht selten aggressiv im öffentlichen Raum zurückmeldet, gewinnt das Bedeutung auch außerhalb Amerikas. Insbesondere durch die starke Migration kommt es immer häufiger zu Konflikten zwischen religiösen Normen und staatlichen Gesetzen, im Familienrecht, im Schulrecht, im Arbeitsleben usw. Zunehmend werden die Gerichte mit diesen Konflikten befasst und gelangen oft zu gegensätzlichen Ergebnissen, darin nur ein Spiegelbild der Gesellschaft, die angesichts der neuen Situation zwischen Assimilationsforderungen auf der einen und Tolerierung religiös motivierter Verhaltensweisen auf der anderen Seite schwankt.

Marcia Pally stellt daher ihr Buch unter die Frage, wie sich ernst genommene Religiosität und demokratisch-pluralistischer Staat zum beiderseitigen Nutzen vereinbaren lassen. Die »New Evangelicals« dienen dafür als Beispiel. Die religiös determinierten Überzeugungen und Anforderungen werden nicht aufgegeben, aber den Prinzipien und Prozeduren des Verfassungsstaats unterstellt. Religiös motivierte Politikkritik bleibt möglich, muss sich aber auf die Überzeugungskraft des Arguments« verlassen. Religiöse Gruppen sind gehalten, sich in ihren politischen Forderungen zu beschränken, weil sie auf Gründe gestützt und in einer Sprache formuliert werden müssen, die auch Nicht- oder Andersgläubigen zugänglich sind.

Andererseits darf sich der Staat nicht als Feind der Religion verstehen. Säkularer Fundamentalismus schadet dem gleichmäßigen Gedeihen von Religiosität und Demokratie ebenso wie religiöser Fundamentalismus. Demokratie schließt eine stark religionsorientierte Gesellschaft ebenso wenig aus, wie das Bekenntnis zur Religion die Demokratie gefährdet. Ob damit eine Lockerung der sehr strikten Interpretation der Non-Establishment-Clause des First Amendment der US-Verfassung gerechtfertigt werden könnte, bleibt offen.

Die Spannungen zwischen demokratischem Verfassungsstaat und religiösem Bekenntnis sind damit freilich noch nicht gelöst, denn die »old Evangelicals" sowie ihre Äquivalente in anderen Ländern existieren weiterhin und sind nicht bereit, von ihren Forderungen abzurücken. Überdies gibt es fundamentalistische Strömungen in anderen Religionen, die im säkularen und pluralistischen Staat ihren Feind sehen. Was die „New Evangelicals« zeigen, ist aber eine Bewegung im religiösen Milieu, die keineswegs auf die USA beschränkt bleiben muss.

Dieter Grimm

Teil I:
Ein Blick auf die Religion
im liberalen, demokratischen Staat

Die Trennung von Kirche und Staat:
Ein Vorschlag der Frommen

»Let it be known unequivocally that we are committed to religious liberty for people of all faiths ... We are firmly opposed to the imposition of theocracy on our pluralistic society ... Thus every right we assert for ourselves is at once a right we defend for others. A right for a Christian is a right for a Jew, and a right for a secularist, and a right for a Mormon, and right for a Muslim, and a right for a Scientologist, and right for all the believers in all the faiths across this wide land ...«

— *Evangelical Manifesto*, Mai 2008, unterzeichnet von über 70 Leitern amerikanischer evangelikaler Institutionen, einschließlich des Präsidenten der National Association of Evangelicals (NAE), Leith Anderson, und Mark Bailey, Präsident des Theological Seminary in Dallas, Texas.[1]

I-1. Einleitung

Die Auferstehung der Unterdrückten

Eine Interpretation der modernen westlichen Geschichte beginnt wie folgt: Die liberale Demokratie[2] ist das Kind einer chaotischen, zuweilen unerfreulichen historischen Entwicklung. Weil es zwischen den politischen und klerikalen Elternteilen große Auseinandersetzungen gab, ist das Kind, »dieses junge Experiment«, mit zu vielen Hoffnungen beladen worden. Es soll ein System sein, das sich auf menschliche Vernunft gründet. Doch mit Blick

auf die Welt und ihre Probleme, muss es sich fragen, wie
man diese denkerisch erfasst und daraus in rationaler Weise
Prinzipien entwickelt, die uns dann regieren können. Das
ist es, was die liberale Demokratie von anderen Regierungs-
formen, und ganz besonders von ihren »Eltern«, unterscheidet. Es scheint so zu sein, dass politische Formen sich
weiterentwickeln, und die liberale Demokratie ist so etwas
wie der verhätschelte Sprössling eines solchen Wandels.

Ein Elternteil dieser Entwicklung ist die Religion. Sie ist
beladen mit Schuldzuweisungen und Kritik. Sie gründet sich
auf die Geheimnisse des Glaubens und fragt nicht, wie sich
die Menschheit Herausforderungen stellen kann, sondern:
»Wie können wir verstehen, was Gott von uns will?« Religion verändert sich nicht, sondern hält fest an alten Überzeugungen und Praktiken. Weil die Demokratie im Gegensatz zur Religion eine Form ist, die sich weiterentwickelt,
erscheint die Religion wie das Fossil von etwas Undemokratischen. Wenn die Religion nicht sorgsam gehandhabt wird,
wird sie erstarken und das moderne Leben vernichten, es ist
wie eine Wiederauferstehung des Verdrängten. Seit dem 11.
September und der wachsenden Macht verschiedener rech-
ter religiöser Flügel, einschließlich des amerikanischen, hat
sich diese polarisierte Sichtweise auf Kirche und Staat ver-
festigt.

Dieser Erzählung nach sollte Religion in demokratischen Gesellschaften möglichst keine oder zumindest eine
sehr kleine Rolle spielen. Um die Regierung auf Vernunft
zu gründen, müssten liberale Demokratien entweder eine
strenge Trennung von Kirche und Staat *de jure* durchsetzen –
die eine säkulare Regierung hervorbringt, wie in Frankreich, der kemalistischen Türkei und den Vereinigten Staaten –, oder es gäbe eine begrenzte Kooperation zwischen
Kirche und Staat, in der die Bedingungen der Kooperation
von der Verfassung bestimmt werden und nicht von der Kirche, so wie es in mehreren europäischen Ländern, darun-

ter in Deutschland, England, Norwegen und den Niederlanden der Fall ist. Einige Kreise sind darüber hinaus der Ansicht, dass eine demokratische Regierung am besten in einer säkularen Gesellschaft gedeiht, d. h. dass nicht die Regierung allein, sondern auch die Zivilgesellschaft die Demokratie am ehesten begünstigt, wenn sie möglichst säkular ist. Darüber hinaus besagt die Säkularisierungstheorie[3], dass mit der Modernisierung der Staaten die Religion ohnehin verschwinden würde. Die französisch-laizistische Tradition vertritt diesen Standpunkt entschieden.

Der Nutzen von strikter staatlicher und kirchlicher Trennung bzw. begrenzter Kooperation wäre dreifach, denn es gebe: eine neutrale Regierung, die alle Bürger gerecht behandelt, eine Regierung, die vor religiösen doktrinären Imponderabilien geschützt ist und eine pluralistische Gewissensfreiheit für alle Bürger, einschließlich des Rechts, den Staat kritisieren zu dürfen.

Dennoch konnte sich über die letzten 250 Jahre die Vorstellung, dass sich die liberale Demokratie und die nationale Führung im Zuge der Säkularisierung verbessern, nicht immer eingehalten werden. Sowohl politische als auch religiöse Denker haben festgestellt[4], dass säkulare Regierungen – also solche, die sich nicht auf Gott berufen – keine Garantie für eine liberale Demokratie sind (Beispiele sind die Sowjetunion und das maoistische China). Auch ist Modernisierung keine Garantie für Säkularisierung (Beispiele sind hier die USA und Korea). Die Abkehr von der göttlichen Transzendenz und die stattdessen eingesetzte menschliche Vernunft brachte nicht zwangsläufig gerechtere oder friedlichere Gesellschaften hervor. Weil der Mensch die Neigung hat, Eigennutz mit Vernunft zu rechtfertigen, d. h. Krieg, Verfolgung und Unterdrückung zu rationalisieren, sollte man sich fragen, warum wir annehmen, dass wir uns gerade von der Vernunft leiten lassen sollten. Vielleicht muss die menschliche Vernunft durch ein (transzendentes)

ethisches System geprüft werden, das Menschen nicht nach
eigenem Gutdünken manipulieren können. Schließlich war
die Religion kein Feind des Fortschritts und der Vernunft.
Wie jede Institution, die der Mensch errichtet hat, verändert
sich auch die Religion je nach Zeit und Ort, was jede Studie
über Weltreligionen bestätigt. Die Vorstellung, dass Religion
ein fester Gegner sei, vergegenständlicht und vergöttlicht
tatsächlich eine menschliche Institution – ironischerweise
gerade durch diejenigen, die sie entsakralisieren und zäh-
men möchten. Es ist ein banaler Hinweis, dass, wollte man
alle die analytischen Denker aufzählen, die auch gläubig
waren, man eine lange Liste vor sich hätte: Locke, Newton,
Schleiermacher und Niebuhr, um nur einige zu nennen.

Demokratien benötigen nicht den rein rationalen
Bürger, der keine »Werte« besitzt. Tatsächlich entspringt
ein Großteil der Lebhaftigkeit der öffentlichen Debatten aus einer Vielfalt der Werte, aus religiösen und nicht-
religiösen Traditionen. Auch dürfen Demokratien nicht alle
Werte erlauben und nur die religiösen Werte davon ausneh-
men. Das wäre diskriminierend den Religionen gegenüber,
auf deren Schutz liberale Demokratien gerade stolz sind.
Die Frage ist folglich nicht, wie liberale Demokratien Religion einschränken können, um eine säkulare Gesellschaft zu
schaffen, sondern vielmehr, wie religiöse Bürger, gleich ihren nicht-gläubigen Nachbarn, eine liberale, demokratische
Regierung unterstützen und unter dieser gut und erfolgreich leben können.

Die Frage

Welche religiösen Überzeugungen und politischen
Verfahren befördern sowohl dynamisches religiöses Leben
als auch eine allen Bürgern gerecht werdende liberale De-

mokratie? Welche Beispiele gibt es, wo liberale Demokratie und Glaube gleichermaßen stabil sind? Sie können als Modell oder als Beispiele für die gute Umsetzung dienen, die dann breit diskutiert und adaptiert werden können, aber nicht derart, dass die Umsetzungen mechanisch reproduziert werden würden, sondern, dass sich funktionale Äquivalente finden lassen.

Wer wäre an dieser Frage interessiert, und warum?

In bestehenden und in jungen Demokratien, in entwickelten und in sich entwickelnden Ländern wird die Beziehung von Kirche-Staat neu überdacht und debattiert, weil Einwanderung, die Erfordernisse der Demokratie, das Bedürfnis nach religiösem Ausdruck und auch fundamentalistische Vereinnahmung es notwendig machen. Dies gilt für Deutschland, die Vereinigten Staaten, Frankreich, Dänemark wie auch für die Türkei, China, Indonesien, Polen, Iran und Algerien. Es ist unwahrscheinlich, dass eine dieser Debatten in der nächsten Zeit abklingt, angesichts globaler Telekommunikation und fortschreitender Migration. Folglich dürfte unsere Fragestellung von breitem Interesse sein – für das Wahlverhalten, das Rechtswesen, für Regierungs- und Nicht-Regierungsorganisationen, für die Presse und für das Erziehungswesen. Diese Themen sind offensichtlich, und die damit verbundenen Fragen und Probleme müssen sowohl in der ersten wie in der dritten Welt dringlich behandelt werden, denn diese Fragen betreffen alle großen Weltreligionen.

Die Antwort der »New Evangelicals«[5]

Dieses Buch beschreibt ein Beispiel von Glauben und Praxis, das sowohl die liberale Demokratie, als auch die Religion beeinflusst bzw. befördert hat. Es untersucht die Gruppe der amerikanischen *New Evangelicals*[6], die sich von der Religiösen Rechten, d.h. den konservativen Katholiken und Protestanten, abgewendet haben, weil sie andere Ziele verfolgen und andere Methoden anwenden. Sie haben sich insbesondere von den Bemühungen distanziert, dem Land religiöse Ansichten durch den Staat aufzuerlegen. Von acht Konflikttypen zwischen religiösen Gruppen und dem liberalen demokratischen Staat[7] sind tatsächlich nur zwei zwischen Staat und den »New Evangelicals« aufgetreten. Der Grund für dieses bis heute relativ geringe Maß an Uneinigkeit ist zum einen die von beiden Seiten geteilte Überzeugung von der gesellschaftlich bedeutsamen Rolle der Religion, zum anderen die Überzeugung von den Vorzügen einer gerechten Regierung, die sich zur Religion neutral verhält. Das bedeutet, dass die Religion im Vergleich mit nicht-religiösen Gruppen und Tätigkeiten weder privilegiert noch benachteiligt wird. Diese gemeinsamen Überzeugungen ermöglichen es auch den Bürgern, die keine religiösen Ansichten teilen, eine Regierung gutzuheißen. Anders gesagt: konfessionelle Differenzen müssen Menschen nicht davon abhalten, einer Regierung zuzustimmen, die die Unterschiede zwischen den Konfessionen schützt. In dieser Konstellation können eine liberale, demokratische Regierung und Religion gleichermaßen bestehen.

Diese gemeinsamen Überzeugungen lassen sich nicht durch die Tatsache wegerklären, dass die *New Evangelicals* Amerikaner sind, und schon deshalb, von ihrem Wesen und ihrer Herkunft, mit den amerikanischen demokratischen Prinzipen übereinstimmen. Die Religiöse Rechte in Amerika, Erben derselben politischen Kultur und Geschichte, stimmen diesen Überzeugungen nicht zu und erachten die Vereinigten Staaten als eine »christliche« Nation, die am besten nach christlichem Gesetz und in ihrer Interpretation regiert werden sollte. Die Position der *New Evangelicals* ist wohl durchdacht, sie ist weder natürlich, noch befolgt sie die unreflektierte Befolgung einer Tradition. Betrachtet man einmal genauer, wie die Frommen unter einer liberalen demokratischen Regierung wirken, dürfte es aufschlussreich sein zu untersuchen, wie sie dahin gekommen sind.

Verbreitet unter den protestantischen Denominationen und quer über das Land, stellen die *New Evangelicals* etwa 25 % der amerikanischen Bevölkerung (etwa 75 Millionen Menschen),[8] was beinahe der Bevölkerung Deutschlands entspricht (80 Millionen), und 140 % der nominellen Christen in Deutschland (53 Millionen[9]). Das ist beinahe die 10-fache Zahl der Deutschen, die regelmäßig Gottesdienste besuchen (8 Millionen[10]). Um herauszufinden, warum und wie sie ihre politische Linie entwickelten, habe ich Bücher, Predigten, Newsletter, Blogs, politische und soziale Aktivitäten zwischen 2005 und 2010 untersucht.

Zwischen 2007 und 2010 wurden offene Interviews mit Akademikern, Pfarrern, politischen Beratern und kirchlichen Laien geführt: Männer und Frauen im Alter von 19 bis 74 Jahren aus einer Fülle von christlichen Denominationen (einschließlich der mit evangelikalen Kirchen verbundenen Katholiken) aus Kalifornien, Wisconsin, Idaho, Pennsylvania, Texas, Georgia, Minnesota, Mississippi, Washington DC, Iowa, Virginia, New York und Illinois. Darunter waren Studenten, Feuerwehrmänner, Lehrer, Bauarbeiter, Büroangestellte, Krankenpfleger, kirchliche Laien-Mitarbeiter, Projektmanager, Pastoren, Immobilienmakler, Professoren und politische Berater.

Bis heute begrüßen die *New Evangelicals* ein der Religion gegenüber neutrales Verfassungsrecht, um eine gerechte Regierung und religiöse Freiheit für alle zu sichern. Sie betrachten sich selbst als Akteure der Zivilgesellschaft, die sich weder isolieren, noch als »Parallelgesellschaft« existieren. Sie nehmen religiöse Werte für Kritik an der Regierung in Anspruch, wenn dort ihrer Meinung nach etwas schief läuft, genau so, wie auch andere Werte in der Zivilgesellschaft in Anspruch genommen werden. Diese werden im Einzelnen folgend diskutiert. Auch wenn die *New Evangelicals* an gewissen Punkten nicht gut mit dem neutralen, demokratischen Staat zusammenarbeiten, so sind ihre gegenwärtigen Schriften und Praktiken doch bleibende Beispiele dafür, wie die Frommen über Pluralismus und liberale Demokratie denken können. Eine letzte einleitende Bemerkung zu dieser Gruppe: Während die *New Evangelicals* weiterhin gegen Abtreibung und gleichgeschlechtliche Ehe sind, haben sie sich weiter Missionen erschlossen, die antimilitaristisch, gegen Folter, anti-konsumistisch und für die Umwelt sind, die Institutionen der Gewalt meiden und den Bedürftigen dienen. Dementsprechend hat die *National Association of Evangelicals* (NAE) 2009 bei der Auswahl ihres neuen Vizepräsidenten für Regierungsangelegenheiten einen Kandidaten aus der Abteilung *relief and development* (Fürsorge und Entwicklung) unterstützt. Bei seiner Amtsübernahme formulierte Galen Carey seine Ziele wie folgt: »Kinder und Familien zu schützen, die religiöse Freiheit zu fördern, für Frieden und Menschenrechte einzustehen, nachhaltige Lösungen zu finden zur innerstaatlichen und globalen Armutsbekämpfung, Ethik zu fördern und verantwortungsvoll mit Gottes Schöpfung umzugehen [Umweltschutz].«[11]

Staatsrecht, neutral zur Religion, und pluralistisches
Korrektiv gegenüber Partikularinteressen

Um sich von der Religiösen Rechten abzugrenzen, fordern die New Evangelicals, dass Gesetze, die auf der Verfassung
beruhen, gegenüber der Religion neutral sind und auf das
Gemeinwohl abzielen. In den Gemeinden bereits seit 2005
bekannt, wurde dies 2010 zur landesweiten Nachricht. Im
Abschlussbericht 2009/2010 hat Obamas Beratergremium
für religiöse und nachbarschaftliche Partnerschaften, in dem
viele New Evangelicals tätig sind, vorgeschlagen, öffentlich finanzierte Sozialdienste stärker als zuvor zu regulieren, so dass
die Trennung von Staat und Kirche gewährleistet ist. Ein Mann
der Praxis, Rick Warren, der bei der Amtseinführung von Präsident Barack Obama das Eingangsgebet gesprochen hat, ist
Pastor der einflussreichen Saddleback Church (mit über 100.000
Mitgliedern insgesamt und 30 spanischsprachigen Tochter-
Kirchen) und Autor von The Purpose Driven Life, dem meistver-
kauften Sachbuch der amerikanischen Geschichte (über 30
Millionen mal verkauft). Er stellt fest: »In a democracy, no-
body wins all the time … I also believe in the common good
and that there are some issues that have to be dealt with,
with everybody, on the common good. I don't win all the
time and neither do you. That's why I spend most of my
time not speaking to Christian groups.« [12]
Die Position der NAE, der National Association of Evangelicals,
ist, dass die von ihnen vertretenen Programme und Strategien das Wohl aller fördern müssen, nicht allein das Wohl
der Evangelikalen, und sie müssen derart präsentiert werden, dass sie auch für Nicht-Evangelikale verständlich sind
[Siehe das Interview mit Heather Gonzalez im 3. Kapitel
dieses Buches].
So wie der liberale Verfassungsstaat Gläubige und Nicht-
Gläubige gleichermaßen gerecht behandeln muss, muss das,

was einer Gruppe erlaubt ist, auch anderen Gruppen erlaubt
sein. Dies führt die New Evangelicals in pragmatischer Weise
dazu, ihre Forderungen zu beschränken, denn demnach
würden dieselben Privilegien und Verantwortlichkeiten auch
anderen erlaubt sein und man müsste die Konsequenzen
solch breiter Anwendung mit bedenken. Dies lässt sich als
ein pluralistisches Korrektiv von Partikularinteressen verstehen, also der Beanspruchung eines besonderen Status, eines
Privilegs oder einer Sonderbehandlung. Wollte man beispielsweise argumentieren, dass ein christlicher Apotheker
die Abgabe von Verhütungsmitteln an unverheiratete Frauen
verweigern dürfte, würde das aus denselben Gründen der
Religionsfreiheit bedeuten, dass ein muslimischer Kassierer
in einem Supermarkt den Verkauf von Schweinefleisch verweigern dürfte. Wenn man Letzteres verbieten will, dann ist
es nicht einfach – im Sinne einer gerechten Regierung – das
Erste zu erlauben.

Die Fairness und Neutralität einer Regierung könnte
durch die geschwächt werden, die nach einer eher religiösen Regelung streben. Aus diesem Grund ist Wachsamkeit
gegenüber theokratischen Flirtversuchen geboten. Einige
Organisationen mit diesem Auftrag bestehen seit Langem.
Die Organisation Americans United for the Separation of Church and
State[13], die sich als unparteiisch und konfessionsunabhän-
gig beschreibt, wurde 1947 gegründet und besitzt heute
Ortsverbände in 33 amerikanischen Staaten, darunter Texas, Alabama, Kansas, Florida, Georgia und anderen Kno-
tenpunkten im so genannten Bible belt. Ihr derzeitiger ge-
schäftsführender Direktor, Barry Lynn, ist Pfarrer der United
Church of Christ. Etwas neuer hingegen sind die Mainstream Baptists, eine aus einer Graswurzelbewegung entstandene, gemeinnützige von Ehrenamtlichen geführte Gruppe, die mit
ihren 14 Landesgruppen für die Trennung von Kirche und
Staat und gegen fundamentalistische Tendenzen innerhalb
der Southern Baptist Convention eintritt.[14] Gleichermaßen wichtig

sind aber auch die vielen *New Evangelicals*, die nicht professio-
nell die Neutralität des Staates oder die Trennung von Kirche
und Staat überwachen, diese aber beim Bau von Kirchen
oder der Armenfürsorge voraussetzen. Tatsächlich ist das Beharren auf der Trennung von Kirche und Staat ein ständig
wiederholter Leitsatz ihrer Arbeit, häufig mit dem Ziel, ihre
karitativen Aktivitäten ohne Einmischung des Staates durchführen zu können.

Selbstidentifikation als zivilgesellschaftlich Handelnde, weder isoliert noch als »Parallelgesellschaft«

Die *New Evangelicals* betrachten sich selbst als separate
Gruppen, die aber Teil der Zivilgesellschaft sind, und verhalten sich entsprechend. Sie vertreten ihre Positionen durch
öffentliche Bildung, Lobbyarbeit, durch die Bildung von
Koalitionen und durch Verhandlungen, wie andere Gruppen auch. Wie ebendiese sind auch sie durch die Gesetzgebung beschränkt und haben − wie andere Gruppen auch −
Werte, in denen ihre Positionen begründet sind.
    Man geht auch nicht davon aus, dass diese Positionen
von den politischen Akteuren Zustimmung erhalten. Auf die
Frage, ob die NAE eine Position dahingehend vertrete, dass
in öffentlichen Schulen Kreationismus oder »Intelligent Design« zu lehren sei, entgegnete Carl Esbeck, der *Legal Coun-
sel to the Office of Governmental Affairs*: »Ich glaube nicht, dass
wir uns darüber einig geworden wären, nicht mal innerhalb
der Organisation.«[15] Wenn man jedoch mit anderen politischen Ansichten in Konflikt gerät, sind die Taktiken, die
mit der Religiösen Rechten in Verbindung gebracht werden,
abzulehnen. Zu diesen Taktiken gehören: jegliche Art von
Schärfe, der Versuch, andere Meinungen zum Verstummen
zu bringen und theokratisch gefärbte politische Strategien.

Dies Vorgehen kann man sowohl in zivilgesellschaftlichen Gruppen beobachten, als auch bei den New Evangelicals, die die Regierung beraten. Interviews, die mit zweien von ihnen geführt wurden, Tony Campolo und Joel Hunter, sind in diesem Buch enthalten. Kurz: die New Evangelicals streben sehr wohl nach Einflussnahme auf die Ausrichtung des Landes, aber bislang in einer Weise, die für die liberale Demokratie nicht alarmierend ist [siehe auch das Interview mit David Gushee im 3. Kapitel]. Die New Evangelicals stellen sich gegen Folter und den Verfall der Umwelt. Sie greifen diese Themen in ihrer Lobbyarbeit auf und machen sie in ihren Programmen deutlich. Genauso geschieht dies in ihrem Widerstand gegen Abtreibung.

Diese Praxis spiegelt die moderne Betrachtungsweise wider, die die Subjektivität des Individuums, die dem Protestantismus inhärent ist, hervorhebt – und die Bedeutung, die sie für den Einzelnen haben kann, basierend auf der individuellen Erfahrung und Interpretation des Textes. Jeder vertritt seine eigene Sichtweise mit Leidenschaft und geht gleichzeitig davon aus, dass jeder genauso leidenschaftlich ist bzw. seine Leidenschaften teilt. So ist jeder Einzelne »eine Stimme im Chor der Politik,« und weil er das Gemeinwohl sucht, müssen die Lösungen verhandelt und können nicht aufgezwungen werden. Darin spiegelt sich auch die Idee des Einklammerns, wenn ich diese Anleihe bei der Postmoderne machen darf, man stellt zurück, was gegenwärtig nicht entscheidbar ist, damit man andere Anliegen, die entscheidbar sind, in die Wege leiten kann. Geht man von der Bedeutsamkeit der individuellen Subjektivität aus, so sind bestimmte Differenzen – z.B. die Rechtmäßigkeit einer gleichgeschlechtlichen Ehe – möglicherweise nicht zu entscheiden, so dass es produktiv erscheint, die Frage zurück zu stellen und sich gemeinsamen Zielen zu widmen. Die Vorstellung, etwas einzuklammern, taucht regelmäßig in dem beharrlichen Eintreten dafür auf, über Andere nicht zu richten. Damit haben die New Evangelicals neue Koalitionen mit Nichtchristen, säkularen Institutionen und politisch Progressiven ermöglicht.

Dies ist bis heute der Fall, auch wenn die New Evangelicals sich häufig als Minderheit im konsumorientierten Amerika empfinden. In ihrer Selbstpositionierung haben sie sich jedoch nicht in homogene cul des sacs oder in eine »Parallelgesellschaft« zurückgezogen. Vielmehr stellen die Kirchen der New Evangelicals verschiedene Modelle des gesellschaftlichen Engagements dar: einige betreiben die kirchlichen Dienste selbstständig, andere arbeiten mit Nichtregierungsorganisationen zusammen, wieder andere mit der Regierung. Typische Programme der Kirchen sind: Essensausgabe und Kleidersammlungen, kostenlose medizinische Versorgung für Arme, Unterkünfte für Wohnungslose, Frauenhäuser, Mentorenprogramme für Jugendliche in den Stadtzentren, Gefängnisseelsorge, Programme gegen Drogenmissbrauch, Umweltschutz, außerdem die Arbeit in Übersee im Kampf gegen AIDS und andere Krankheiten, die Errichtung und Versorgung von Waisenhäusern und Schulen sowie berufliche Fortbildungen für Erwachsene. Sie graben saubere Brunnen und entwickeln Umweltschutzprogramme. Dies geschieht fast ausschließlich durch Ehrenamtliche, die auch zum größten Teil die Geldbeschaffung übernehmen.

Man könnte behaupten, dass Amerikas Evangelikale ganz normale amerikanische Bürger seien, die nicht zur Bildung einer mit Migranten assoziierten »Parallelgesellschaft« neigen würden. Doch die breite Tätigkeit der Evangelikalen ist nicht allein das Ergebnis ihrer Staatsangehörigkeit oder ihres Wohnsitzes – viele New Evangelicals sind selbst Immigranten, mit einem stärker werdenden Anteil aus katholischen Latino-Gemeinden. Außerdem schließen Staatsangehörigkeit und Wohnort die Bildung von Parallelgesellschaften nicht aus, wie es sich beispielsweise bei den Amish und ande-

ren bestimmten charismatischen Gemeinden oder Gruppen
zeigt. Manche dieser Gruppen bestehen seit langem in den
Vereinigten Staaten und suchen die dauerhafte Trennung
von einer in ihren Augen kontaminierten Welt. Die New Evangelicals dieser Studie haben sich bislang in keiner Weise für
eine Selbstabsonderung entschieden.

Damit sollte also die Vorstellung, dass eine in der zivilen Sphäre stark präsente Religion die Nation notwendigerweise balkanisiert und in parallele Gesellschaften oder sich
gegenseitig beargwöhnende Gruppen aufspaltet, genommen sein.[16] Noch können wir sagen, dass eine Balkanisierung vermieden wurde, da die New Evangelicals zahlenmäßig
gering und allein nicht lebensfähig sind − weil sie gerade
mal 25 % der Bevölkerung ausmachen.

Insoweit hat die Selbstpositionierung der New Evangelicals als Akteure der Zivilgesellschaft einen »dritten Weg«
des politischen Aktivismus aufgezeigt, eine Alternative zu
dem Dualismus aus einer verborgenen, für die Demokratie unbedrohlichen Religion und einer etablierten aber dafür bedrohlichen Form. Die Privatisierung der Religion ist
für ihr Gedeihen nachteilig, da Religionen Gemeinden, Institutionen, öffentliche Ausdrucksmöglichkeiten und Ressourcen brauchen. Etablierte Religionen aber sind, ohne ein
begleitendes neutrales Verfassungsrecht, zu viel für das Gedeihen der Demokratie. Als eine Alternative erlaubt die zivilgesellschaftliche Religion das Gedeihen der Konfessionen
unter einer liberalen, neutralen Regierung. Dieses Arrangement schützt die Individuen vor Missbrauch durch andere
Individuen, andere Gruppen (einschließlich ihrer eigenen)
und vor Missbrauch durch den Staat. Dagegen schützt es
den Staat vor der Vereinnahmung durch eine Konfession, die
die liberale Demokratie und auch andere Religionen gefährden würde.

Der Gebrauch religiöser Werte für Kritik an der Regierung

Der Aktivismus der *New Evangelicals* legt nahe, dass religiöse Werte die liberale Demokratie nicht untergraben, sondern stärken. Eine Voraussetzung dafür ist, dass die *New Evangelicals* die institutionelle Gewalt, die eine Regierung per Definition besitzt, anerkennen, sie damit nicht die Methode Gottes sein kann und deshalb kirchliche Aktivitäten vom Staat getrennt bleiben sollten. Darüber hinaus sehen sie alle Regierungen als gescheitert an, da sie anfällig sind für Gier, Korruption und die Versuchung, Eigeninteressen über Vernunft zu stellen. Folglich fördert die religiöse Weltsicht die politische Wachsamkeit, die gebraucht wird, damit die Staaten ehrlich bleiben, und die Regierungskritik, durch die Demokratien gedeihen. Die Bürgerrechtsbewegung und die Anti-Kriegsdemonstrationen in Amerika, sowie die Anti-Kriegs- und Anti-Atomwaffen-Bewegungen in Deutschland, die von den Kirchen gefördert wurden, sind Beispiele für solche Kritik, oder für das, was hin und wieder die »prophetische Rolle« der Kirchen genannt wird.

Entscheidend für diese Wachsamkeit ist die Unabhängigkeit von einer Partei. David Gushee, Akademiker und eine Schlüsselfigur der *New Evangelicals*, meint, dass die Bewährungsprobe für christliches politisches Engagement darin liege, dass »wir die Stärke besitzen ›nein‹ zu unserer favorisierten Partei oder Politiker sagen zu können.«[17] Diese unparteiliche Position vertreten die *New Evangelicals* erst seit dem Jahr 2005. Die weißen Evangelikalen waren 35 Jahre lang ein Bollwerk der Republikanischen Partei. Noch im Jahr 2004 votierte der überwältigende Teil (78 %) für George W. Bush, in den Jahren 2009–2010 bekannten sich dann 35 % der Evangelikalen zu den Demokraten, 34 % zu den Republikanern und das restliche Drittel betrachtete sich als unabhängig. Im Jahr 2007 forderte Bill Hybels, Pastor der einflussreichen *Willow Creek Association*, dass konservative Christen in Umweltangelegenheiten und im Sozialrecht mit den säkularen Progressiven zusammenarbeiten sollten. Die *National Association of Evangelicals* unterstützt – entgegen dem Willen vieler Republikaner – die Einwanderungsreform, die zur Einbürgerung von 13 Millionen illegal in Amerika lebender Menschen führen würde. 2007 gab sie, zum großen Unbehagen der Regierung Bush, die »*Evangelical Declaration Against Torture*«[18] heraus. Darin ächtete man den »Gebrauch von Folter und grausamer, inhumaner und erniedrigender Behandlung durch jegliche Einrichtung unserer Regierung (oder einer anderen Regierung) – *auch unter den gegenwärtigen Umständen eines Krieges zwischen den Vereinigten Staaten und diversen radikalen terroristischen Gruppen*« (Hervorhebung vom Verfasser).

Woher der Wandel der New Evangelicals?

Im Jahr 2004 war auf dem Nominierungskonvent der Republikaner auf Schildern zu lesen: »Was können wir Evangelikale in der Regierung tun? Alles was wir wollen!« 2008 scharten sich die *New Evangelicals* um das Motto »Sag der Regierung die Wahrheit« und nicht »Sei die regierende Kraft.« Was bewirkte diesen Wandel? Teilweise ist dieser Wandel generationsbedingt, da die idealistischen jungen Evangelikalen die elterliche Politik der Religiösen Rechten ablehnen. Dagegen bemerkte allerdings der ehemalige NAE Vizepräsident Richard Cizik: »zur jüngeren Generation zählt heute jeder unter 69.«[19] Ein zweiter Faktor ist der kulturelle Wandel, der sich in den letzten 40 Jahren vollzogen hat. Die Ansichten gegenüber Sex, Ehe, der Umwelt und auch die globalen Zusammenhänge haben sich fortschreitend gewandelt – nicht am radikalen Rand, aber im Mittleren Westen. Die Ansichten

der Religiösen Rechten, die vor 35 Jahren noch als die Ansichten der »Mitte« bezeichnet wurden, werden heute als
eindeutig weiter »rechts« empfunden, so dass zumindest
einige Evangelikale sich von ihnen entfernt haben.

Ein dritter Faktor ist das ethische Bewusstsein. Der Wandel der *New Evangelicals* scheint nichts mit dem Neid einer be-
siegten Partei zu tun zu haben, da er deutlich vor der Nie-
derlage der Republikaner im Jahr 2008 einsetzte. Vielmehr
scheint es sich um eine ethische Neubesinnung in der Bevölkerung zu handeln, die Ethik ernst nimmt. Die evangelikale Ethik fordert von den Gläubigen die Bezeugung Jesu,
der wegen seiner Sorge um die Art, wie Menschen sich in
der *polis* verhalten, politisch war. Seine Politik lehnte aber
beides ab, sowohl die Gewalt der Regierung, als auch die
gewaltsame Rebellion gegen diese. Sein Weg ist die Liebe
und der Dienst. Und weil die Evangelikalen in den vergangenen Jahren immer wieder auf die Politik gesetzt hatten,
begann sich bei ihnen das immer stärker werdende Gefühl
durchzusetzen, dass man nicht hier und da eine Wahl verloren hat, sondern sich selbst. Bushs Politik beendete nicht
nur, dass die Liebe Jesu zu den Bedürftigen, dem Fremden und dem Feind bezeugt wurde, sondern auch, dass bei
den Evangelikalen eine Neubewertung von Regierung *per se*
erfolgte, um damit eine Richtung vorzugeben, wie Jesus'
Weg in diese Welt gebracht werden kann. Es verstärkte sich
die Ansicht, dass in der Regierung zu sein – per Definition
menschlich, fehlerbehaftet und aggressiv – nichts für diejenigen sein kann, die danach streben Gott zu folgen.

Ungeklärte Fragen zwischen Kirche und Staat

Aus der Zustimmung der *New Evangelicals* zu einer demokratischen, neutralen Regierung lässt sich nicht schließen,

dass man mit anderen politischen Akteuren in den Belangen
zwischen Kirche und Staat übereinstimmt – gerade wenn
es um die Rechte der Kirchen und die Rechte des Staates
geht. Dürfen beispielsweise religiöse Symbole an öffentlichen Plätzen sichtbar sein? Darf ein Arzt eine Abtreibung
verweigern, obwohl die Durchführung den Krankenhaus-
Richtlinien entspricht? Diese Fragen werden ausführlicher
in Kapitel I-4 diskutiert. In Hinsicht auf diese Belange ist zu
sagen, dass die Meinungsverschiedenheiten in politischen
Verhandlungen und in den Gerichten bislang nach Verfas-
sungsstandard ausgetragen wurden. Es gab keine Ersuchen,
wie es sie von muslimischen Gruppen in Kanada und Großbritannien gegeben hat,[20] dass säkulare Gerichte die Entscheidungen von religiösen Gerichten akzeptieren sollten.
Dieses Vorgehen kann man nicht als ein Artefakt der Staatsbürgerschaft abtun, als ob *amerikanische* Evangelikale notwendigerweise diesen Weg einschlagen müssten. Die Religiöse
Rechte, gleichermaßen amerikanisch, hat vor Gericht und
in der öffentlichen Politik ihre religiösen Ansichten forciert,
in ihrer Taktik auf Polarisation statt auf Verhandlungen gesetzt und zu den »Kulturkriegen« der Nation beigetragen.

Aber auch die *New Evangelicals* nehmen Einfluss auf rechtliche Fragen. Die NAE legte in den Jahren 2008 und 2009
zwei sogenannte »Amici Papiere« vor (friend of the court
statements). Ein Papier richtete sich an die *Colorado Christian
University v. Raymond T. Baker* und das andere an die *Rasul, Shafiq, et
al. v. Myers, Richard, et al.* Im ersten Papier wurde gefordert, dass
»religiös durchdrungene« (pervasively sectarian) Universitäten genau wie säkulare Universitäten für Bildungsmit-
tel der Regierung förderberechtigt sein sollten. Die Argumentation der NAE schloss alle religiösen Universitäten ein,
nicht nur die evangelikalen. Der *Colorado Appeals Court* stimmte
zu und entschied, dass staatliche Zuwendungen an »religiös
durchdrungene« Colleges erlaubt seien.[21] Der zweite Fall
wurde von vier ehemaligen Guantanamo-Häftlingen ge-

gen den früheren Verteidigungsminister Donald Rumsfeld und das US-Militär wegen willkürlicher Verhaftung, physischer und psychischer Folter und Verletzung ihrer religiösen Rechte eingebracht. Die NAE setzte sich für die religiöse Freiheit der muslimischen Häftlinge ein. Der oberste Gerichtshof stimmte dem Antrag zu und wies die Vorinstanzen an, zu überprüfen, ob der *Religious Freedom Restoration Act* Amerikas für die Guantanamo-Häftlinge gelte. Damit wurde die Basis für eine Anklage der Bush-Administration geschaffen.

Bei Gerichtsstreitigkeiten gibt es kleine Anspielungen in der »neuen evangelikalen« Sprache, die immer wieder auf das Eintreten für die Trennung von Kirche und Staat und die Neutralität der Regierung gegenüber der Religion verweisen. Dies ergibt sich aus unterschiedlichen Faktoren: einer liegt im wachsenden Vertrauen darauf, dass die Verfassungsrechte die Gewissensfreiheit am besten schützen. Wenn sich beispielsweise jemand dafür ausspricht, dass ein Mediziner nicht zur Durchführung einer Abtreibung gezwungen werden darf, würde man doch zögern, den zugrunde liegenden verfassungsrechtlichen Schutz für die religiöse Freiheit aufzugeben. Dies ist auch das Ergebnis eines pluralistischen Korrektivs von Partikularinteressen. Der umfassende Einsatz, der vor Gericht gewonnenen Rechte, grenzt das, was *New Evangelicals* einklagen, ein.

Ein weiterer Grund für die Wertschätzung der Trennung von Kirche und Staat ist der prinzipielle Widerstand gegenüber einer uneingeschränkten Regierung. Amerikas traditionelle, individualistische, anti-staatliche Haltung entwickelte sich in der Revolution gegen London und in 300 Jahren Grenzerfahrung. Sie gedieh im Transzendentalismus der Vorkriegsjahre, in den Mythen und tatsächlichen Gegebenheiten des Wilden Westens. Sie setzte sich fort in der Skepsis gegenüber einem mächtigen Staat (big government) bis hin zur jüngsten ökonomischen Krise. Im Jahr 2009 meinten Dreiviertel der Amerikaner, dass die Expansion der Regierung nach Ende der Krise zurückgefahren werden sollte. 55 % gaben an, sie würden sich über einen zu großen Staat mehr Sorgen machen als über die Wirtschaft; 50 % hatten das Gefühl, die Regierung »versuche, zu viel zu tun.«[22] Die Regierung ist aus amerikanischer Sicht per se verdächtig, wird für korrupt oder schlimmer, für inkompetent gehalten. Die Werte und die Stärke einer Nation liegen bei den Menschen. Amerikas Kirchen wollen als Graswurzelbewegung und als Teil der Zivilgesellschaft gerade nicht, dass sich der Staat in ihre Angelegenheiten einmischt.

Abschließend bleibt die Frage nach den Prioritäten. Obwohl die *New Evangelicals* ihre Meinung beispielsweise zur Rechtmäßigkeit religiöser Symbole im öffentlichen Raum haben, stehen diese Dispute nicht im Fokus ihrer Aufmerksamkeit, denn sie wenden lieber Zeit und Energie auf, um Bedürftigen zu helfen. Solche Dispute sind weder für die Lehre Jesu noch für die *New Evangelicals* von zentraler Bedeutung, denn sie streben vielmehr danach, Jesus' Zeugen zu sein.

Warum lohnt sich die Betrachtung des Modells der New Evangelicals?

Die zentrale Begründung wurde schon gegeben: Es könnte sowohl für die Frommen, als auch für den Staat gangbare Wege aufzeigen, um ein hohes Maß für eine gerechte, demokratische Regierung und eine starke religiöse Expressivität zu schaffen. »Für eine künftige Religionspolitik«, schreibt Rolf Schieder, »sind ›best practice‹-Beispiele hilfreicher als Horrorszenarien.«[23] Ein möglicher produktiver Aspekt besteht darin, dass die Modelle der *New Evangelicals* als Glaubensdiskurse artikuliert werden, mit den Annahmen und der Sprache der Gläubigen – nicht mit

Montesquieu oder Madison, sondern mit Matthäus und Paulus. Für einen Nicht-Gläubigen dürften Schriftbezüge fremd oder proto-theokratisch anmuten. Da aber genau dieser religiöse Diskurs bei den *New Evangelicals* nicht nur zur Wertschätzung des Pluralismus geführt hat, sondern auch zur Würdigung einer demokratischen, neutralen Regierung, dürfte es nützlich sein zu untersuchen, auf welche Weise sie dorthin gelangten. Weil diese Diskurse religiöse Denkansätze gegenüber der Regierung respektieren, dürften auch andere religiöse Gemeinschaften sie ernst nehmen – als Impuls, ihre eigenen Verhältnisse zu überdenken und anzupassen. Während beispielsweise viele Fromme die postmoderne Idee des »Einklammerns« vielleicht für irrelevant halten, dürfte eine Diskussion darüber, was man am besten Gott zu richten überlässt, in politischen Verhandlungen interessant und produktiv sein. In ähnlicher Weise wird in vielen religiösen Diskursen vertreten, dass Gott Schöpfer der Menschheit ist. Die Betonung des inter-religiösen Respekts durch die *New Evangelicals*, die in der Ehrfurcht vor der ganzen Schöpfung Gottes gründet, dürfte auch für andere Fromme interessant sein. Während er seine Freundschaft mit einem muslimischen Kollegen beschreibt, stellt Dan Laicich, Pastor in Florida, fest: »Eine andere Person anzuerkennen und zu akzeptieren, ist einfacher als das, was unsere Religion insgesamt ausmacht. Wir beide glauben aber daran, nach Gottes Ebenbild geschaffen zu sein. Wenn ich also Gott ehre, dann muss ich meinen muslimischen Freund auch als jemanden ehren, der nach Gottes Ebenbild geschaffen wurde.«[24] [Siehe das vollständige Interview in Kapitel III]

Religiöse Gemeinschaften dürften an folgender Frage interessiert sein:

—   Wie können die *New Evangelicals* an ihren religiösen Werten festhalten und gleichzeitig Verfassungsrecht und eine neutrale Regierung wertschätzen?

Säkularisten dürften Interesse an folgender Frage haben:
— Wie können die *New Evangelicals* Pluralismus, Verfassungsrecht und eine neutrale Regierung wertschätzen, wo sie doch ihre religiösen Werte bewahren?

Ein Einwand gegen dieses Buch und Antworten

Man ist versucht einzuwenden, dass Amerika die Trennung von Kirche und Staat *de jure* hat, und dass die zivilgesellschaftliche Religion so verschieden von den Bedingungen anderswo ist, dass amerikanische Modelle außerhalb der Vereinigten Staaten unbrauchbar sind. Dies ist das Hauptargument gegen dieses Buch, aber ich zeige einfach eine Reihe von Entgegnungen auf. Der Einwand, dass amerikanische Modelle außerhalb der Vereinigten Staaten unbrauchbar sind, ist zunächst vertretbar, wenn man in Erwägung zieht, US-Modelle zu exportieren, was dieses Buch nicht will. Vielmehr schlage ich vor, zu tun, was wir alle tun, wenn wir uns in unserer Umgebung umschauen. Wir lesen Bücher und Nachrichten, sehen uns YouTube und Filme an; die Geschichten regen das eigene Denken an. Die Vorstellungen der *New Evangelicals* werden hier, so weit als möglich, in ihren eigenen Worten dargestellt, in der Hoffnung, dass der Leser in ihnen – in ihrer Leidenschaft, ihrem Humor, den Analysen und den Widersprüchen – etwas Nützliches oder Interessantes finden wird.

Zweitens teilen viele Länder von Korea über Deutschland bis nach Brasilien mit den Vereinigten Staaten, dass sie säkulare Regierungen haben, aber keine säkularen Gesellschaften. Aus diesem gemeinsamen Kontext erwachsen gemeinsame Fragen über die Beziehung von Kirche und Staat. Vielleicht ist mancher Denkansatz der New Evangelicals auch anderswo sinnstiftend. Drittens sind die Bedingungen, in denen sich Regierungen und Religionen in aller Welt befinden, vergleichbar mit den Bedingungen des amerikanischen Evangelikalismus. Viele begegnen einem religiösen Pluralismus inmitten einer dominanten Religion (der globalen Migration geschuldet) und dem, was José Casanova »globalen Denominationalismus« nennt, nämlich außerstaatliche religiöse Organisationen, die der Gemeinschaft zahlreiche Dienste anbieten – von Kreditinstituten und Schulen bis zu gewerkschaftlichen und politischen Organisationen. Folglich dürfte die Selbstpositionierung der *New Evangelicals* als Akteure der Zivilgesellschaft in einem pluralistischen Kontext aufschlussreich sein.

Demokratien mit staatlich privilegierten Religionen mögen es seltsam finden, dass die *New Evangelicals* die Gewichtung auf die Zivilgesellschaft legen. Aber das ist nur scheinbar so. In diesen Demokratien, wie auch in den Vereinigten Staaten, ist nicht die Religion die Basis der Regierung, sondern die Verfassung. Staatlich privilegierte Religionen kooperieren vielmehr mit dem Staat und dies hat mit den *New Evangelicals*, die mit der Regierung ebenfalls kooperieren, vieles gemein. Die Fragen, die aus dieser Kooperation in den Vereinigten Staaten erwachsen, werden auch anderswo nicht fremd klingen. Was dürfen religiöse Organisationen beispielsweise mit öffentlichen Geldern tun – welche Programme gibt es, mit welchen Aufträgen und welchen Beschränkungen? Darüber hinaus müssen demokratische Regierungen mit staatlich privilegierten Religionen entscheiden, wie ihre Beziehungen zu nicht staatlich privilegierten Religionen gestaltet sein sollen. Die staatlich nicht privilegierten *New Evangelicals* dürften hier einige Vorschläge haben – betreffend der Muslime in Deutschland, Holland oder Dänemark, Christen in Malaysia, Kopten in Ägypten, Sunniten in mehrheitlich schiitischem Umfeld und so weiter. Schließlich dürften die *New Evangelicals* auch den Mehrheitsreligionen etwas zu bieten haben, da

auch die Evangelikalen starken kulturellen Einfluss haben.
Kann ihre politische Praxis irgendetwas beisteuern hinsichtlich der Möglichkeiten und Grenzen für die Muslimen vom
Maghreb bis Malaysia, die Katholiken in einigen europäischen Ländern und Protestanten in anderen?

Die amerikanischen Evangelikalen dürften auch deswegen interessant sein, weil sie – ansässig in einem Land mit
konstitutioneller, neutraler Regierung – in den letzten 220
Jahren eine Menge Erfahrung sammeln konnten, im Verhandeln um die Beziehung von Kirche und Staat. Zudem formen sich diese Ansichten der *New Evangelicals* gerade jetzt aus,
in einer Zeit des Wandels und lehrt uns, wie Menschen Entscheidungen treffen. Dieser besondere Moment könnte eine
Menge darüber aussagen, warum und wie Menschen ihr religiöses und politisches Verhalten neu überdenken. Und es
gibt einen kleinen beiläufigen Nutzen, man lernt die Prioritäten, den Aktivismus und das Wahlverhalten einer Gruppe
zu verstehen, die signifikanten Einfluss auf die Innen- und
Außenpolitik der Vereinigten Staaten hatte.

Was dieses Buch nicht ist

Ich unternehme hiermit keinen Versuch einer statistischen Erhebung aller Evangelikalen, um allgemeine Trends
festzustellen oder auszumachen, wie viele von ihnen zu den
New Evangelicals zählen. Die Ergebnisse von Forschungsinsti-
tuten, die solche Umfragen durchführen, werden in Kapitel 6 dargelegt. Wie bereits erwähnt, sind die Sichtweisen
der *New Evangelicals* bei Millionen von Amerikanern zu finden,
bei etwa 25 % der Bevölkerung. Aber auch wenn die Zahl
der *New Evangelicals* weitaus geringer wäre, wäre ich weiterhin an ihnen interessiert – an den Modellen, die sie für die
Beziehung von Kirche und Staat bereithalten und an ihren

Gründen diese Modelle weiterzuentwickeln, *gegen* die Religiöse Rechte.

Einige Anmerkungen zur Definition

Die Begriffe »säkular« und »neutral« werden in diesem Buch nicht dazu verwendet, um zu veranschaulichen, dass Regierungen sich antagonistisch gegenüber der Religion verhalten, oder dass Gesellschaften frei von Religion sind. Vielmehr beziehen sich die Begriffe auf Institutionen, die bevollmächtigt sind, Konzepte zu entwickeln, diese in der Politik umzusetzen, und die sich nicht von einer göttlichen Instanz herleiten. Sie leiten sich aus dem Einverständnis der Bürger und der Verfassung her. In liberalen Demokratien sind die Regierungen und das Rechtssystem säkular und neutral, nicht aber die Gesellschaften, in denen viele Gläubige sein können. Die Aufgabe einer säkularen, liberalen Demokratie ist nicht, die Religion einzuengen, sondern sich ihr gegenüber neutral zu verhalten, um so religiösem wie nichtreligiösem Leben eine freie Entfaltung zu ermöglichen.

Eine absolute Trennung von Staat und Kirche ist keine Voraussetzung für liberale Demokratie.[25] Die Demokratien von England, Schottland, Dänemark, Norwegen, Island, Finnland – und bis zum Jahr 2000 auch Schweden – haben alle Staatskirchen. Dennoch wurde die religiöse Neutralität einer Regierung mit der liberalen Demokratie assoziiert, weil sie Gewissensfreiheit ermöglicht, eine pluralistische Gesellschaft (Gewissensfreiheit für alle) und das Recht der Kirchen, die Regierung und auch andere Gruppen der Zivilgesellschaft zu kritisieren. Dieser letzte Punkt ist wichtig, insofern er die Argumente gegen die Einmischung der Kirchen in die Politik vom Tisch nimmt. Wie andere zivile Gruppen auch, wenn diese sich ihre kritische Haltung erhalten wollen, müssen die Kirchen sich ihre Unabhängigkeit von politischen Parteien, der Regierung und dem Gerichtswesen bewahren.

Zusammengefasst braucht die liberale Demokratie eine gerechte, unbefangene Regierung, die die pluralistische Freiheit des Gewissens, den Staat kritisieren zu können, gewährt. Dies, so könnte man sagen, sind ihre Ziele. Strikte Säkularität der Regierung und begrenzte Kooperation zwischen Kirche und Staat sind zwei Mittel, diese Ziele zu erreichen.

Eine jüngste Ergänzung der Bedeutung von »säkular« und »neutral« besteht in der Pflicht der Gläubigen, ihre Vorschläge zu Recht oder Politik in eine Sprache zu »übersetzen«, die jeder in der Gesellschaft begreifen kann. Die »lingua franca«, die Verkehrssprache, gilt als säkular. Diese Forderung steht jedoch im Widerspruch zur politischen und sozialen Realität, denn in der Politik gibt es verschiedene Ausdrucksformen, nicht nur säkulare oder religiöse, sondern viele, manche religiös, andere säkular, wieder andere ein Gemisch aus beiden. Alle beinhalten Prämissen und Werte. Die für eine Demokratie verantwortlichste und bewusstseinsformende Praxis bestünde darin, viele der vorgebrachten Argumente in der Öffentlichkeit zu diskutieren.

Die Behauptung, nur säkulare Sprache ist objektiv und als lingua franca geeignet, während andere Sprache subjektiv ist, zeigt die Voreingenommenheit einiger Säkularisten. Es ist lediglich die Sprache, die ihnen geläufig ist. Doch die ersten Argumente für Toleranz und die Trennung von Kirche und Staat wurden von den religiösen Dissenters im 16. und 17. Jahrhundert vorgetragen und gründeten in ihrem religiösen Diskurs. Darüber hinaus haben Denken und Sprache, die sich nicht auf ein Göttliches berufen, an Orten wie dem Kambodscha Pol Pots oder Stalins Sowjetunion nicht zu mehr Gerechtigkeit und Frieden geführt. Können wir sicher sein, dass dies immer der beste Diskurs ist?

Wenn es darum geht, Ideen zu »übersetzen«, warum nicht aus einem religiösen Diskurs in einen anderen? In vielen Gesellschaften, einschließlich der entwickelten, wären mehr Bürger mit religiösen Denkwegen vertraut als mit den Argumenten von Locke oder Kant. Die öffentlichen Diskussionen auf das säkulare zu beschränken, beraubt alle in der Gesellschaft – ob gläubig oder nicht – einer ordentlichen Portion menschlicher Weisheit, gesammelt über Jahrtausende, und dürfte viele Menschen in dem essentiell demokratischen Prozess der öffentlichen Debatte außen vor lassen.

Es ist nicht ersichtlich, warum mehr Gewinn darin liegen soll ein Argument aus Markus zu »übersetzen« als eines aus Marx oder den Marx Brothers. Stattdessen können wir sagen, dass, wenn religiöse Gruppen ein bestimmtes Recht oder eine bestimmte Politik vertreten, dann unterliegen sie denselben Standards wie auch andere Gruppen in liberalen Demokratien. Ihre Anträge müssen sich innerhalb der Parameter der Verfassung bewegen, selbst wenn sie religiös in Geist und Sprache einer konfessionellen Gruppe zuzuordnen sind. Das Anforderung ist, dass der Antrag der Verfassung entspricht, und nicht, dass die Gläubigen ihre Ideen in den einen der vielfältigen Diskurse der Gesellschaft »übersetzen«.

Dieses Buch, ein Teil des öffentlichen Diskurses, möchte die Perspektiven der *New Evangelicals* ins Spiel bringen – vordringlich ihre Anregungen zum Verhältnis von Kirche und Staat, aber implizit auch ihr Mitgefühl, ihren Humor, ihre Bildersprache, ihre Selbstkritik und ihre Rolle als Zeugen für die menschliche Fähigkeit zum Wandel.

I-2. Die Freiheit des Gewissens und die Trennung der Kirche vom Staat: Ein geschichtlicher Überblick

Das Argument der Frommen: 1531–1789

Die geläufigste Geschichte von der Freiheit des Gewissens und der Trennung von Kirche und Staat erzählt eine wagemutige Rettungsmission. Aufkeimende Demokratien kämpften mit religiösen Kriegen und Verfolgungen, sie retteten den Westen mit den vernünftigen Argumenten der britischen *Glorious Revolution* und der Aufklärung auf dem Kontinent. Demzufolge ist nicht nur die Kirche verdächtig, sich in den Staat einzumischen, sondern die Religion selbst ist mit dem Nimbus der Irrationalität, des Illiberalismus und der Gewalt belegt. Die Gewissensfreiheit und die Trennung von Staat und Kirche entstanden nicht, um den rationalen Staat vor der irrationalen Religion zu beschützen. Sie wurden entwickelt, um religiöse Minderheiten vor der Unterdrückung durch den Staat und die Staatskirchen zu schützen. Die Sorge um den Schutz des Staates erhob sich später aus dem Kontext der französischen Revolution entgegen der brutalen Verquickung von Kirche und Staat.

Ein kurzer Blick auf die ersten Rufe der Frommen nach Gewissensfreiheit und Trennung von Kirche und Staat könnte mit Erasmus einsetzen. Ein ausdrucksstarker Autor dieser Periode aber war Sebastian Franck, ein radikaler Spiritualist des 16. Jahrhunderts, der in seiner *Chronica, Zeitbuch und Geschichtsbibel* (1531) erklärte, dass auch die Anhänger von Hus und die Täufer wahre Christen seien. Mit diesem Paukenschlag hob er beinahe den Begriff der christlichen Häresie auf, eine Gunst, für die die Welt noch nicht reif war.[1] Eine Generation später nahm Sebastian Castellio[2] (1554)

der Häresie ebenfalls ihre Schlagkraft. Er dekonstruierte die
Sünde der Häresie zu einer Meinungsverschiedenheit zwischen wohlmeinenden Männern und war einer der ersten,
der zwischen dem Bereich des Glaubens (dem Urteil Gottes anheim gestellt) und dem Bereich des Handelns (dem
Urteil der Obrigkeit anheim gestellt) zu unterscheiden
wusste. Folglich konnten Männer, obwohl uneins im Glauben, gemeinsame politische Ideen über Rechte und Verantwortlichkeiten des Staates entwickeln. Darin deutete Castellio die Idee an, dass die Trennung von Kirche und Staat
die politische Struktur sei, in der intellektuelle und religiöse
Freiheit gedeihen würde.[3] Er trat ein für Geduld und Erziehung statt Inquisition und Verfolgung. Diese seien die Wege
Jesu, und überdies sei zu erwarten, dass, »wenn sie freigelassen werden«, die wahre Religion entstehen wird. Eine
Behauptung, die Castellio zu einem der ersten Vertreter für
den »Marktplatz der Ideen« macht.[4]

Im Laufe des nächsten Jahrhunderts gewannen Ideen
wie diese eine breite Basis in England. Die Quäker und die
radikalen, volksnahen Ranter und Leveller folgerten, dass
die individuelle Beziehung des Menschen zu Gott, für jeden Einzelnen, die Freiheit des Gewissens bedingte. Der Le-
veler[5] John Lilburne wurde für seine nichtkonformen religiösen Auffassungen ausgepeitscht und eingekerkert,
unter anderem wegen der Vorstellung, das Königreich Gottes sei ein geistliches und könne daher nicht vom Staat regiert werden. Sein Glaubensbruder William Walwyn sprach
sich für uneingeschränkte Gewissensfreiheit und für einen
Markt der Ideen in einem beinahe modernen Sinn aus: Ir-
rige Ansichten würden mit der Zeit verschwinden, weil
sie in der Debatte unterliegen müssten (*A New Petition of the
Papists*, 1641). Richard Overton, ein Satiriker der Zeit, forderte religiöse Toleranz auch gegenüber Juden und Muslimen[6] (*Arraignment of Mr. Persecution*, 1645). Der große Dichter
John Milton sprach sich in seiner *Areopagitica* (1644) gegen

die Zensur aus und in seinem noch radikaleren Werk *A Treatise of Civil Power in Ecclesiastical Causes* (1659) fordert er Gewissensfreiheit auf der Basis des klassischen protestantischen Grundsatzes *sola scriptura*. Da allein die Worte der Bibel den Menschen in seinem Glauben leiten sollen, darf kein Priester und keine weltliche Obrigkeit den Glauben beurteilen oder ein bevorzugtes Bekenntnis erzwingen. Auf diesen Arbeiten aufbauend veröffentlichte der Quäker William Penn im Jahr 1670 ein Werk mit dem Titel *The Great Case of Liberty of Conscience*.

Das große Schlussplädoyer dieser Literatur erschien mit John Lockes *Letter Concerning Toleration* (1689). Er wurde im Schatten der Hugenottenverfolgung in Frankreich und im Schatten von Lockes eigenem politischen Exil in Holland geschrieben und verdankt seinem Patron, dem Earl of Shaftesbury, eine Kritik, die diesen »Letter« gegen die Meinung der Krone gelobt hat. Locke vertritt darin die Meinung, dass Verfolgung mit der christlichen Lehre der Nächstenliebe unvereinbar und nur ein Manöver sei, um unter dem Deckmantel des Glaubens oder der nationalen Sicherheit an die Macht zu kommen. Er entwickelt Castellios und Lilburnes Abgrenzung von Kirche und Staat weiter, indem er unterscheidet zwischen der Regierung, deren Aufgabe es ist, für das Gemeinwohl, die *civil goods*, zu sorgen – Leben, Freiheit, Sicherheit, Gesundheit und Eigentum –, und der Kirche, die für die Seelen zuständig ist. Nur hinsichtlich der Regierung müssen die Bürger ein gewisses Maß an Übereinstimmung erreichen. Über Gott werden Menschen immer verschiedene Ansichten haben. Da aber kein Mensch sich jemals des richtigen Wegs zum Heil sicher sein kann, kann niemand über den Glauben der anderen urteilen. Jeder »ist orthodox für sich selbst und irrend oder häretisch für andere.«[7] Von diesem Punkt ausgehend argumentiert Locke, die Kirchen sollten frei von staatlicher Kontrolle sein, wirklich frei und freiwillig (»free and voluntary«).

Im 18. Jahrhundert hatten die Argumente für eine Trennung der Kirche vom Staat – um die Kirchen zu schützen – eine solide Basis von Unterstützern gefunden. Diese Argumente wurden aber schon bald auf den Kopf gestellt, vor allem in Frankreich. Anstatt die Kirchen der Minderheiten vor dem Staat zu schützen, wurde die Trennung von Kirche und Staat zu einem Mittel, den Staat vor der Religion zu schützen. Die Umkehr vollzog sich im Kontext einer umfassenden Verlagerung der Ziele: Frankreich (und später auch andere europäische Länder) sollte von der ungünstigen Verquickung der kirchlichen und staatlichen Eliten befreit werden. Weil beide Eliten ökonomische und politische Interessen gegenüber den niedrigeren Ständen hatten, griffen Europas Vorkämpfer der Demokratisierung sowohl die Monarchie, als auch ihre Freunde in den etablierten Kirchen an. Tatsächlich waren die etablierten Kirchen lange Zeit auch politische, ökonomische und polizeiliche Institutionen im *ancien régime*. So hatte beispielsweise Rom einen politischen wie militärischen Rang. Luther, ein anderes Beispiel, ordnete Gehorsam gegenüber den höheren Ständen an. Der Westfälische Frieden von 1648 verschlimmerte die Situation, indem er die Religion territorialisierte und den politischen Führern das Recht übertrug, den Glauben in ihrem Herrschaftsgebiet nach dem Prinzip *cuius regio eius religio* festzuschreiben. Nun steckten die Kirchen strukturell mit dem Staat unter einer Decke.

Die Territorialisierung der Religion half kurzfristig, die Religionskriege in Europa zu beenden. Langfristig aber war sie ein Hindernis für die Entwicklung einer liberalen Demokratie, also der Form, die viele Religionen in einer Gesellschaft respektiert. Das setzte voraus, dass die Menschen im Territorialstaat nicht nur der Regierung zustimmen, sondern auch im Glauben übereinstimmen mussten. Angesichts der religiösen Mischung innerhalb der europäischen Territorien war dies praktisch unmöglich und führte dazu, dass religiöse Minderheiten dauerhaft verfolgt wurden. So wurden die Kirchen zu Vasallen des Staates, die die jeweils regierende Macht umwarben, das Privileg Staatskirche, erhalten zu können. Statt eine unabhängige, ethische Stimme zu sein, machten sich Europas etablierte Kirchen zu Handlangern des Staates und arbeiteten mit monarchistischen, konservativen und militaristischen Parteien zusammen und erschwerten so die demokratische Entwicklung zusätzlich. Im 19. Jahrhundert instrumentalisierten die Regierungen die etablierten oder dominanten Kirchen, zur Ausübung sozialer Kontrolle, eine Aufgabe, die von den Kirchen mit großem Enthusiasmus erfüllt wurde.

In ihrer Reaktion teilten Europas Vorkämpfer für die Demokratisierung gleich doppelt aus: zum einen lehnten sie irrationale und korrupte politische Systeme ab, zum anderen prangerten sie die etablierten Kirchen als Partner der Monarchie an.[8,9] Obwohl die Geschichte der Demokratisierung Europas sich von Region zu Region unterschied, war das Misstrauen gegenüber der Religion in die Kultur eingedrungen. Religion, so schien es, war als Handlanger der Monarchie mit einer demokratischen Regierung inkompatibel. Ironischerweise führte die Territorialisierung der Religion, die die Staatskirchen zunächst kräftig gestärkt hatte, nun zu deren Niedergang. Bei den Vorkämpfern für die Demokratisierung blieb, besonders in Frankreich, folgende Logik übrig: Territorialisierung steht für zwei Begriffe: Kirche und Staat. Die Kirche, als Partner des Unterdrückungsstaates, ist nicht kompatibel mit Demokratie. Wenn also ein Staat demokratisch werden soll, muss die Religion vom Staat abgespalten, und später privatisiert werden, bis sie am Ende verschwindet.

In Amerika war dies nicht der Fall. Die Kirchen dort hatten sich nicht mit einem repressiven politischen System zusammengetan und waren nun auch nicht verdächtig. Demzufolge hatten die Amerikaner, als sie ihr *ancien régime*

stürzten, nur einen Angriffspunkt: die politische Herrschaft
der Briten. Die britische Kirche, die sehr eng mit der britischen Krone verbunden war, war nicht die Kirche Amerikas. Denn Amerika hatte wegen der religiös vielfältigen Einwanderung ein sich ständig verbreiterndes Spektrum von
religiösen Graswurzel-Bewegungen und volksnahen Denominationen, und nicht die eine Kirche. Die Kirchen in
Amerika hatten keine Verbindung mit London und standen
außerhalb der Regierungsstrukturen, weshalb sie die Revolution und die republikanische Selbstbestimmung unterstützen konnten.[10] Der Baptist John Leland schrieb: »Rebellion to tyrants is obedience to God«.[11] Der Presbyterianische
Pfarrer Benjamin Rush schrieb 1791 an den baptistischen
Pfarrer Elhanan Winchester: »Republican forms of government are the best repositories of the Gospel«.[12]

Da die Kirchen außerstaatlich waren, war es nicht nö-
tig, gegen sie zu rebellieren. Amerika teilte die Logik Europas nicht. Hier gab es nicht nur die zwei Begriffe, Kirche
und Staat, sondern drei: Kirche, Staat und Zivilgesellschaft —
und dort war die Religion angesiedelt. Die Kirche, die niemals Partner eines repressiven Staates war, war mit Demokratie keineswegs inkompatibel. Deshalb wurde, als sich
Amerika demokratisierte, die Religion nicht verdächtig. Sie
musste nicht, um die Demokratie zu erhalten, in eine so-
zialpolitische Bedeutungslosigkeit wegprivatisiert werden.
Die Religion bewahrte sich ihre positive Wertigkeit und
die Trennung von Kirche und Staat bewahrte ihre doppelte
Aufgabe: den Staat vor der Kirche und die Kirche vor dem
Staat zu schützen. Anders ausgedrückt: weil die Religion außerhalb des Staates verortet war, konnte sie sich an die Seite
des gemeinen Volkes stellen und ihre Reputation retten.

Amerika ordnete seine Kirchen dem außerstaatlichen,
zivilen Lebensbereich zu, und zwar aus idealistischen und
pragmatischen Gründen. Denn viele der frühen Siedler waren als Nonkonformisten weiterhin daran interessiert, ihre

religiösen Überzeugungen zu schützen – sie waren schließlich nach Amerika gekommen, weil sie die Freiheit des Gewissens suchten. Für diese Siedler war der Glaube ihre Inspiration, nicht ihr Problem. Die Staaten (und die Staatskirchen) waren das Problem und die amerikanischen Siedler wollten den Staatsapparat beschränken. Roger Williams wurde aus der puritanischen Theokratie von Massachusetts (1635–36) ausgestoßen, weil er die Begrenzung des Staates forderte. In *The Bloudy Tenent of Persecution for Cause of Conscience* (1644) argumentierte er, dass die Lehre Jesu, im Gegensatz zum Mosaischen Gesetz, zwischen den Bereichen des Politischen und des Religiösen unterschied. Aufgabe der Regierung sei es, sich um den Schutz des Individuums, des Eigentums und den Frieden zu kümmern. Die Kirche dagegen befasse sich mit »geistlichen Dingen und Angelegenheiten der unsterblichen Seele und darüber kann nie ein Mensch entscheiden«.[13] Folglich sollte das Individuum frei über seinen Glauben entscheiden können und die Kirchen unabhängig vom Staat sein.[14]

Man kann in Williams einen waschechten Republikaner und im *Bloudy Tenent* ein baptistisches Zwillingswerk zu Lockes *Letter Concerning Toleration* sehen. Im Jahr 1639 ließ sich Williams auf Rhode Island als Erwachsener erneut taufen und wird seitdem als Gründer der amerikanischen Baptisten erachtet. Die Baptisten waren lange Zeit der Prügelknabe für die in Europa etablierten Kirchen, daher ist es nicht überraschend, dass sie entschiedende Verfechter der Gewissensfreiheit und der Trennung von Kirche und Staat waren. Beide Werke, sowohl das von Williams, als auch das von Locke, hatten politische Auswirkungen. Eine davon war die Verfassung von Rhode Island, mit der Charles II. im Jahr 1663 Williams das Recht zur Gründung einer neuen Kolonie einräumte. Sechs Jahre später schrieb Locke und der Earl von Shaftesbury in der Verfassung von Carolina die Gewissensfreiheit fest. Die Verfassung von Rhode Island garan-

tierte volle Religionsfreiheit.[15] Es war derselbe Williams, der
Amerika die berühmte »Mauer« zwischen Kirche und Staat
schenkte. Er rügte das geheime Einverständnis zwischen Kirche und Staat im frühen Massachusetts, indem er schrieb,
man habe, »ein Loch in die Hecke oder Trennwand zwischen dem Garten der Kirche und der Wildnis der Welt« gemacht.[16] Als Jefferson die Phrase 1802 wiederholte, hatte er
vom Baptisten Williams abgeschrieben.

Im Jahr 1774, als die Nation die Prinzipien ihrer Gründung festsetzte, erschien ein weiterer Baptist, Isaac Backus,
vor der gesetzgebenden Versammlung von Massachusetts und dem Kontinentalkongress, um sich für den Erhalt
der Trennung von Kirche und Staat einzusetzen.[17] Er war
beunruhigt, weil Massachusetts eine Steuer zur Unterstützung der kongregationalistischen Kirche beschlossen hatte,
und befürchtete, dass dies der erste Schritt zur Gründung
einer Staatskirche sein würde. Nach der Revolution, im Jahr
1790, formulierte ein anderer Baptist, John Leland, schlicht:
»The notion of a Christian commonwealth should be ex-
ploded forever«.[18] Die Staatskirche sei passé und die Regierung, so fuhr er fort, »should protect every man in thinking
and speaking freely«.[19]

Ein weiteres Argument, die Kirche aus dem Staat herauszuhalten, erwuchs aus den rauen Umständen der amerikanischen Besiedelung. Die ersten Amerikaner benötigten
jede helfende Hand um zu überleben. Um die Anhänger
der verschiedenen Glaubensrichtungen über den Ozean zu
locken, warb Amerika mit einer Regierung, die sich der
Religion gegenüber neutral verhielt und alle gerecht be-
handelte. Die Menschen mussten sich nicht im Glauben
einig sein, um sich auf eine Regierung zu einigen, aber
sie hatten sich darauf zu verständigen, dass die Regierung
nicht fordern durfte, dass sie sich im Glauben einig sein
müssen. Amerikas »vollkommene Gleichheit und Freiheit
aller Glaubensgemeinschaften,« erklärte Tench Coxe aus

Pennsylvania, würden Europas verfolgte Abweichler anlocken. »Sie werden augenblicklich ausrufen, Amerika ist das ›gelobte Land‹.«[20] Sogar die puritanische Theokratie musste in den 1640er-Jahren Nicht-Puritaner akzeptieren, um die Kolonie am laufen zu halten. Sicherlich gab es in einigen Kolonien auch dominierende oder etablierte Kirchen und religiöse Überprüfungen bei der Ämtervergabe.[21] Worin sollte auch der produktive Nutzen von religiöser Ausgrenzung für eine Nation von Einwanderern liegen, die darum kämpfte, auf die Beine zu kommen? Maryland verabschiedete 1649 seinen *Religious Toleration Act*, der für alle trinitarischen Christen galt. Pennsylvania, Rhode Island und Carolina waren von Beginn an Experimentierfelder der Toleranz. Im Amerika des 18. Jahrhunderts verloren religiöse Prüfungen bei der Ämtervergabe zunehmend an Bedeutung.

Ein dritter Grund, die Religion außerhalb des Staates zu verorten, lag darin, dass die meisten Dinge in Amerika dort stattfanden. Aufgrund der dünnen Besiedelung des Landes und nur geringer Regierungsstrukturen, die bestimmte Dinge hätte regeln können, musste man die allermeisten Dinge selbst oder in Gruppen von Freiwilligen erledigen. Wie Tocqueville feststellte, entwickelten sich Amerikas ökonomische, soziale und religiöse Strukturen zuerst auf lokaler Ebene, im zivilen Raum, später entstanden Staat und nationale Strukturen. Weit entfernt von Territorialisierung und Organisation durch Regierungsinstitutionen, waren die Kirchen oft lokal und volksnah, insbesondere nach dem *First Great Awakening* (der ersten großen evangelikalen Erweckungsbewegung) in den 30er- und 40er-Jahren des 18. Jahrhunderts. Dies war ein Fest für die sich abspaltenden Kirchen und unorthodoxe Predigten, die von unausgebildeten Männern (und Frauen) vorgetragen wurden. Im Vergleich mit Europa ergab sich insgesamt ein deutlich horizontaleres Bild.

Die Verortung der Religion in der Zivilgesellschaft war sicherlich nicht die einzige Methode, religiös Andersdenkende zu schützen oder Einwanderer anzulocken. Auch ein toleranter Monarch mit einer Staatskirche konnte das erreichen und so stützte Friedrich der Große Preußens Wirtschaft auf eben diese Idee. Religiöse Toleranz zog die Hugenotten, Juden und andere religiöse Minderheiten an, was Preußen einen außerordentlichen ökonomischen Gewinn einbrachte. Aber Amerikas Struktur der Kirche als Teil der Zivilgesellschaft war ein anderer Weg, religiöse Minderheiten zu schützen und Einwanderer anzuziehen. Dieses nutzbringende Arrangement wurde im *First Amendment* der US-Verfassung wie folgt kodifiziert:»Congress shall make no law respecting an establishment of religion, or prohibiting the free exercise thereof.« Das heißt ungefähr:»Unsere vielzähligen Religionen gedeihen im zivilen Lebensraum ohne Religionskriege oder lähmende Verfolgungen. Dadurch wird der Frieden und der Zustrom von Einwanderern erhalten. Die Regierung soll das nicht verderben.« Das heißt nicht, dass es keine Anstrengungen gab, in einigen der neu gegründeten US-Staaten offizielle Kirchen zu etablieren. Es heißt nur, dass diese Versuche misslangen.

Die Freiheit des Gewissens und die Trennung von Kirche und Staat: Der evangelikale Beitrag

Gewissensfreiheit und die Trennung von Kirche und Staat wurden schon früh von allen Konfessionen in Amerika befürwortet. Die Evangelikalen waren von dieser Idee besonders begeistert, denn sie waren durch ihre Theologie und ihre Geschichte individualistisch, anti-autoritär und misstrauisch gegenüber der Regierung eingestellt. Damit waren sie für die Selbstverantwortung, die bei der Besiedelung Amerikas gefordert war, gut gerüstet und gleichzeitig in einer guten Position, um sich für die Gewissensfreiheit und die Trennung von Kirche und Staat einzusetzen.

Der amerikanische Evangelikalismus, entstanden im 18. Jahrhundert aus den europäischen »enthusiastischen« Kirchen, den pietistischen Bewegungen und der Herrnhuter Brüdergemeinde in Deutschland, strebte nach einer Erneuerung des Glaubens in der »innigen«, lebendigen Beziehung zu Jesus. Betont wurde die individuelle Beziehung zu Jesus; das Kreuz als ein Symbol des Dienstes, des Opfers und des Heils; die individuelle Annahme der Erlösungsgabe Jesu; die selbstständige Bibellektüre durch einfache Männer und Frauen, sowie die Priesterschaft aller Gläubigen unabhängig von kirchlichen oder staatlichen Autoritäten. Die Betonung des Individualismus schuf die theologische Forderung nach Gewissensfreiheit, die sich mit der politischen Forderung, die aus der politischen Verfolgung und dem ökonomischen Bedarf nach Einwanderern resultierte, zusammenfügte. Drei theologische Aspekte waren von besonderer Bedeutung: Erstens, die selbstständige Bibellektüre und die Priesterschaft aller Gläubigen. Sie gaben den Anstoß für das *First Great Awakening*. Durch die sich abspaltenden Kirchen und Prediger zeigte die Erweckungsbewegung den fortbestehenden Verfechtern einer Staatskirche, dass Religion – wie so vieles in Amerika – eine Graswurzelbewegung und gegenüber einer Kontrolle durch den Staat oder Staatskirchen weitgehend immun war. Der Markt der Konfessionen, für Castellio ein ferner Traum, war in Amerika ein Basar.

Zweitens passten die evangelikalen Vorstellungen von der Erlösung perfekt mit einem anti-autoritären Individualismus zusammen und daher auch mit der Gewissensfreiheit und der Trennung von Kirche und Staat. Als im 18. Jahrhundert die arminianische Lehre von den Brüdern Charles und John Wesley verbreitet wurde, dachte man neu über den calvinistischen Begriff von Gottes Gnade nach und ak-

zentuierte darin die Rolle des Menschen in der Annahme
Jesu und dem Erhalt der Vergebung. Der Arminianismus vertritt die Ansicht, dass es der freie Wille des Menschen ist,
der ihm von Gott in zuvorkommender Gnade vor der Erlösung geschenkt wurde, und der es dem Menschen erlaubt,
der Sünde zu verfallen, aber auch den Weg Jesu zu wählen und so nicht allein Vergebung, sondern auch christliche
Vollkommenheit schon in dieser Welt zu erlangen. Der entscheidende Schritt ist der eigene. Diese Verlagerung des Ge-
wichts von Gott auf den Menschen rückte die individuelle
Selbstbestimmung in den Vordergrund, und damit die Notwendigkeit, diese vor der Unterdrückung durch den Staat
oder einer Staatskirche zu schützen. Der Arminianismus
wurde zu einem Fundament des amerikanischen Methodismus, der populärsten Konfession des 19. Jahrhunderts, die
weit über die Grenzen ihrer Mitglieder hinaus Einfluss auf
die anti-staatliche Bewegung in ganz Amerika gewann.[22]

Noch stärkere Unterstützung für die Trennung von Kirche und Staat erwuchs aus dem evangelikalen Verständnis
vom Reich Gottes. Wie die meisten Christen meinen auch
die Evangelikalen, dass menschliche Regierungen Teil von
Gottes Schöpfung sind, mit dem Ziel, Ordnung und Frieden zu erhalten. Die relevante Bibelstelle allerdings, Römer
13, 1, sagt, dass Gott Regierungen für seine Zwecke bestellt,
aber er bewertet sie nicht. Die Königreiche der Welt dürfen
niemals mit dem Reich Gottes selbst verwechselt werden.
Die Trennung des göttlichen und des irdischen Reiches ist
mit der Trennung von Kirche und Staat zu vergleichen. Darüber hinaus ist das Reich Gottes, von dem die Menschen
durch die Lehre Jesu wissen, die Norm, an der Evangelikale
menschliches Handeln bemessen. Dieses verleiht ihnen Distanz zur Regierung, verbunden mit der Aufgabe, die Regierung zu kritisieren, wenn sie ungerecht handelt. Wenn in
einer Gesellschaft diese Gewissensfreiheit nicht gegeben ist,
landet man schnell im Gefängnis. In der Praxis dauerte es

einige Zeit, bis die Trennung von Kirche und Staat, trotz der Unterstützung durch die Evangelikalen, die Amerikas dominierende religiöse Gruppe von der Kolonialzeit bis zum 1. Weltkrieg waren, realisiert war. In New York beispielsweise gab es noch 1811 einen Prozess wegen Blasphemie. Trotzdem erklärte der Vertrag von Tripolis mit dem muslimischen Nordafrika 1797, dass »die Regierung der Vereinigten Staaten von Amerika in keinerlei Weise auf der christlichen Religion gründet«.[23] Patrick Henrys Vorschlag, in Virginia eine Kirchensteuer einzuführen, wurde niedergeschlagen und Luther Martins Argumentation für eine Anerkennung des Christentums durch die Verfassung zurückgewiesen.

Zu Beginn des 19. Jahrhunderts war die Trennung von Kirche und Staat auf nationaler wie auf bundesstaatlicher Ebene rechtlich verankert. Damit war Religion *de jure* und *de facto* Teil der Zivilgesellschaft – zum großen Vorteil der Kirchen.[24] Sie standen der Regierung fern und wurden als eine Kraft des Guten betrachtet, die einerseits unbefleckt von der Korruption der Politik und andererseits mit einem optimistischen, anti-autoritären »Wir schaffen das«-Individualismus assoziiert wurde. Reverend Wainwright aus Auburn, New York, den Tocqueville auf seiner legendären Reise besuchte, behauptete, dass die Kirchen, wenn sie an der Regierung partizipierten, wie politische Parteien behandelt würden – für die einen wären sie überzeugend, würden von anderen aber angegriffen werden. Wenn sie sich aber aus der Regierung heraushielten, wäre ihr Einfluss transzendent. Reverend Lyman Beecher, einer der prominentesten religiösen Figuren des frühen 19. Jahrhunderts, hatte Gelegenheit, diese These auszuprobieren. Als Connecticut sich 1818 vom Kongregationalismus trennen wollte, opponierte er heftig dagegen, weil er eine Schwächung der Religion befürchtete. Aber innerhalb von zwei Jahren sah er ein, dass die Trennung von Kirche und Staat zu einem Wiederaufleben der Religion geführt hatte. Die Kirchen, die nicht

den Stempel des »offiziellen« trugen und die nicht als ein-
tönig galten, mussten ihre Ideen in die Öffentlichkeit tragen. »Ein Wiederaufblühen [der Religion] durchzog nun
das Land«, schrieb er und nannte die Trennung der Kirche
vom Staat und ihre Verortung in der Zivilgesellschaft »das
Beste, das dem Staat Connecticut passieren konnte«.[25] Da
die Evangelikalen besonders individualistisch und antiauto-
ritär waren, wurden sie die Wortführer des außerstaatlichen
Voluntarismus und manchmal auch eines volksnahen Radi-
kalismus: sie waren Anti-Föderalisten, Anti-Banker, Anhänger Jeffersons und auch Anhänger des populistischen Jackson. Häufig spielten die Pfarrer eine zentrale Stellung bei
den Unruhen der Bauern gegen die Landeigentümer. Sie
unterstützen Frauenprediger[26] und afroamerikanische Kirchen. Die evangelikalen Organisationen waren außerstaatlich und ehrenamtlich geführt, innovativ und bildeten das
Rückgrat der amerikanischen Zivilgesellschaft. Dabei deck-
ten sie die gesamte Bandbreite ab: Unterstützung einer kos-
tenlosen öffentlichen Bildung, Unterstützung der Sklaverei
im Süden, Widerstand gegen die Sklaverei im Norden, Widerstand gegen die Sunday Mail, Widerstand gegen die Ver-
treibung der christianisierten Cherokee von ihrem Land,
aber auch Widerstand gegen die chinesische Fußbindung
und die indische Witwenverbrennung. Von 1789 bis 1828
gab die US-Regierung 3,6 Millionen Dollar für die Entwicklung der Infrastruktur aus. 2,8 Millionen Dollar wurden im
Vergleich dazu von den 13 führenden, hauptsächlich evangelikalen Organisationen für ihre Projekte ausgegeben. Der
größte Betrieb der US-Regierung war in dieser Zeit die Post.
Die evangelikalen Kirchen hingegen hatten um 1850 bereits
die doppelte Zahl an Beschäftigten, doppelt so viele Einrichtungen und brachten drei mal so viel Geld zusammen.[27]
Je radikaler die evangelikalen Kirchen waren, desto popu-
lärer wurden sie oftmals. Die Zahl der Methodistischen Kirchen stieg von 20 im Jahr 1770 auf 19883 im Jahr 1860, das

sind 994,1-mal so viele. Die Zahl der Baptistischen Kirchen
stieg von 150 auf 12150, also 81-mal so viel zwischen 1770
und 1860. Um die Mitte des 19. Jahrhunderts vertraten die
evangelikalen methodistischen und baptistischen Kirchen
zwei Drittel der Protestanten in den Vereinigten Staaten.[28]
Zur gleichen Zeit wuchsen die traditionelleren kongregationalistischen Kirchen um den Faktor 3,6, die Anglikanische
um den Faktor 6, die Deutsche Reformierte Kirche um den
Faktor 4,7 und die Niederländisch-Reformierte Kirche um
den Faktor 4,4.[29]

In dieser energetischen, antiautoritären Atmosphäre
verband die evangelikale Predigt den Tonfall einer zweiten
Reformation mit dem einer zweiten Revolution. Die orthodoxe Lehre konnte ignoriert werden; eine Vielzahl von Lehren wurde mit den sozialen Anliegen des Tages verbunden.
Mystizismus verband sich mit volksnaher Politik, biblischer
Buchstabenglaube mit ekstatischer Erfahrung. Im Jahr 1843
rühmte sich die *Methodist Quarterly Review* ein »schonungsloser
Bilderstürmer«[30] zu sein, bereit, jegliche überlieferte Weisheit in Frage zu stellen.

Bei der Verbreitung dieser neuen Lehren und dieser populistischen Religionsökonomie bauten die Evangelikalen
auf Amerikas Gewissensfreiheit. Sie verschaffte ihnen den
Zugang in den öffentlichen Lebensbereich, und so gaben
die Evangelikalen eben dieser sowie der Trennung von Kirche und Staat ihre lebhafte Unterstützung. »Keine Gruppe«,
schreibt Randall Balmer, Professor für amerikanische Reli-
gionsgeschichte am Barnard College, »hat mehr vom *First
Amendment* und der Trennung von Kirche und Staat in Amerika profitiert als die Evangelikalen.« Er schreibt weiter: »Sie
operierten außerhalb des religiösen Establishments Neu-
Englands im 17. und 18. Jahrhundert, und das explosive
Wachstum der Baptisten im 19. Jahrhundert wäre ohne den
Schutz des *First Amendment* unmöglich, oder zumindest be-
trächtlich schwieriger gewesen«.[31]

Nach dem Bürgerkrieg hatte der Evangelikalismus mit der Urbanisierung und Industrialisierung zu kämpfen, blieb aber dennoch, politisch wie intellektuell, eine potente, radikale Kraft. Zwischen 1860 und 1900 verdreifachte sich die Zahl der Mitglieder in den großen, seit langem evangelikalen protestantischen Gemeinschaften.[32] Sie trieben die Erneuerung ihrer Theologie weiter und brachten den Romantizismus des 19. Jahrhunderts in ihrer Schriftauslegung zur Anwendung. Dies erlaubte ihnen, die Schrift als ein Werk von metaphorischer und poetischer Wahrheit zu sehen, dass den meisten, wenn nicht allen Evangelikalen den Ausgleich mit dem Darwinismus ermöglichte. Ebenfalls unter dem Einfluss des Romantizismus wurde das klassische Bild vom Gott als Richter durch Gott als den liebenden Vater ersetzt, was bei den theologisch Konservativen für Skepsis sorgte.

Der missbräuchliche Kapitalismus eines Robber Baron spornte die Evangelikalen im späten 19. Jahrhundert zu mehr sozialem Aktivismus an. Die evangelikale freiwillige Studentenbewegung (Student Volunteer Movement) sandte Tausende junger Leute aus, um Krankenhäuser und Schulen in Übersee aufzubauen und dabei das Wort Jesu zu verbreiten. Ihr Gründer, Dwight L. Moody, griff die Wirtschaft wegen der Zahlung von Hungerlöhnen hart an und errichtete Schulen für junge Frauen und Männer (in dieser Reihenfolge).[33] In der ganzen Nation gaben die Evangelikalen dem volksnahen Anführer William Jennings Bryan, der dreimal für eine Arbeiter- und Bauernplattform für das Präsidentenamt kandidierte (1896, 1900, 1906), ihre politische Unterstützung. Unter der Leitung von Walter Rauschenbusch entwickelten die Evangelikalen das so genannte *Social Gospel*, mit dem Programme gegen die Armut vorangetrieben wurden und das Amerikas früheste Kritik am Laissez-faire-Kapitalismus darstellt. »Staaten sterben nicht am Wohlstand,« notierte Rauschenbusch, »sondern an Ungerechtigkeit.« Die Kirche sei verpflichtet, »als Tribun des

Volkes zu handeln«.[34] Rauschenbuschs Werk *Christianity and the Social Crisis* war Juden und Katholiken feindlich gesinnt und spiegelt die naive Sichtweise, das der Protestantismus Wohlstand, Gesundheit und Demokratie mit sich bringen würde. Zusammen mit Upton Sinclairs Roman *The Jungle* half es jedoch, die progressive Ära der ökonomischen Reformen auszulösen. »Es hinterließ einen unauslöschlichen Eindruck in meinem Denken«, schrieb Martin Luther King Junior in den 1950er-Jahren.

Durch diese Ansichten wurden die Evangelikalen, insbesondere die Baptisten, zu hartnäckigen Verfechtern der Gewissensfreiheit und der Trennung von Kirche und Staat – auch dann noch, als sie als populäre Denomination nicht mehr in der Gefahr der Verfolgung standen. Sicherlich hegten im 19. und frühen 20. Jahrhundert die Baptisten häufig anti-katholische Ressentiments und waren in einigen Fällen bei der Vermischung von Kirche und Staat aktiv. Die Sabbatarianer-Bewegung beispielsweise wollte die Sonntagsruhe mit staatlichem Zwang durchsetzen.[35] Trotzdem verkündete George Washington Truett, Präsident der Southern Baptist Convention von 1927–1929, stolz, dass die Abschaffung einer offiziellen Kirche und die Religionsfreiheit »vorrangig eine Errungenschaft der Baptisten« sei. Er stellte sich gegen jegliche Abhängigkeit der Kirche von staatlicher Macht. »Gott will freie Gläubige und keine anderen. Die Religion Christi bedarf keinerlei Stütze weltlichen Ursprungs, und je mehr sie so unterstützt wird, desto schwerer hängt dies wie ein Mühlstein um ihren Hals.« Truetts Ablehnung der Vermischung von Kirche und Staat zu dieser Zeit war das Echo einer über 200 Jahre währenden baptistischen und evangelikalen Überzeugung.

I-3. Die evangelikale Wende zum Konservatismus: Eine neue Union von Kirche und Staat?

Progressive Politik, pluralistische Gewissensfreiheit und die Trennung von Kirche und Staat sind nicht die Themen, mit denen man die Evangelikalen des letzten Jahrhunderts assoziiert. Stattdessen haben sie sich eine Reputation als Rückgrat der Religiösen Rechten (konservative Evangelikale und Katholiken) erarbeitet. Zwei reaktionäre Bewegungen, eine im frühen 20. Jahrhundert und eine andere in den 1960er- und 70er-Jahren, sind für diese all zu späte Affinität zwischen Evangelikalen und Amerikas Konservativen verantwortlich.

Das frühe 20. Jahrhundert

Die Ereignisse zu Beginn des 20. Jahrhunderts spalteten die Evangelikalen geistlich und politisch in ein eher progressives und ein konservatives Lager auf. Mit der Zeit wurden viele Progressive von den protestantischen *Mainline*-Kirchen absorbiert, während die Konservativen zur öffentlichen Stimme des Evangelikalismus wurden. Sie brachen mit dem *Social Gospel*, weil ihrer Meinung nach zu viel für die Wohlfahrt und zu wenig für die Rettung von Seelen getan wurde – eine Betonung des Jenseitigen, die sich unter dem Einfluss des Romantizismus im späten 19. Jahrhundert entwickelt hatte. Während sich der Romantizismus für die progressiven Evangelikalen mit einem liebenden Gott, mit Vergebung und mit einer poetischen Lesart der Schrift verband, ließen sich die Konservativen vom romantischen apokalyp-

tischen Drama gefangen nehmen. In Hinsicht auf ein bevor-
stehendes Weltende erschien die Verbesserung der irdischen
Lebensbedingungen nur als eine unnütze Ablenkung von
der Aufgabe, Seelen zu retten.

Unter dieser Fokussierung auf die Apokalyptik entwickelten sich drei neue evangelikale Richtungen: Der Prä-
millennialismus vertrat die Ansicht, dass Christus noch vor
den tausend Jahren von Frieden und Wohlstand auf die Erde
zurückkommen werde. Bis zu seiner Ankunft jedoch werde
die Erde in der Katastrophe versinken. Eine zweite Richtung,
der Dispensationalismus, meinte, die Geschichte sei in Pha-
sen oder Zeitalter (dispensations) eingeteilt. Das gegenwärtige Zeitalter werde bald mit einer apokalyptischen Katastrophe zu Ende gehen, etwa so wie es in der Offenbarung
des Johannes beschrieben wird. Soziale und politische Anliegen würden nur von der verpflichtenden Konzentration
auf den Bereich der Seele ablenken. Eine dritte Richtung, die
Lehre von der Heiligung, meinte, innbrünstig Glaubende
könnten mit genügend ekstatischer Intensität noch in diesem Leben die Vereinigung mit Gott erreichen. Wenn auch
im Arminianismus und Methodismus eine ähnliche Lehre
vertreten wurde, so gab die Lehre von der Heiligung dem
doch eine andere Wendung. Während der Methodismus für
den Erweis des heiligen Status einer Person einen gewissen
Beweis verlangte, eine moralische Lebensführung beispielsweise, so vertrat die Lehre von der Heiligung, man könne
diesen ekstatisch, in einem aufblitzenden Moment erlangen.
Diese Einheit mit Gott stand im Fokus der Keswick- und der
Pfingstbewegungen, in denen weltliches Engagement bestenfalls als Ablenkung galt.

Diese drei Lehrentwicklungen formten ein Paket, das
weg vom *Social Gospel*, hin zum Konservatismus und zu einer innergemeindlichen Konzentration strebte. Dieser Trend
wurde durch die Abkehr von der deutschen historisch-kri-
tischen Methode der Bibelkritik, die in den amerikanischen

Seminaren neu eingeführt worden war, verstärkt. Gestützt auf neue philologische und archäologische Forschungen hatte die Bibelkritik für die Progressiven belebende Wirkung, alarmierte aber Amerikas konservative Evangelikale, die mit ihrem nicht geschulten und literalistischen Bibellesen bisher gut zurechtgekommen waren. Sie fühlten sich vom Elitismus überholt und versuchten, ihre hausgemachten Traditionen beizubehalten, die lange Zeit der Trost des einfachen Mannes gewesen waren.

Die Abkehr vom *Social Gospel* und dem progressiven Evangelikalismus setzte sich fort, als die alten Spannungen zwischen Populisten und Intellektuellen sich durch die Industrialisierung verschärften. Die Evangelikalen im Süden behielten ihre Ressentiments gegen den wohlhabenden, industriellen und weltoffenen Norden bei, eine Feindseligkeit, die substantiell seit dem Bürgerkrieg bestand. Sie bewegten sich theologisch, gesellschaftlich und politisch nach rechts. Die Städte des Nordens wurden zunehmend mit Zuwanderung aus Osteuropa assoziiert, mit Bolschewiken und dem moralischen Verfall des Jazz-Zeitalters. Die Konservativen beharrten auf ihrem einfachen, aufrechten Christentum – der Begriff »Fundamentalismus« war geboren. Die Öl-Magnaten Lyman und Milton Stewart subventionierten die offene Verbreitung einer Serie von Flugschriften mit dem Titel *The Fundamentals* (1910–1915), damit sich Amerika seiner Wurzeln besänne. Fundamentalismus steht für den Erhalt der innergemeindlichen Reinheit, für apokalyptische Eschatologie und für einen geistigen Absolutismus. Begriffe, mit denen sich ab den 1920er-Jahren, wenn auch nicht alle, so doch weite Teile der Evangelikalen in Amerika kennzeichnen lassen, insbesondere die sichtbaren und kämpferischen.

Das Schisma zwischen progressiven und konservativen Evangelikalen offenbarte sich in ihrer Haltung zu Darwin. Die Evangelikalen des 18. und 19. Jahrhunderts verstanden sich als moderne, Bacon'sche Empiriker und beharrten auf der offenen Sammlung von Tatsachen und der induktiven Beweisführung. Diese wissenschaftlichen Methoden, meinten sie, wären von Gott gegebene Werkzeuge, um Gottes Welt zu begreifen. Durch Anwendung empirischer Untersuchungsmethoden würden sich die Fakten der Natur und die Biblischen Tatsachen zu einem allgemeinen Verständnis des Universums verbinden. »Wir verhandeln Tatsachen«, erklärte der *Record*, eine führende amerikanische evangelikale Zeitung zur Mitte des 19. Jahrhunderts, nicht »eitle Spekulationen von romantisierenden Rationalisten (romancing rationalists)«.[1] Man erwartete den Fortschritt des Wissens in der Zukunft. Vor Darwin folgten viele Evangelikale dem Gedankengang William Paleys, dass etwas so Komplexes wie die Welt einen Plan oder eine Konstruktion voraussetze und es folglich einen Konstrukteur geben müsse.[2] Später passten viele Evangelikale Darwins Ideen an ihre eigenen Vorstellungen an. B. B. Warfield aus Princeton, der vielleicht einflussreichste Pfarrer der Mitte des Jahrhunderts, entwickelte zusammen mit Henry Ward Beecher einen christlichen Darwinismus, gemäß jener Lehre, die man bis zu Augustinus zurückverfolgen kann: Was die Wissenschaft entdeckt, ist notwendig Gottes Plan. Hugh Millers populäre »day-age«-Interpretation des Buches Genesis behauptete, dass jeder einzelne Tag der biblischen Schöpfungsgeschichte in Wirklichkeit ein Zeitalter von langer Dauer war, genau wie Darwin es beschrieb. Sechs Jahre nachdem sie Darwin 1872 verworfen hatte, verkündete die führende theologische Zeitschrift Amerikas, *Bibliotheca Sacra*, (im Jahr 1878), der Darwinismus schenke »uns höhere und edlere Anschauung des Schöpfers«.[3]

Die Konservativen widersprachen. Thomas Huxley und John Tyndall, Darwins Popularisatoren, wurden in mehreren evangelikalen Publikationen der 1870er-Jahre auf das heftigste angegriffen. Charles Hodge veröffentlichte die Streitschrift *What is Darwinism?* im Jahr 1874. Zwischen 1874 und 1906 durchlitt beinahe jede protestantische Denomination in Amerika mindestens einen Prozess wegen Häresie, angeklagt waren typischerweise progressive Theologen, die die Evolutionslehre aufgegriffen hatten. Billy Sunday, der populärste Prediger am Ende des Jahrhunderts, engagierte sich mit expressiver Dramatik gegen diese Verfahrensweise. Unter den Konservativen war die Ablehnung Darwins vorherrschend. Als 1919 die Prohibitionsgesetze erlassen wurden und die Abstinenzbewegung nicht länger ein Streitfall war, wurde die Evolutionslehre zu einem zentralen Anliegen der Evangelikalen. Im Jahr 1923 veröffentlichte George McCready Price sein Werk *The New Geology*, in dem er die Ansicht vertrat, Gott habe die Welt vor sechs- bis acht tausend Jahren erschaffen und die Sintflut benutzt, um älter aussehende Gesteinsformationen zu kreieren. Obwohl die Gründe für diesen *trompe d'oeil* ungeklärt blieben, wurde das Buch ein anti-darwinistischer Bestseller.

Zwei Jahre später entschied der Oberste Gerichtshof zum Missfallen der Konservativen, dass der Ausschluss der Evolutionslehre aus den öffentlichen Schulen nicht wissenschaftlich, sondern religiös begründet sei und daher von einer neutralen Regierung nicht unterstützt werden könne. Im Aufsehen erregenden *Scopes*-Prozess wurden die Evangelikalen besonders von dem Schriftsteller H. L. Mencken in der Presse verspottet. Sie seien rückwärts gewandte Provinzielle und würden nicht zu Amerikas neuer internationaler Rolle passen. Die konservativen Evangelikalen gerieten in die Defensive. Getreu ihrem nach innen gerichteten Fokus zogen sich viele in ihre Gemeinden zurück – bis sie sich unbemerkt von einem Großteil Amerikas nach dem 2. Weltkrieg langsam zahlenmäßig erholten und ihr Interesse an der Politik erneuerten.[4] Früh in den 1940er-Jahren wählte *Youth for Christ* einen ihrer jungen Pfarrer, Billy Graham, zu ihrem ersten Vollzeitangestellten, mit der Aufgabe, den Evangelikalismus in die Mitte der Gesellschaft zu führen. Innerhalb eines Jahrzehnts hatte er das erreicht.

Die Religiöse Rechte verbündet sich mit den Republikanern: Die Neue Rechte von 1965 bis zur Gegenwart

Es war diese wiederbelebte Bewegung der Evangelikalen, die eine zweite Wende zum Konservatismus vollzog, indem sie sich in den späten 1960er-Jahren mit der Republikanischen Partei verband, die dann als die Neue Rechte bekannt wurde. Ihre Angriffsziele waren: der Kommunismus, die Proteste gegen den Vietnamkrieg, das Versagen der Demokraten in Vietnam, die OPEC-Verhandlungen, die Geiselnahme im Iran, die »selbst-gefällige« jugendliche Gegenkultur, die Bürgerrechtsbewegung und Lyndon Johnsons *Great Society* Programm zur Bekämpfung der Armut, verbunden mit der Expansion der Nationalregierung und der Vergabe von »Almosen« für die Armen. Gegen all dieses suchte die Religiöse Rechte, in den Worten Tocquevilles, das Land zurück in die individualistische Selbstverantwortung zu führen, in die »local independence« und damit zum weltweiten Kampf gegen Illiberalismus, was für sie gleichbedeutend mit gottlosem Kommunismus war. Tatsächlich vergab wegen der evangelikalen Unterstützung für die Streitkräfte die US-Militärakademie 1972 den Sylvanus Thayer Award an Reverend Billy Graham.[5] Trotz des Bündnisses, dass die Evangelikalen mit der Neuen Rechten eingingen, hielten sie an ihren individualistischen, antiautoritären Werten fest, die ihnen für 300 Jahre Richtschnur gewesen war. Im politischen Kontext der Nachachtundsechziger aber, als häusliche Selbstverantwortung und der Kampf gegen Illiberalismus die Sache der Republikaner war, war der frühe evangelikale Libera-

lismus, ja der radikale populistische Individualismus ironischerweise konservativ geworden.

Es entstand aber auch eine »linke« evangelikale Strö-
mung in den Sechzigerjahren, genau genommen zwei Strömungen. Die eine, Teil der afroamerikanischen Evangelikalen, war die Speerspitze der Bürgerrechtsbewegung und
hatte eine tief greifende Wirkung auf das Land. Die zweite
gruppierte sich um eine kleine Zahl weißer Evangelikaler,
eine Gruppe, aus der die Bewegung und die Zeitschrift mit
dem Namen *Sojourner* entstand. Bis zum Jahr 2005 blieb diese
weiße progressive Stimme allerdings beinahe unhörbar inmitten der Bestimmtheit und des Enthusiasmus der evangelikalen Rechten.

Die evangelikale Wende der Nachachtundsechziger ist
vielleicht am besten mit dem Begriff der Ironie zu kennzeichnen: Gerade in dem Versuch, sich ihrer Tradition der
selbstverantwortlichen moralischen Führung neu zu ver-
sichern, fielen sie von ihrer Tradition der Selbstverantwortung durch die Trennung von Kirche und Staat ab. Um dies
zu erläutern, lassen Sie mich die Entscheidung des Obersten Gerichtshofs von 1947 schildern, die bestimmte, dass
die Trennung von Kirche und Staat nicht allein für die Nationalregierung, sondern auch für die einzelnen Staaten gilt.[6]
Damit brachte die Trennung von Kirche und Staat die Evolutionslehre in die öffentlichen Schulen[7] (selbst wenn die Gesetze der Staaten dieses verboten) und schlossen das Gebet
aus. (Gleichwohl dürfen Schülerinnen und Schüler freiwillig
beten und Gebetstreffen organisieren.) Auf der einen Seite
erachteten die Evangelikalen diese Veränderungen als moralische Zersetzung und als Eingriff des aufgeblähten Staates
in die Aufgaben der lokalen Schulbehörden. Auf der anderen Seite hatten sie die Vermischung von Kirche und öffentlichen Institutionen wie zum Beispiel Schulen traditionell
abgelehnt. Mit diesem Dilemma konfrontiert, entschieden
sich die Evangelikalen für das Gebet. Das aber bedeutete,

dass man nun für religiöse Aktivitäten in öffentlichen Schulen eintrat, und dadurch die Trennung von Kirche und Staat verletzte. Und sie forderten *von der Regierung*, sie solle unter Verletzung der Eigenständigkeit der Kirche diese Aktivitäten des religiösen Lebens implementieren.

Ein Grund für das Dilemma, dem sich die Evangelikalen ausgeliefert sahen, war ihr vorausgegangener Erfolg. Die Religion, insbesondere die evangelikale, war in Amerikas Öffentlichkeit so präsent, dass es wenigen auffiel, und für noch weniger Menschen anstößig war, dass die Religion sich auch in öffentlichen Institutionen zeigte. Schulen waren »öffentlich«, das heißt, man erachtete sie zum Volk und nicht zur Regierung gehörig. Somit müssten Schulen all das umfassen, was auch die Zivilgesellschaft ausmache, einschließlich der Religion. So lang die zwei Anliegen des neutralen Staates realisiert waren, nämlich eine gerechte Regierung und die Freiheit den eigenen Glauben zu praktizieren, schien die Trennung von Kirche und Staat zu funktionieren. Als aber in der Nachkriegszeit und den Sechzigerjahren Amerikas Minderheiten ihre Inklusion in die zivilen und politischen Arenen der Nation einzufordern begannen, konnte man mit der *de facto* Vorherrschaft der Protestanten nicht weitermachen wie bisher. Das protestantische Schulgebet zwang den Nichtprotestanten ungewollt ihre Religion auf. Gebete waren für Nichtgläubige *per se* ein Zwang und um die religiöse Freiheit für alle zu sichern und unvertretbaren Druck auf Kinder zu vermeiden, entschied das Oberste Gericht, dass das Abhalten von offiziellen Andachten in öffentlichen Schulen nicht mehr erlaubt sei.

Die Evangelikalen waren von dieser Logik überrascht: Das Recht auf freie Religionsausübung konnte dazu führen, dass deren Nichtausübung verfügt wurde! Die Überraschung wiederholte sich 1973, als der Oberste Gerichtshof die Abtreibung legalisierte. Das Gericht urteilte, dass die Ansicht, das Leben beginne mit der Zeugung, ein religiöser

Standpunkt sei, den eine säkulare, neutrale Regierung nicht
unterstützen könne. Diese religiöse Ansicht könne nicht höher erachtet werden als das Recht einer Frau, über ihren
Körper zu bestimmen. Die Evangelikalen waren verblüfft:
Die Neutralität einer Regierung, die doch dazu bestimmt
war, das Recht des Einzelnen zu schützen, seine eigenen
moralischen Traditionen zu praktizieren, hatte zu einer Praxis der Immoralität geführt. Des weiteren und wie geschaffen, um unter den Evangelikalen einen Sturm zu entfachen,
wurden in diesem Jahrzehnt Gesetzesvorlagen eingebracht,
die das Ziel hatten, den steuerfreien Status der konfessionellen Schulen aufzuheben. Die Regierung argumentierte,
dass rassisch getrennte Schulen auch keine Steuerfreiheit in
Anspruch nehmen dürften. Da der Verlust der steuerlichen
Unterstützung für die Evangelikalen wirtschaftlich verhee-
rend gewesen wäre, mobilisierten sie sich zum ersten Mal
seit dem *Scopes*-Prozess politisch, um ihre Institutionen zu
schützen, wenngleich viele den Rassismus verabscheuten.

Für die meisten Evangelikalen bestand der Aktivismus
für das Schulgebet oder gegen Abtreibung aus den gewöhn-
lichen Aktivitäten von zivilgesellschaftlichen Akteuren: ört-
liche Protestkundgebungen, Lobbyarbeit und das Wählen von Menschen, denen sie vertrauten. Für die radikalen
»Dominionisten« oder »Rekonstruktionisten« bedeutete
er die Umformung des US-Rechts in mosaisches Recht.[8]
Der Gründer der Dominionisten, Rousas John Rushdoony,
schrieb: »The state has a duty to serve God, to be Christian, to be a part of God's kingdom, or else it shall be jud-
ged by him.«[9] George Grant, ehemals Executive Director
der einflussreichen *Coral Ridge Ministries*, führte weiter aus: »It
is dominion we are after. Not just a voice. It is dominion
we are after. Not just influence. It is dominion we are after.
Not just equal time. It is dominion we are after. World con-
quest.«[10] In den 1980er- und 1990er-Jahren wurden beide
politischen Ansätze, der »gewöhnliche demokratische« und

der »dominionistische« Ansatz, von Führungskräften der evangelikalen Mitte vertreten. Im Jahr 1992 erklärte Pat Robertson, Kopf der Christian Coalition, der führenden Organisation der Religiösen Rechten jener Zeit, der Denver Post: »We want ... as soon as possible to see a majority of the Republican Party in the hands of pro-family Christians ...«.[11] Ralph Reed, ein Top-Stratege der Religiösen Rechten, der in der Zeitschrift Time als »die rechte Hand Gottes« vorgestellt wurde, beschrieb 1997 seine Wahltaktik: »I want to be invisible. I do guerilla warfare. I paint my face and travel at night. You don't know it's over until you're in a body bag. You don't know until election night.«[12] Diese Taktik hatte einigen Erfolg: In der ersten Administration unter George W. Bush dienten Evangelikale als House Speaker, Senate and House majority leader und als House majority whip.

Während die Wahl von amerikanischen Gläubigen weder problematisch noch ungewöhnlich war, hatte es für viele Zentristen und für die Progressiven den Anschein, dass die Neuen Rechten eine Art von Macht anstrebten, die weder eine ordentliche Regierung noch die pluralistische Gewissensfreiheit respektieren wollte. Tatsächlich schienen gerade die Konfessionen, die lange Zeit auf der Trennung von Kirche und Staat bestanden hatten, nun die Kontrolle des Staates durch die Kirchen anzustreben. Die meisten Evangelikalen partizipierten in legitimer Weise am demokratischen Prozess, sie organisierten sich und artikulierten ihre Ansichten wie andere Gruppen auch. Die mit größeren Zielen allerdings bekamen wegen ihrer provokativen Positionen viel Aufmerksamkeit, wie Heather Gonzales von der NAE herausstellt.[13] Diese polarisierten die Nation in steigendem Maße, insbesondere nach der Wahl von George W. Bush. Viele Evangelikale nahmen ihn beim Wort und glaubten, er werde sein Wahlkampfversprechen eines »compassionate conservativism« umsetzen. Andere Evangelikale sahen ihre politische Chance.

Das Pulverfass waren die kirchlich betriebenen sozialen Dienste. Sobald medizinische, soziale und Erziehungsprogramme von religiösen Einrichtungen über längere Zeit Regierungsmittel erhalten hatten, galten bestimmte Bedingungen: Öffentliche Gelder durften nicht für die Mission und nicht bei einer konfessionellen Einstellungspraxis verwendet werden (d. h. man stellt nur Bewerber einer bevorzugten Konfession oder mit einem bevorzugten Lebensstil ein und diskriminiert andere Bewerber). Die finanzielle Zuwendung und die Verwendung dieses Geldes würde die neutrale Regierung zu einem Unterstützer bestimmter religiöser Überzeugungen machen und damit gleichzeitig andere Religionen diskriminieren. Während *privat*-finanzierte religiöse Einrichtungen die Konfession der Bewerber generell bei der Einstellung in Erwägung ziehen dürfen, dürfen dies *öffentlich*-finanzierte religiöse Einrichtungen nur bei der Einstellung von Priestern, Pastoren oder Rabbis etc. tun, laut der »ministerial exception« im nationalen Anti-Diskriminierungsgesetz. Alle anderen Angestellten in *öffentlich*-finanzierten Einrichtungen müssen allein nach beruflichen Qualifikationen, nicht nach dem Glauben bewertet werden.

Diese Bestimmungen waren unumstritten und gingen in Bill Clintons *Charitable Choice* Programm von 1996 ein, das darauf zielte, die öffentliche Finanzierung von religiösen sozialen Diensten zu erhöhen.[14] Nach der Wahl von Bush jedoch streben einige aus der Religiösen Rechten einen Politikwechsel an, der Mission und konfessionelle Einstellungspraxis auch in öffentlich-finanzierten Einrichtungen erlauben würde. Auch wurde eine Bundes-Gesetzgebung gefordert, die die Gesetze der Staaten hinsichtlich der Schulgutscheine außer Kraft setzen sollte. (*School vouchers* sind kleinere Zuschüsse der Regierung, um private Schulen zu bezahlen, wenn öffentliche nicht adäquat oder nicht verfügbar sind.) In einigen Staaten sind die öffentlichen Gutscheine zur Bezahlung religiöser Schulen nicht erlaubt, doch die Religiöse

Rechte drängte Bush, diese Bestimmungen der Staaten aufzuheben.

Wie schon bei der Frage der Andachten in öffentlichen Schulen fanden sich die Evangelikalen ironischerweise in einer Position wieder, in der sie die eigene Tradition verletzten, nämlich die der Trennung von Kirche und Staat (im Drängen auf die öffentliche Finanzierung einer konfessionellen Einstellungspraxis) und die Tradition der selbstverantwortlichen lokalen Unabhängigkeit (indem sie die nationale Regierung dazu drängten, staatliche Gesetze aufzuheben). Gleichwohl erklärte Bush 2002, dass öffentlich-finanzierte religiöse Einrichtungen eine konfessionelle Einstellungspraxis betreiben dürften.[15] Diese Einstellungspraxis zu verbieten, so das Argument, würde ein Gesetz der Clinton Ära (1993)[16] verletzen, was der Regierung verbietet, religiösen Gruppen dauerhafte Belastungen (»substantial burdens«) aufzuerlegen. Bushs Entscheidung fiel mit Anschuldigungen zusammen, die Republikaner hätten die Ergebnisse der Wahl Bush–Gore im Jahr 2000 manipuliert. Die politischen Verletzungen und die nationale Spaltung vertieften sich, die Reaktion auf Bushs Entscheidung war schnell und negativ, so dass sogar John DiIulio, *first director* von Bushs *Office of Faith-based and Community Initiatives*, die Forderungen der Religiösen Rechten als »desaströs« bezeichnete.[17] Keine einzige von ihnen wurde in Gesetze gefasst.[18] Die Forderungen bezüglich der Schulgutscheine wurden so weit abgeschwächt, dass ein Texaner im Weißen Haus sie als »all hat and no cattle« bezeichnete.[19] Was am Ende der Präsidentschaft Bushs übrig blieb, waren ein Memorandum von 2007, das für die konfessionelle Einstellungspraxis eintrat, und eine Menge nationaler Verwirrung.

Tatsächlich erweckte der ganze Aufruhr das Gefühl, die Nation sei weitaus tiefer gespalten, als sie es wirklich war. 75 % der Amerikaner waren sowohl gegen eine konfessionelle Einstellungspraxis, als auch gegen religiöse Programme in öffentlich-finanzierten religiösen Einrichtungen.[20] Sowohl die NAE, politisch in der Mitte, als auch *Americans United for Separation of Church and State*, politisch progressiv, waren übereinstimmend der Meinung, das eine religiöse Einstellungspraxis nur in privat-finanzierten Nichtregierungsprogrammen verfassungsgemäß sei – so wie es jahrzehntelange Praxis war.[21] Einmal angestoßen, breitete sich der Kulturkampf jedoch lawinenartig aus und wurde mit den Worten DiIulios zu einem »surrealen Krieg«.[22] Die Religiöse Rechte befürchtete, dass kleine Gemeinden gezwungen werden könnten, Atheisten oder Homosexuelle einzustellen, während die Säkularisten Angst hatten, dass Bush die Diskriminierung bei der Einstellung legalisieren würde. Das Wachstum der Religiösen Rechten, so fürchtete man, würde die Trennung von Kirche und Staat zum Einsturz bringen. Eine Skizze der Ausbreitung der Religiösen Rechten dürfte erklären, warum bei den Säkularen die Ängste wuchsen.

Eine Skizze der religiösen Gemeinschaften in Amerika, besonders der Evangelikalen

Die Untersuchung der amerikanischen religiösen Identifikation von 2009[23] zeigte eine Abnahme der Kirchenbindung und der Beständigkeit der Religiosität in Amerika insgesamt, einschließlich des Evangelikalismus. Auf der einen Seite stieg die Zahl der Amerikaner ohne religiöse Bindung von 8 auf 15 % seit 1990, die Zahl der Atheisten oder Agnostiker stieg von 1 auf 3.6 Millionen.[24] Auf der anderen Seite bedeutete das Fehlen kirchlicher Bindung in den USA niemals gleichzeitig das Fehlen religiöser Überzeugungen und Praktiken. Im puritanischen Salem, Massachusetts, waren im Jahr 1683 83 % der Steuerzahler ohne kirchliche Bindung. Heute sagen 20 % der amerikanischen »Atheisten«, dass sie an Gott glauben. 91 % der kirchlich Ungebundenen betrachten sich selbst als religiös oder »spirituell«. Folglich dürfte der geringe Trend zur Entkirchlichung im Frühjahr 2009 weniger einen Verlust des Glaubens, als vielmehr das Missfallen an der Bush Administration, am Nachkriegschaos im Irak, an der Missachtung von Menschenrechten und an der Religiösen Rechten widerspiegeln.

Insgesamt hat sich Amerikas Religiosität als stabil erwiesen. Für das letzte Viertel des Jahrhunderts gilt: 95 % glauben an Gott,[25] 85 % geben an, Religion sei »wichtig« in ihrem Leben (dies geben nur 21 % der Europäer an[26]); 78 % finden Beten wichtig und beinahe 50 % wären nicht einverstanden, wenn ihr Kind einen Atheisten heiraten würde, während dies nur ein Drittel in Bezug auf einen Muslimen angeben.[27] 40 % der Amerikaner geben an, wöchentlich den Gottesdienst zu besuchen, im Vergleich dazu tun dies in Großbritannien 2 % und in Deutschland 10 %. In Frankreich gehen weniger als 10 % auch nur ein einziges Mal im Jahr in die Kirche.[28] Es bestehen über 200 religiöse Traditionen in Amerika, allein 20 davon sind baptistisch. Ein Drittel der Amerikaner identifiziert sich als wiedergeborener Christ. Zwischen 1988 und 2003 stieg der Prozentsatz der Protestanten, die sich als Evangelikale verstehen, von 41 auf 51 %, während die Mitgliedszahlen der *Mainline Churches* zwischen 1960 und 2003 um über 24 % sanken.[29] Die evangelikalen Kirchen bekamen Zustrom von Latinos, sowohl von katholischen Konvertiten, als auch von solchen, die katholisch blieben, aber evangelikale, charismatische religiöse Praktiken annahmen. 33 % aller amerikanischen Katholiken sind Latinos, von diesen sind wiederum 54 % so genannte »Erneuerte«,[30] sodass im Jahr 2009 17 % aller US-Katholiken eine evangelikal-erneuerte religiöse Praktik ausübten. Von den protestantischen Latinos sind mehr als die Hälfte evangelikal, mit genügend Kirchen um eine eigene Dachorganisation zu gründen. Die *National Hispanic Christian Leadership Conference* vertritt grob 15 Millionen Menschen.

Bis 2006 waren die weißen Evangelikalen ein massiver republikanischer Block. Mitte der 90er-Jahre führte die *Christian Coalition*, die führende evangelikale Dachorganisation der Zeit, die Republikanische Partei in 18 Staaten und hatte nahezu die Mehrheit in 13 anderen. Bei den Präsidentschaftswahlen 1996 und 2000 stimmten 62 % der weißen Evangelikalen für die Republikaner.[31] 2004 stimmten 78 % für Bush. Evangelikale Latinos stimmen mit doppelt so hoher Wahrscheinlichkeit für die Republikaner als katholische Latinos. In der Außenpolitik neigten die weißen Evangelikalen dieser Zeit dazu, militärische Interventionen gegenüber diplomatischen Anstrengungen zu bevorzugen.[32] Im Jahr 2003 unterstützten 74 % den Irakkrieg im Vergleich zu knapp über 50 % der nicht-evangelikalen Amerikaner.[33] 72 % der Evangelikalen und 78 % der »traditionalistischen Evangelikalen« halten einen Präventiv-Krieg für gerechtfertigt.[34]

Evangelikale sind sowohl an den Spitzen-Universitäten der Nation, als auch in den Spitzen-Unternehmen aktiv. Die Spenden zu christlichen Anlässen von evangelikalen Geschäftsführern und Unternehmenspräsidenten betragen zwischen 30 000 bis 15 Millionen Dollar jährlich; die durchschnittliche jährliche Spendensumme im Jahr 2007 betrug 1.1 Millionen Dollar.[35] An den Universitäten strebt die *Christian Union* danach »die *Ivy League* (Harvard, Princeton, Yale etc.) für Christus zu gewinnen«. Ein Drittel der 101 evangelikalen Mitglieder der Elite, die von dem Soziologen Michael Lindsay im Jahr 2007 interviewt wurden, hatten an einer der 12 in höchsten Maße selektiven Universitäten der Nation studiert. Die ältere College Organisation, *Campus Crusade for Christ*, 1951 an der Universität von Los Angeles, Kalifornien, gegründet, beschäftigt 26.000 Angestellte, die in 191 Ländern aktiv sind, mit einem Jahresbudget von 374 Millionen Dollar.[36] Interessanterweise ist die Ortsgruppe von Yale, vor 20 Jahren noch zu 100 % kaukasisch, heute zu 90 % asiatisch-amerikanisch.[37]

Evangelikale Programme in den Medien machen grob 85 % aller religiösen Programme in den Vereinigten Staaten und 75 % der religiösen Programme weltweit aus.[38] Im Inland betreiben Evangelikale sechs nationale Fernseh- und zweitausend Radio-Stationen. Das Christian Broadcasting Network sendet in 50 Sprachen in 90 Ländern. Das evangelikale WorldNetDaily ist unter den zehn meist verlinkten Blogs. Wie wir schon gesehen haben, ist Rick Warrens Purpose Driven Life, gemäß Publishers Weekly, »the bestselling nonfiction hardback in history«. In der fiktionalen Literatur wurde Tim LaHayes Left Behind, eine Reihe von Apokalypse-Thrillern, mit über 65 Millionen verkauften Büchern eine der größten Verkaufssensationen. Im Jahr 1998 besetzten die ersten vier Bände der Reihe die vier ersten Plätze auf der Bestsellerliste der New York Times, Band 10 machte den Anfang auf Platz 1.

Die Evangelikale Rechte ist in die zweite Generation eingetreten, mit neuen Institutionen und neuen Führern. Im Jahr 2009 stellte Ralph Reed, der in Bezug auf Organisation und die Einwerbung von Geldern das Kraftpaket der Religiösen Rechten genannt wird und von 1989 bis 1997 Kopf der Christian Coalition war, eine neue Gruppe vor: die Faith and Freedom Coalition. Sie will »jünger«, und auch »weniger schrill« sein und eine »finanzpolitisch konservative Botschaft« bezüglich Wirtschaft, Steuern und ökonomischen Chancen vertreten.[39] Die Traditional Values Coalition besitzt einen »Schlachtplan« mit dem Ziel, die Bundesgerichte zu erobern. Reverend Rick Scarborough erhielt viel Aufmerksamkeit, als er im Jahr 2005 verkündete: »The whole concept of separation of church and state is a myth propagated by liberal judges. It's not in the Constitution.«[40] Scarborough betitelte sein Buch von 1999 »In Defense of Mixing Church and State«.

Zwei andere Schlüsselfiguren, Reverend Rod Parsley und John Hagee,[41] sind Führer von Word of Faith, einer nicht-konfessionellen Bewegung innerhalb der Religiösen Rechten. Im Jahr 2005 baute Parsley die Reformation Ohio auf, die Christen ermuntern soll, sich bezüglich der Regierung auf eine »Invasion des Heiligen Geistes« vorzubereiten und dahingehend zu wählen. Er vergibt Schein-Schwerter an die Mitglieder seiner Organisation *Center for Moral Clarity*. Im Jahr 2007 nannte der *Religion News Service* Parsely einen der zehn einflussreichsten »Königmacher« der Nation. In seiner Kirche und im nationalen Fernsehen predigt Parsley, der Islam sei eine »falsche Religion« und Gott habe Amerika befohlen, diese zu zerstören: »We were built for battle! We were created for conflict! We get off on warfare!« Parsley meint, dass »gequälte und zornige Homosexuelle« die heterosexuelle Ehe angreifen würden und vergleicht *Planned Parenthood* (Kliniken, die medizinische Dienste wie Abtreibung anbieten) mit dem Ku Klux Klan – beide hätten das Ziel, Schwarze zu »eliminieren«.

Auch Hagee hat den »Heiligen Krieg gegen Iran« ausgerufen. Er behauptet auch, dass die Ermordung der Juden im nationalsozialistischen Europa Gottes Plan gewesen sei, um die Juden nach Israel zu führen, weil dies die Vorbedingung für die Wiederkunft Christi sei. Er nannte die römische Kirche »die Große Hure«, eine »Apostatenkirche« und ein »falsches Kult-System« und meinte, der Hurrikan Katrina sei Gottes Strafe für die homosexuelle Gemeinde in New Orleans gewesen.[42] Hagee predigt regelmäßig auf verschiedenen religiösen Radio- und Fernsehsendern, unter anderem zweimal täglich auf dem größten, *Trinity Broadcasting*, der 75 Millionen Haushalte erreicht.[43]

Während der Einfluss der Religiösen Rechten im Zuge der wachsenden Unzufriedenheit gegenüber G.W. Bush abnahm (2006–2008), haben Führer wie Parsley und Hagee weiterhin ihre Anhängerschaft und den politischen Willen. Das nächste Kapitel beschreibt, an welchen Stellen ihre Ziele und die von anderen Konservativen mit den Prinzipien einer gerechten Regierung, einer pluralistischen Gewissensfreiheit und der Trennung von Kirche und Staat in Konflikt geraten sind.

I-4. Die Unschärfen zwischen Kirche und Staat: ungelöste Probleme

Es sind die *New Evangelicals*, denen eine gerechte und neutrale Regierung wichtig ist und die sie unterstützen, während die Religiöse Rechte versucht politischen Einfluss zu nehmen. Gleichwohl sind auch im Umfeld der *New Evangelicals* Fragen zur Rolle, zu den Rechten und den Grenzen von Staat und Kirche aufgetreten. Wie weit sollte eine neutrale Regierung religiösem Glauben und religiösen Aktivitäten entgegenkommen? (Sollten Kinder religiösen Aktivitäten in einer öffentlichen Schule nachgehen dürfen? Oder Angestellte in ihren Büros?). Wie stark sollten staatliche Ressourcen genutzt werden, um religiöse Institutionen oder Aktivitäten zu fördern? (Sollten religiöse Schulen aus öffentlichen Mitteln gefördert werden?) Wie weit sollten Kirchen in die Politik involviert werden? (Sollten Sie Kandidaten einer Wahl unterstützen?)

Diese Fragen kann man sich nicht nur in den Vereinigten Staaten von Amerika stellen. Die staatliche Tolerierung von religiösen Aktivitäten in der Öffentlichkeit und die Nutzung öffentlicher Mittel für religiöse Schulen und Sozialdienste werden sowohl in Frankreich, Deutschland und Polen, als auch in der Türkei, Indonesien und Mexiko debattiert. Im folgenden Text werde ich die dringlichsten Kontroversen in Amerika darstellen, zuvor jedoch Bereiche aufführen, in denen Lösungen oder Kompromisse im Verhältnis von Staat und Kirche gefunden wurden. Diese Bereiche zeugen von einer Vitalität der Religion in der Gesellschaft, die weder eine gerechte Regierung gefährden würde, noch die pluralistische Gewissensfreiheit.

Der Kirche-Staat-Status Quo: Eine Lagebeschreibung

Kirchen, Steuern und Spenden
-   Das Eigentum von religiösen gemeinnützigen Organisationen ist befreit von Immobilien-, Umsatz- und sonstigen Steuern
-   Religiöse gemeinnützige Organisationen können Spenden erhalten, die aus besteuerten Einkommen der Spender kommen, die dadurch ihre Steuerlast senken und so zu gemeinnützigen Spenden ermutigt werden

Arbeitsverhältnisse: Obgleich der Arbeitsplatz in weiten Teilen vom Unternehmer gestaltet ist, besitzen die Arbeiter weitreichende religiöse Rechte, zu deren wichtigsten zählen:
-   Arbeiter dürfen nicht aufgrund ihres religiösen Glaubens, religiöser Praktiken, Symbole oder Kleidung diskriminiert werden
-   Arbeitslose dürfen nicht von staatlichen Arbeitsagenturen gezwungen werden, Stellen anzunehmen, die sie zwingen, an ihrem Sabbat zu arbeiten

Militär
-   Das amerikanische Militär hat Geistliche aller Weltreligionen in seinem Stab, erlaubt religiöse Gruppen und Gottesdienste und greift nicht in die religiösen Aktivitäten der Mitglieder ein, solange diese nicht die militärischen Regeln verletzen
-   Religiöse Gründe können, neben anderen, von der Einberufung befreien

Religiöse Sozialdienste
-   Öffentliche Mittel dürfen keine missionarischen Aktivitäten oder Programme unterstützen, in denen religiöse Aktivitäten, Überzeugungen oder Zugehörigkeit

einer Religion Bedingung für die Erlangung von Hilfe sind.

– Sozialdienste mit religiöser Grundlage sind nicht von Standards für professionelles Arbeiten und Haftungsstandards ausgeschlossen.

– Freiwillige Gebete sind in allen gemeinnützigen Sozialdiensten erlaubt, inklusive derer, die öffentliche Mittel erhalten.

– Anstellungen aufgrund von Religionszugehörigkeit sind auf Ebene der Pfarrer bei privat und öffentlich finanzierten Organisationen erlaubt.

– Anstellungen aufgrund von Religionszugehörigkeit *aller* Angestellten sind nur bei *privat finanzierten* Organisationen erlaubt.

– Religiöse Institutionen können ihre Ausrüstung für Sozialleistungen nutzen, ohne religiöse Symbole zu entfernen, ohne Leitungsstrukturen zu ändern oder auch ohne ihre Mission und ihre Organisation zu säkularisieren.

Kindergärten und öffentliche Schulen bis zur 12. Klasse (gefördert aus Steuergeldern und durch öffentliche Schulbehörden geleitet): Die Grundlagen für das Verhältnis von Kirche-Staat in öffentlichen Schulen wurden durch die Entscheidung des Obersten Gerichtshofs im Falle Lemon gegen Kurtzman 1971 gelegt[1]. Dieses Urteil besagt, dass der Staat religiöse Schulen unterstützen kann, wenn die Unterstützung ein säkulares Ziel verfolgt (zum Beispiel behinderte Schüler zu unterstützen), dadurch aber Religionen weder befördert noch degradiert werden dürfen und sie keine zu starke Verflechtung zwischen Staat und Religion schafft.

In öffentlichen Schulen ist es Schülern erlaubt[2]:
– Zu beten und religiöse Texte zu lesen, allein oder in Gruppen

- Religiöse Literatur an andere zu verteilen und zu missionieren, solange dies auf Freiwilligkeit beruht
- Religiöse Kleidung und Symbole zu tragen
- Schulische Räume für religiöse Zusammenkünfte zu nutzen, solange diese auch anderen Zusammenkünften von Schülern zur Verfügung stehen.

Außerdem:
- Öffentliche Bildungseinrichtungen dürfen kostenlos säkulare Schulmaterialien an religiöse Schulen verleihen
- Öffentliche Mittel dürfen für die Anschaffung von Computern an religiösen Schulen genutzt werden
- Öffentliche Mittel dürfen für die Unterstützung von behinderten Schülern an religiösen Schulen genutzt werden
- Eltern deren Kinder religiöse Schulen besuchen, dürfen das Schulgeld von der Steuer absetzen und so ihre Steuerlast absenken

Nicht erlaubt:
- Weder der Staat noch das Schulpersonal darf die Teilnahme von Schülern an religiösen Aktivitäten fordern
- Schulleiter und Mitarbeiter dürfen die religiösen Aktivitäten der Schüler beobachten, diese jedoch nicht leiten oder an ihnen partizipieren, da dies als Bekräftigung verstanden werden kann
- Spezielle religiöse Schulbereiche sind nicht erlaubt
- Schulen dürfen Kinder nicht aufgrund von religiösen Überzeugungen von staatlichen Pflichtprüfungen ausschließen (Kinder, die zu Hause unterrichtet werden, müssen relevante Prüfungen ablegen)
- Religiöse Schulen dürfen nicht für Gehälter und Ausgaben für Lern- oder andere Materialen vom Staat entschädigt werden

*Universitäten: alle oben genannten Rechte von Schülern an öffentlichen Schulen gelten auch an Universitäten und zusätzlich:
– Studenten können staatliche Stipendien für religiöse Colleges und Universitäten nutzen
– Staatliche Mittel dürfen für die Renovierung von Gebäuden religiöser Colleges und Universitäten genutzt werden

Ungeklärte Felder im Verhältnis von Kirche und Staat:

Schlüsselthemen sind:
– Kirchliche Unterstützung von Wahlkandidaten
– Vorschriften bei der Darstellung religiöser Symbole an öffentlichen Plätzen
– Stille-Andachten an öffentlichen Schulen
– Das Unterrichten von Kreationismus und »intelligent Design« an öffentlichen Schulen
– Die Nutzung von Schulgutscheinen für den Besuch konfessioneller Schulen (Gutscheine sind kleine staatliche Stipendien für private Bildung, wenn öffentliche Bildungseinrichtungen unpassend oder nicht vorhanden sind)
– Regulierungen für öffentlich geförderte konfessionelle Sozialdienste, inklusive konfessioneller Anstellungen und der Verweigerung von Diensten aus religiösen Gründen (sollte zum Beispiel ein konfessionelles Krankenhaus oder Arzt aus religiösen Gründen Schwangerschaftsbegleitung nur bei verheirateten Paaren, nicht aber bei unverheirateten Paaren durchführen?)

Im Überblick kann festgehalten werden, dass die New Evangelicals eine kirchliche Unterstützung von Wahlkandidaten ablehnen. Andere Aktivitäten in den vier folgenden Bereichen haben dafür seit 2005 signifikant zugenommen. Die meisten *New Evangelicals* befürworten konfessionelle Anstellungen, um die Integrität ihrer Institutionen und ihre Einstellung zu Sozialdiensten zu bewahren. Sie befürworten die gewissens-basierte Verweigerung von Diensten und wenden ein, dass liberale Demokratien die Einstellungsbedingungen oder den Erhalt von öffentlichen Geldern nicht von der Verletzung des Gewissens des einzelnen abhängig machen dürfen.

*Kirchen und politische Unterstützung

Seit 1954 ist es Kirchen und gemeinnützigen Wohltä-tigkeitsorganisationen verboten, politische Kandidaten zu unterstützen. Der Grund dafür ist, dass Spenden für Kir-chen und Wohltätigkeitsorganisationen von der Steuer abge-setzt werden können, Spenden an Wahlkampagnen dagegen nicht. Dieses Gesetz zielt darauf ab, die Bürger davon abzu-halten, die Kirchen zu nutzen und Gesetze zu umgehen, um damit sowohl ihren Kandidaten zu unterstützen, als auch ihre Steuerabgaben zu senken. 2008 hat der *Alliance Defense Fund* das Gesetz aus dem Jahre 1954 in Frage gestellt, da er der Meinung ist, Bürgern sollte es möglich sein, ihre poli-tischen Präferenzen über den Weg der Spende an politischen Kampagnen von Kirchen zu äußern. Das Gesetz würde au-ßerdem eine übermäßige Einmischung des Staates in Reli-gionsangelegenheiten herbeiführen, denn der Staat müsse Einsicht in kirchliche Unterlagen nehmen, um eine unzu-lässige Unterstützung von Kandidaten zu verhindern. Ver-teidiger dieses Gesetzes argumentieren dagegen, dass Bür-ger selbstverständlich ihre politischen Ansichten vertreten können, aber da politische Spenden nicht von der Steuer absetzbar sind, könnten Sie nicht den Weg über die Kirchen gehen. Außerdem greife der Staat nicht übermäßig in kirch-liche Angelegenheiten ein, da dieser nur politisches – nicht

ideologisches – Material untersucht. Schließlich würde eine
Befreiung der Kirchen von diesem Gesetz bedeuten, dass
sie unverhältnismäßig bevorzugt würden, da auch alle anderen wohltätigen Organisationen diesem Gesetz unterstehen. Diese Bevorzugung ist aber eben genau das, was neutrale Staaten nicht zulassen dürfen.

* Religiöse Symbole in öffentlichen Räumen

Erwartungsgemäß für einen Staat, in dem Religion im
öffentlichen Bereich geschätzt wird, sind 83 % der amerikanischen Bevölkerung der Meinung, dass das Ausstellen von
religiösen Symbolen in öffentlichen Räumen erlaubt sein
sollte, und 74 % glauben sogar, dass der Aushang der Zehn
Gebote in öffentlichen Gebäuden in Ordnung ist.[3] Zieht
man einerseits die Bedeutung der pluralistischen religiösen Äußerungen und andererseits die Neutralität des Staates in Betracht, stellt sich die Frage, wie weit religiöse Äußerungen in öffentlichen Räumen gehen dürfen, bevor sie
den Eindruck erwecken, dass der Staat die eine oder andere
Religion unterstützt?
Auf Privatgrundstücken – auch wenn öffentlicher Zugang zu diesen besteht – dürfen die Eigentümer religiöse
Symbole ihrer Wahl ausstellen. Auf öffentlichen Grundstü-
cken müssen religiöse Ausstellungen gegenwärtig einen
dreistufigen Test durchlaufen. Erstens, dürfen sie nicht so erscheinen, als unterstütze der Staat einen religiösen Glauben,
es darf aber auf die Rolle der Religion in der Geschichte
oder der westlichen Kultur aufmerksam gemacht werden.
1989 hat der Oberste Gerichtshof zwei Mal die Ausstellungen religiöser Symbole überprüft[4]: Zum Einen eine Krippe,
die von einer römisch-katholischen Gruppierung gespendet
wurde und an der Haupttreppe eines Landesgerichts aufge-

stellt war, zum Anderen eine Krippe, die an einem Büroge-
bäude eines Bundesstaates aufgestellt war, und eine Menora
einer jüdischen Gruppierung, einen Weihnachtsbaum und
ein Zeichen, das die »Rufe der Freiheit« der Stadt darstellt,
beinhaltete. Viele religiöse Gruppen setzten sich dafür ein,
dass beide Arten der Ausstellung religiöser Symbole erlaubt
sein sollten. Der Supreme Court erklärte jedoch die Krippe
der katholischen Gruppierung für unzulässig und nur die
zweite Form für zulässig, da die Ausstellung verschiedener
religiöser Symbole die Toleranz und Unterschiedlichkeit
fördere und keine staatliche Unterstützung einer Religion
impliziere. Als 2005[5] zwei Bezirke Kentuckys hastig zu der
Nationalhymne, der Unabhängigkeitserklärung, der Erklärung der Menschenrechte, der Magna Charta und der Verfassung Kentuckys eine Kopie der Zehn Gebote hinzufügten,
urteilte der Oberste Gerichtshof, dass religiöse Intentionen
nicht durch solch eine Hinzufügung in letzter Minute ver-
deckt werden könnten. Im selben Jahr erlaubte das Gericht
jedoch die Ausstellung der Zehn Gebote[6] vor dem Kapitol
in Texas, die von einer säkularen Gruppierung gespendet
wurde und seit über 40 Jahren neben 16 anderen Statuen
standen, die die wichtigen Ereignisse der texanischen Geschichte darstellen.

Der zweite Test, den religiöse Symbole in öffentlichen
Orten durchlaufen müssen, betrifft die Natur und Inten-
tion der Spende – ist diese konfessionell oder neutral? Der
dritte Test untersucht die sozialen Spaltungen, die ausgelöst werden könnten, wenn eine Religion vor anderen bevorzugt wird, die aber ebenso hervorgerufen werden können, wenn legitime religiöse Symbole in der Öffentlichkeit
verboten werden. Der Oberste Gerichtshof hat geurteilt,
dass die ausgestellten Zehn Gebote in Texas alle drei oben
genannten Tests bestanden haben: es besteht keine Unterstützung einer Religion durch den Staat, sondern eher der
Vielfältigkeit; sie wurde von einer säkularen Gruppierung

mit säkularen Zielen gespendet; und schließlich hätte die Entfernung eine spaltende Wirkung gehabt, nachdem 45 Jahren lang eine Botschaft der Vielheit verbreitet wurde.

So weit, so gut. Aber unter welchen Bedingungen sollten religiöse Ansichten von *Privatpersonen* in öffentlichen Plätzen erlaubt sein? In einem Park oder auf einem Platz, wo Menschen jederzeit alle Arten von Glauben frei äußern können, sollte es eine demokratische Regierung vermeiden, religiöse (oder säkulare) Äußerungen zu verbieten. Wenn es deutlich wird, dass die religiöse Darstellung zu einer privaten Gruppierung gehört, wird sie sicher nicht mit einer staatlichen Unterstützung eines konfessionellen Glaubens in Verbindung gebracht. Selbst die rechtsextremen Ku-Klux-Klan-Anhänger könnten ein Kreuz in einem öffentlichen Raum aufstellen [7]. Das scheint dem Gesetz Genüge zu tun. Dennoch hat die Stadt Pleasant Grove in Utah das Gesetz so ausgelegt, dass alle privaten Ausstellungen in öffentlichen Räumen von der Regierung genehmigt werden müssen, auch wenn diese die lokale Gemeinschaft angreift. Zudem ist eine Ausstellung – im Gegensatz zu Kundgebungen oder einer Person, die ein Schild hält – etwas *Dauerhaftes* auf öffentlichem Boden und wird wahrscheinlich als etwas Behördliches gesehen. Als die *Summum* Gemeinde von *Pleasant Grove* ein Monument der Sieben Aphorismen[8] in der Nähe einer Kopie der Zehn Gebote im lokalen Park errichten wollte, lehnte die Gemeinde dies ab, mit der Erklärung, dass diese dauerhafte Ausstellung eine Unterstützung dieses Monumentes durch die Regierung implizieren würde. Die Summum Gemeinde argumentierte dagegen, dass dann die Zehn Gebote auch entfernt werden müssten, da die Ausstellung dieser auch als eine Unterstützung der Verwaltung angesehen werden kann und eine neutrale Regierung keine Religion bevorzugen darf. Dennoch hat der Supreme Court 2009 geurteilt, dass die Gemeinde Pleasant Grove entscheiden kann, welche dauerhaften Monumente errichtet werden dürfen. Dieses Urteil hat Verwirrung in der Debatte um religiöse Symbole gestiftet – bei religiösen Gruppierungen auf beiden Seiten. Um zu verhindern, dass der Eindruck entsteht, Regierungen würden eine Religion unterstützen, fordern sie Ermessensfreiheit bei dauerhaften Ausstellungen auf öffentlichem Boden. Dennoch erlaubt diese Ermessensfreiheit den Regierungen, Religionen anderen vorzuziehen (Zehn Gebote gegen Sieben Aphorismen), was liberale Demokratien nicht tun sollten.

*Stille-Andachten in öffentlichen Schulen – Gebete oder Besinnung

Gebete in öffentlichen Schulen werden in Amerika seit den 1940er-Jahren debattiert und gefordert. Diese Debatte hat einen Konsens über von Schülern geleitete Gebete, aber gegen schulisch oder staatlich initiierte Gebete gefunden. Eine große Mehrheit der Erwachsenen zieht solche Stille-Andachten konfessionellen Gebeten vor (69 % zu 23 %)[9], und auch 84 % der Schüler im Alter von 13 bis 17 Jahren befürworten diese besinnlichen Momente.[10] Von staatlicher oder schulischer Seite organisierte Gebete würden einen hohen organisatorischen Aufwand bedeuten, da Gebete für alle Konfessionen organisiert werden müssten, um Diskriminierungen zu vermeiden, ein Aufwand, den die meisten gerne vermeiden möchten. Dennoch haben die Stillen-Andachten eine religiöse Fürsprache. Derzeit erlauben 23 Staaten solche Stille-Andachten und 13 Staaten verlangen diese.[11]

1985 hat der Oberste Gerichtshof geurteilt, dass Stille-Andachten die Neutralität der öffentlichen Schulen nicht verletzten, wenn sie eine säkulare statt einer konfessionellen Zielsetzung haben.[12] Demnach wurde ein texanisches Gesetz von einem Bezirksgericht aufrechterhalten, obwohl Kritiker mahnten, dass dieses Gebete in der Schule etablieren würde. Das Gericht dagegen gab an, dass das Gesetz nicht Religion befördern oder behindern würde, sondern das säkulare Ziel der Förderung von »Besinnung, Ernsthaftigkeit und Ehrfurcht« verfolge.[13] Dagegen wurde ein Gesetz in Illinois 2009 als verfassungswidrig gekippt, das Stille-Andachten verlangt. Das Gericht begründete diese Entscheidung wie folgt: »The statute is a subtle effort to force students at impressionable ages to contemplate religion.«[14] Der 1985 gesetzte Standard wird von religiösen Konservativen in Frage gestellt, die sich für *alle* Stille-Andachten einsetzen – auch wenn deren Zielsetzungen konfessionell sind. Zwei neue Richter des Obersten Gerichtshof könnten diese Infragestellung unterstützen. Der Präsident des Obersten Gerichtshofs John Roberts und der Richter Samuel Alito, die von Präsident Bush Ende 2005 und Anfang 2006 eingesetzt wurden, tendieren zu staatlichen Gesetzen im Hinblick auf Religion. Wenn der Oberste Gerichtshof einen neuen »Stille-Andachten-Fall« verhandeln wird, dann könnten diese beiden Richter das Gericht dazu bringen, alle »Stille-Andachten Gesetze« zu erlauben – solche mit säkularen und auch solche mit konfessionellen Zielen.

*Die biblische Version des Kreationismus in
öffentlichen Schulen unterrichten
(*Kreationismus* – die biblische Version des Beginns der Welt;
Intelligent Design – die Idee, dass die Komplexität
der Welt für einen intelligenten Konstrukteur /
Schöpfer spricht)

Seit den 1960er-Jahren hat der Supreme Court klargestellt, dass Kreationismus und »intelligent Design« religiöse Anschauungen sind und nicht als Wissenschaft in öffentlichen Schulen gelehrt werden dürfen. (Sie dürfen aber im Religions-, Geschichts- oder Soziologie-Unterricht behandelt werden.) Dennoch geht die Unterstützung für eine Unterrichtung beider als wissenschaftliche Theorie weiter. 53 % der Amerikaner glauben, dass die Menschheit schon immer in ihrer jetzigen Form ohne die Einwirkung von Evolution existiert hat, oder dass die Entwicklung der Menschen durch die Führung einer göttlichen Macht entstanden ist. 32 % gehen davon aus, dass das Leben einzig und allein durch natürliche Selektion entstanden ist.[15] Anders gesagt, es glauben mehr Amerikaner an die Existenz von Teufel, Hölle und Engel, denn an die Evolution.[16] 64 % der amerikanischen Bevölkerung unterstützen das Unterrichten von Kreationismus zusammen mit der Evolutionstheorie, um den Schülern beide Sichtweisen nahe zu bringen. Zwischen 2003 und 2008 sind in über der Hälfte der amerikanischen Staaten Kreationismusdebatten entbrannt.[17]

In einigen Staaten, wie beispielsweise Kansas und Pennsylvania, wurden Kreationismus und »intelligent Design« in den Lehrplan der Schulen aufgenommen. Andere forderten Lehrpläne, die die Evolutionstheorie durch Kritiken und Gegentheorien differenziert beleuchten. Ein Gegner aus Georgia argumentierte, dass die Evolutionstheorie »eine Theorie und kein Fakt sei und daher mit einer offenen, vorsichtigen Herangehensweise und kritischen Infragestellungen studiert werden sollte«.[18,19] Die Versuche großer Staaten, ihre Lehrpläne zu ändern oder Ablehnung gegen die Evolution zu integrieren, könnte Auswirkungen auf die Verfügbarkeit von Schulbüchern nicht nur in diesen Regionen, sondern in den ganzen USA haben. Wenn ein großer Staat wie Texas Schulbücher bestellt, die die Schwächen der Evolutionstheorie betonen, wie dies 2007 getan wurde, dann tendieren Verlage dazu nur diese Bücher und keine anderen zu drucken, was die Verfügbarkeit in ganz Amerika beeinflusst.

Unterstützer des Kreationismus betonen, dass eine große Debatte über Darwinismus im Gange ist und beide Seiten in öffentlichen Schulen unterrichtet werden sollten. Außerdem argumentieren sie, dass Staaten wie Texas den Schülern nicht nur die Evolutionstheorie, sondern auch alle anderen wissenschaftlichen Theorien kritisch beibringen sollten, indem die Stärken und Schwächen dieser Theorien beleuchtet werden. 2009 hat ein Zusammenschluss von texanischen Lehrern vorgeschlagen, den Lehrplan dahingehend zu ändern, dass die Schüler wissenschaftliche Theorien anhand von empirischen Belegen analysieren und bewerten sollen. Eugenie C. Scott vom *National Center for Science and Education* hat angemerkt, dass »die Schlagwörter ›Stärke und Schwäche‹ den Kreationismus landesweit durch die Hintertür in die Schulen bringen.«[20] Ein Stimmengleichgewicht in der texanischen Schulbehörde hat dazu geführt, dass beide Anforderungen wieder aufgenommen wurden – den der »Stärken und Schwächen« und den der »empirischen Belege«.[21] Dies reflektiert stellvertretend die Spaltung der Nation. Während die Gerichte Kreationismus, »intelligent Design« und die Leugnungen der Evolutionstheorie als unzulässige religiöse Ansichten verurteilt haben[22], ist die Bevölkerung nicht so entschieden, was neue Debatten auf neuen Wegen hervorrufen wird.

* Schulgutscheine

Die *Alliance for School Choice*, eine Organisation, die die Vergabe von Schulgutscheinen unterstützt, gab bekannt, dass im Schuljahr 2008/2009 61.700 Amerikaner von dieser staatlichen Unterstützung Gebrauch machten – 9 % mehr als 2007/2008. Neben ihrer Zweckmäßigkeit haben diese Gutscheine aber auch zwei Einwände hervorgerufen:

Zum einen sinkt die Einschulungsrate, wenn Kinder schwächere öffentliche Schulen verlassen und auf private Schulen wechseln. Da die staatliche Finanzierung der Schulen von der Einschulungsrate abhängt, sinkt auch die Finanzierung und es entwickelt sich eine Abwärtsspirale für marode Schulen. Unter diesem Aspekt wäre es besser, die öffentlichen Schulen zu verbessern, als vorhandene Gelder in die Privatschulen zu spülen. Auch wenn einkommensschwache Eltern die Verbesserung der öffentlichen Schulen sehr begrüßen, setzten sie der Regierung entgegen, dass sie nicht gewillt sind, die Bildung ihrer Kinder diesem langen Prozess zu opfern.

Das zweite Argument, das gegen die Schulgutscheine spricht, ist, dass diese am Ende religiöse Bildung fördern. Die Gebühren für religiöse Privatschulen sind oft relativ gering, da Kirchen diese zusätzlich fördern. Daher reichen die relativ kleinen Förderungen durch die Gutscheine aus, um die Schulgelder für die religiösen Schulen zu zahlen. Die Gutscheine reichen normalerweise nicht für die höheren Kosten der (unsubventionierten) säkularen Privatschulen. Daher nutzen viele einkommensschwache Eltern die Gutscheine, um ihre Kinder auf religiöse Privatschulen zu schicken. In Cleveland besuchen beispielsweise 99,4 % der Schüler, die einen Gutschein nutzen, eine konfessionelle Privatschule. Diese Entwicklung ist besonders problematisch, da es zwei Dritteln der amerikanischen Staaten verfassungsrechtlich verboten ist, konfessionelle Schulen auf diese Weise öffentlich zu fördern.[23]

2002 hat der Oberste Gerichtshof[24] die Nutzung dieser Gutscheine für religiöse Privatschulen bestätigt, wenn den Nutzern auch die Wahl einer säkularen Privatschule offen steht. Dieses Urteil befriedigte all jene, die das Gefühl haben, dass religiöse Schulen auch eine solide Bildung in säkularen Bereichen bieten, gleichzeitig »gute Werte« lehren und einen sicheren Lernort für Kinder gewähren, ohne Drogen und Banden. Es alarmierte dagegen wiederum all jene, die de facto keine Alternative zwischen teuren Privatschulen und günstigen, kirchensubventionierten religiösen Schulen sehen. Außerdem gibt es Bedenken, dass bestimmte Erwachsene, wie beispielsweise Gefangene oder Drogenabhängige, nicht in der Position sind, frei wählen zu können. Es wird befürchtet, dass ein Anstieg der religiösen Bildung eine Balkanisierung der Bevölkerung und eine Schwächung des Ansehens des neutralen und gerechten Staates herbeiführt.

*Regulierungen von konfessionellen Sozialdiensten: Einstellen auf konfessioneller Grundlage, religiöse Denkansätze

Derzeit unterstützen 69 % der Amerikaner öffentliche Förderungen von konfessionellen Wohltätigkeitsorganisationen und Sozialdiensten, wie beispielsweise Berufstraining und Drogenberatung. Der deutlichste Abfall dieser Befürwortung kann interessanterweise unter den weißen Evangelikalen beobachtet werden, die von 77 % 2001 auf 65 % 2009 gesunken ist.[25] Die größte Kontroverse besteht in der Frage, ob diese Unterstützung dazu genutzt werden darf, nur Mitglieder einer bestimmten Religion einzustellen, d. h. alle anderen Anwärter auf diese Stelle zu diskriminieren. Seit der Bürgerrechtserklärung von 1964 wurde Diskriminierung aufgrund von Religionszugehörigkeit in allen öffentlichen wie auch privaten Institutionen verboten. Eine »ministeriale Ausnahme« wurde für Gebetshäuser geschaffen, so dass es ihnen möglich ist, nur Pfarrer ihrer Religion anzustellen (und somit Menschen anderer Religion zu diskriminieren). Eine Klarstellung von 1972 ermöglicht es konfessionellen Institutionen, nur Angehörige ihrer Religion als Mitarbeiter (Lehrer, Berater etc.) anzustellen, wenn

sie keine öffentlichen Mittel erhalten. Dies bedeutet im End-
effekt also, dass privat finanzierte Einrichtungen Diskriminierungen aufgrund der Religionszugehörigkeit ihrer Mitarbeiter durchführen dürfen, öffentlich finanzierte dies
jedoch nur auf der Ebene der Pfarrer tun dürfen.

In der Praxis benutzen die meisten Sozialdienste weder
religiöses Material, noch stellen sie nur Mitarbeiter einer bestimmten Religion ein. Unter den Institutionen, die Wohl-
tätigkeitsempfänger einstellen, stellen beispielsweise nur
2,9 % lediglich Angehörige einer Religion an und nur 6,9 %
haben religiöse Präferenzen bei der Auswahl ihrer Mitarbeiter.[26] Diese Praxis reflektiert die öffentliche Meinung. 74 %
der amerikanischen Bevölkerung ist gegen Einstellen aufgrund von Religionszugehörigkeit und nur 33 % der weißen
Evangelikalen unterstützen dies.[27] Es gibt keine empirischen
Belege dafür, dass Sozialdienste mit religiösen Absichten in
der Beratung effektiver sind als säkulare, aber es gibt einzelne Fallstudien, die zeigen, dass religiöse Anbieter höhere
Resultate erzielen als säkulare Institutionen.[28] [29]

Trotzdem merken Sozialdienste, die konfessionsgebunden einstellen, dass die Ablehnung öffentlicher Förderung
nur für religiöse und nicht säkulare Institutionen eine Diskriminierung der religiösen Institutionen darstellt. Die Regierung verweigert Förderung nicht aufgrund von verschiedenen säkularen Denkansätzen – sie verweigert nicht Gelder
für Montessori Kindergärten oder für die an Piaget orientierten Institutionen. Wird staatliche Neutralität gewahrt,
wenn ein Unterschied zwischen Montessori und baptistischen Kindergärten gemacht wird? Nicht zufällig halten
konfessionelle Institutionen einige religiöse Programme
für effektiv und erhaltenswert, die sie jedoch in Gefahr
sehen, wenn ihre Mitarbeiter verschiedenen oder gar keiner Religion angehören. Sie nehmen an, dass das Versprechen für Drogenabhängige, dass Jesus sie liebt, ihnen hilft
ein Selbstbewusstsein aufzubauen, um eine lang anhaltende

Gesundheit einem kurzen Rausch vorzuziehen. Was ist methodistisch an einer Klinik, wenn die Berater nicht diesen methodistischen Glauben teilen?

Die Debatte zu konfessionsgebundenem Einstellen wird dann angeheizt, wenn Religionsunterricht zum Lehrplan von öffentlichen Schulen hinzugefügt wird. Auch wenn dies bisher in Amerika keine Tradition hat, wird es erwogen, um religiöse Literatur, Pluralismus und Toleranz zu fördern und um ein Verständnis für religiöse Vorstellungen in der Geschichte, Kunst und Literatur zu erreichen. Kann von Lehrern erwartet werden, dass sie sich in allen Religionen so gut auskennen, um sie zu unterrichten? Oder sollten Schulen Mitglieder der Religionsgemeinschaften anstellen und wenn ja, welche?

Diese Fragen sind heikel, sie werden noch heikler, wenn man ihre Durchführung betrachtet. Ein Weg um Diskriminierung bei dem Einstellen wiedergutzumachen, sind Verfahren gegen die diskriminierende Institution. Der Oberste Gerichtshof hat 1968 festgelegt, dass Bürger, die eine staatliche Finanzierung von konfessionsgebundenem Einstellen aufdecken, den Staat verklagen können.[30] Aber ein Gerichtsbeschluss von 2007 begrenzt diese Möglichkeit massiv.[31] Dieser besagt, dass die Regierung nur belangt werden kann, wenn die konfessionelle, diskriminierende Förderung von einer gesetzgebenden Gewalt (national oder bundesstaatlich) autorisiert wurde. Jede andere Förderung von konfessionellem Einstellen ist nicht anfechtbar. Als Resultat konnte das *Baptist Home for Children* in Kentucky einer Angestellten aufgrund ihrer Homosexualität kündigen, da ihr Lebensstil nicht zu dem der baptistischen Lehre passe und weil die öffentliche Förderung nicht von einer gesetzgebenden sondern exekutiven Quelle kam.[32]

Konfessionelle Aufnahmebedingungen

Während das konfessionsgebundene Einstellen Mitarbeiter betrifft, gelten für Studenten und private Freiwilligenorganisationen die konfessionellen Aufnahmebedingungen d.h., es werden nur die aufgenommen, die die gleichen Überzeugungen teilen. Die Pfadfinderorganisation *Boy Scouts* ist 1998 vor Gericht gezogen, um homosexuelle und atheistische Jungen aus ihrer Organisation auszuschließen. Der Oberste Gerichtshof hat dem stattgegeben unter der Maßgabe, dass *freiwillige*, private Organisationen ihre eigenen Mitgliederstandards entwerfen können. Sie sind im Gegensatz zu Verwaltungen, Firmen, öffentliche Schulen und öffentliche Einrichtungen wie Restaurants und Hotels nicht an die Antidiskriminierungsgesetze gebunden. Es ist interessant zu bemerken, dass konfessionsgebundenes Einstellen die Gefahr birgt, mit öffentlichen Geldern Religionen zu unterstützen, konfessionelle Aufnahmebedingungen aber auf einer strikten Trennung von Kirche und Staat beruhen. Den *Boy Scouts* wurden konfessionelle Aufnahmebedingungen erlaubt, da sie ein außerstaatliches Gebilde sind.

Analog dazu hat 2009 ein kalifornisches Gericht einer privaten lutherischen Schule erlaubt, eigene Zulassungsbedingungen zu entwerfen, die homosexuelle Schüler ausschließen. Auch wenn die kalifornischen Antidiskriminierungsgesetze strikter sind als die nationalen, und auch private freiwillige Organisationen wie die *Boy Scouts* mit einschließt, urteilte das Gericht, dass die Bestimmung der lutherischen Kirche die Anerziehung religiöser Werte sei, was sie und ihre Eltern bei der Einschreibung wissen. Im Gegensatz zu öffentlichen Schulen und anderen privaten Organisationen seien die religiösen Privatschulen, laut Gericht, nicht an die Antidiskriminierungsgesetze gebunden. Darüber hinaus würde staatlicher Druck zur Aufnahme von homosexuellen Schülern den religiösen Frieden der Schule stören.

Religiös begründete Leistungsverweigerung

Fragen zu religiös begründeter Leistungsverweigerung sind in öffentlich geförderten Institutionen aufgetaucht und betreffen die dortigen Mitarbeiter. Kann die Regierung verlangen, dass Leistungen verrichtet werden, die den religiösen Überzeugungen widersprechen – beispielsweise die Adoption von Kindern durch gleichgeschlechtliche Paare? Eine Argumentationslinie ist, dass Institutionen und die Mitarbeiter den gesetzlichen Antidiskriminierungsrichtlinien folgen müssen, wenn sie aus öffentlichen Mitteln gefördert werden. Eine andere dagegen ist, dass religiöse Überzeugungen – wie diese, dass Homosexualität und Abtreibung *keine* Sünde sind – nicht entscheidend für die Erlangung von staatlicher Förderung oder gar eine Einstellungsbedingung sind. Die Wohltätigkeitsorganisationen der katholischen Kirche in Boston und San Francisco haben ihre Adoptionsagenturen lieber geschlossen, als den Antidiskriminierungsvorschriften zu folgen und Kinder an gleichgeschlechtliche Paare zu vermitteln. Die Bostoner Organisation hat angeboten, die gleichgeschlechtlichen Paare an andere Institutionen zu vermitteln. Dies sahen die Gerichte jedoch als gesetzlich unzureichend an.[33]

80% der Amerikaner sind der Meinung, dass Frauen Zugang zu Geburtskontrolle (von einem Arzt verschrieben) und Verhütungsmitteln haben sollten, die von einem Apotheker »ohne Diskriminierung und Verzögerung«[34] ausgegeben werden sollten. Trotzdem hat Präsident Bush in seinen letzten Amtsmonaten einen Beschluss erstellen lassen, der es allen Mitarbeitern medizinischer Einrichtungen –

vom Pförtner, über den Apotheker bis hin zum Chirurgen – ermöglicht, Dienste aufgrund von religiösen Überzeugungen zu verweigern. Da es nicht gestattet ist, beim Einstellen von Mitarbeitern nach religiösen Überzeugungen zu fragen, öffnet dieser Beschluss konservativen Angestellten den Weg, medizinische Prozeduren zu verhindern, die ihren Überzeugungen widersprechen, zum Beispiel der Abtreibung. Sie nehmen entsprechende Arbeitsstellen an und verweigern dann die Dienste unter Verweis auf ihre religiösen Überzeugungen. Während konservative Gruppierungen wie das *US Council of Catholic Bishops* und das *Family Research Council* diesen Beschluss begrüßten, haben sieben Staaten gegen die Implementierung geklagt, da dies in überdurchschnittlicher Weise einkommensschwache Frauen trifft, die öffentliche Kliniken nutzen. Der Pfarrer Carlton Veazey, Präsident und Geschäftsführer der *Religion Coalition for Reproductive Choice*, merkte an, dass dieser Beschluss »das Recht der Frauen auf Selbstbestimmung (hinsichtlich Abtreibung und Verhütung) aufgrund ihrer religiösen und moralischen Überzeugungen abspricht«.[35] Kurz gesagt: Um die Gewissensfreiheit der Mitarbeiter in medizinischen Einrichtungen zu schützen, hat Bush die Gewissensfreiheit der Patienten beschnitten.

Zusammenfassend ist zu sagen, dass Konsens darüber besteht, dass staatliche Mittel nicht für religiöse Programme genutzt werden sollten. Aber es existiert auch eine starke Opposition, die darauf aus ist, religiöse Programme zu bewahren, da diese effektiv sind und die Äußerungen von religiösen Werten nicht diskriminiert werden sollten. Die Themen konfessionsgebundener Anstellungen und konfessionsbegründeter Dienstverweigerung haben dagegen noch keinen Konsens gefunden.

I-5. Das Möbiusband: Ironien der Staatsneutralität bezüglich der Religion

Das Projekt wurde vor Jahrhunderten von Castellio, Williams und anderen Fürsprechern der Trennung von Kirche und Staat begonnen, die nuancierte demokratische Praktiken ausgaben. Es hat aber auch Ironien hervorgebracht, die sich frühe moderne Autoren nur schwer hätten vorstellen können.

Eine davon ist, dass die Religion stark beschränkt wurde, bei dem Versuch, sie unabhängig zu machen. Das Ziel der staatlichen Neutralität ist es, zu verhindern, dass die Regierung in religiöse Aktivitäten eingreift. Diese Position, die auch säkulare Demokraten unterstützen, ist Voraussetzung, um religiöse Minderheiten zu schützen. Um staatliche Neutralität bezüglich der Religion zu erreichen, müssen nicht nur Staaten, sondern auch die Institutionen, die sie fördern, religionsneutral bleiben. (Sonst könnten die Staaten diese Auflage umgehen, indem sie Institutionen fördern, die dann die Diskriminierung übernehmen.) Allerdings beschränkt diese Auflage zur Neutralität ironischerweise die religiösen Aktivitäten. Sie schreibt vor, dass staatlich geförderte Institutionen ihre Programme und ihre Einstellungspraxis nicht nach kirchlichen, sondern nach staatlichen Leitsätzen organisieren müssen. Sie sind nicht länger frei, so zu handeln, wie sie es für richtig halten. Religiöse Institutionen können beispielsweise behaupten, dass Gottes Liebe armen Jugendlichen hilft, Selbstvertrauen aufzubauen und lesen und schreiben zu lernen. Sie können auch behaupten, dass diese liebende Botschaft nur von Menschen verbreitet werden kann, die daran glauben, und dass sie keine Menschen einstellen wollen, die nicht glauben. Aber die Anforderung der Neutralität von solchen öffentlich geförderten Institutionen verhindert es, dass die religiösen Institutionen ihren Überzeugungen in Beratung und Einstellung folgen können. Religiöse Aktivitäten werden vor allem von staatlichen Institutionen behindert – der einen Institution, die Religion eben gerade nicht behindern soll.

Diese Ironie wird noch deutlicher, wenn man die Förderung von säkularen und religiösen Institutionen vergleicht. Der Staat überprüft nicht die Agenda von säkularen Institutionen, und säkulare Institutionen verzichten nicht auf ihre öffentliche Förderung aufgrund ihrer Beratungspräferenzen (Freudianisch, Verhaltensänderungen etc.). Ist der Staat neutral, wenn er religiöse Programme von Institutionen, die er fördert, verbietet, nicht aber säkulare Programme? Staatliche Neutralität ist bestimmt, um religiöse und säkulare Institutionen gleich zu behandeln. Es sieht jedoch so aus, als lege die Neutralitätspflicht der Staaten religiösen Programmen Schranken auf, nicht aber den säkularen. Wie, würde sich wohl Castellio fragen, hat staatliche Neutralität zu Restriktionen vor allem für die Aktivitäten der Religionen geführt?

Diese Ironien werden überall da auftauchen, wo neutrale Regierungen mit religiösen Institutionen kooperieren. Diese Kooperation stellt eine weitere Ironie in Amerika da: »misstrauisches Vertrauen« in den Staat. Die Religiösen Rechten wurden in Amerika durch ihre Eigenverantwortung bekannt und bildeten den Gegensatz zu den »Hippies« der Bürgerrechtsbewegung und der Anti-Armuts-Bewegung in den 1960er-Jahren, die für Maßlosigkeit, für »zuviel« Staat und für »Handaufhalten« standen. Sie strebten eine Rückkehr zu der traditionellen individualistischen Eigenverantwortung der Nation an, zu einem »schwachen Staat« und unabhängigen, freiwilligen, zivilgesellschaftlichen Institutionen. Dennoch strebten die Religiösen Rechten seit den 1980er-Jahren nach staatlicher Unterstützung, um religiöse

Sozialdienste zu unterhalten und religiöse Werte zu vermitteln, wie Beten und das Unterrichten von Kreationismus an öffentlichen Schulen. Ironischerweise haben sich die Religiösen Rechten darauf verlassen, dass der Staat ihre Werte institutionalisieren würde, und haben somit zu einer Vermischung von Kirche und Staat beigetragen, die zum Schutze der Religionsfreiheit verboten ist.

Diese Einladung, dass der Staat sich in Religionsangelegenheiten einmischen kann, offenbart – wieder ironischerweise –, dass nicht die Freiheit der Religion bedroht ist, sondern dass sie Erfolg in der modernen Welt hat. Die frühen modernen Autoren machten die Erfahrung, dass die staatliche Einmischung in religiöse Angelegenheiten zur Verfolgung der Religion führte. Heute sind sich die, die zu dieser Einmischung einladen, der Freiheit der Religion so sicher, dass sie annehmen, dass der Staat die Religion nicht diskriminieren und noch weniger, dass er sie verfolgen wird. Es ist schon ein bemerkenswertes Zeugnis der Gewissensfreiheit – in der Gesellschaft und im Gesetz – dass, nach jahrhundertelangen Versuchen, den Staat aus kirchlichen Angelegenheiten herauszuhalten, nun die Erben von Roger Williams der Unvoreingenommenheit des Staates so sehr trauen, dass sie ihn wieder einladen.

In einer abschließenden Ironie finden sich beide – die Religiösen Rechten und die begeisterten Säkularisten – in Positionen wieder, die ihren Zielen entgegenstehen. Begeisterte Säkularisten tun dies, indem sie die öffentliche Unterstützung für religiöse Programme unter Berufung auf staatliche Neutralität und Gerechtigkeit blockieren. Sie tun dies aber nicht, wenn es um die Unterstützung von säkularen Programmen geht – egal welcher Art. Ist der Staat neutral, wenn er Schulen fördert, die lehren, dass die Bibel falsch (und Darwin wahr), aber nicht Schulen, die lehren, dass die Bibel wahr ist?

Die Religiösen Rechten verheddern sich in ihren eigenen Prinzipien, wenn sie sinnvoll Diskriminierung vermeiden wollen. Staatliche Förderung von säkularen aber nicht religiösen Beratungsstellen scheint die säkularen Programme den religiösen vorzuziehen. Es wirkt diskriminierend. Ebenso scheint es diskriminierend zu sein, Evolution aber nicht Kreationismus an Schulen zu unterrichten. Um dies zu verhindern, erstreben die Religiösen Rechten die gleichen Förderungen für religiöse Programme und Kreationismus, die auch die Vertreter der säkularen Denkansätze und Evolution erhalten. Dies bringt aber die Regierung dazu, in das »Religionsgeschäft« einzusteigen – und zwar buchstäblich ins Geschäft, weil die Regierung die religiösen Ansätze quasi als Kundendienst finanziert und die Schöpfung der Welt erklärt. Diese Unterstützung religiöser Überzeugungen ist aber genau das, was einem neutralen Staat untersagt ist – ironischerweise um die Freiheit der Religion zu schützen.

Es ist möglich, dass diese Ironien nicht grundsätzlich gelöst werden können. In der Praxis waren die letzten 400 Jahre des demokratischen Experimentes der Versuch, die Neutralität des Staates zu maximieren, ohne die Religion zu beschränken und die Freiheit der Religion zu maximieren, ohne die staatliche Neutralität zu beschädigen. Dies ist eine empfindliche Balance, die die Religiösen Rechten – sehr zum Ärger der *New Evangelicals* – kippen wollen. Wie wir im nächsten Kapitel sehen werden, sind sie nicht besorgt, ihre Gewissensfreiheit und die Unabhängigkeit der Kirchen zu verlieren, da sie diese durch die staatliche Neutralität bestens geschützt sehen – auch mit dem Widerspruch des Möbiusbandes.

Teil II:
Starke Religion innerhalb liberaler Demokratie:
Eine Fallstudie über Amerika

»If there is racial injustice in your community, you have to speak to that. If there is educational injustice, you have to do something there. If the poor are being neglected by the government or being oppressed in some way, then you have to stand up for the poor ... We are interested in the poor, in racial reconciliation, in global poverty and AIDS, in the plight of women in the developing world.«

– Bill Hybels, Pfarrer des *Willow Creek* Netzwerkes mit 12.000 Kirchen.[1]

II-6. Die neue evangelikale Landschaft: Eine Einführung

Als sich die Amerikaner im Oktober 2008 auf die Wahl eines neuen Präsidenten vorbereiteten, meinten 64 % der weißen Evangelikalen, dass es nicht Aufgabe der Kirchen sei, Kandidaten zu unterstützen, da sie für eine strikte Trennung von Kirche und Staat eintraten. Fast der gleiche Prozentsatz, nämlich 68 % der religionslosen Amerikaner, vertraten dieselbe Ansicht. Auch die, die mindestens einmal pro Woche in die Kirche gehen, lehnen mit 63 % eine Unterstützung der Kandidaten ab.[2] 50 % der Menschen, für die eine Ablehnung von homosexuellen Ehen entscheidend ist, lehnen eine Unterstützung der Kandidaten ab, im Jahr 2004 waren es nur 25 %. Und auch 49 % der Gegner von Abtreibungen sind gegen eine Unterstützung der Kandidaten – dies waren 2004 nur 33 %.[3]

Diese Veränderungen fanden in einer Zeit genereller Überholung der evangelikalen Prioritäten statt, die der evangelikale Theologe Scott McKnight »den größten Wandel der evangelikalen Bewegung des 20. Jahrhunderts, eine neue Art von christlichem sozialem Bewusstsein«[4] genannt hat. Evangelikale Anliegen haben sich ausgeweitet – von Abtreibung über gleichgeschlechtliche Ehen bis zur Armutsbekämpfung. Die Aktivitäten sind vom Staat zur Zivilgesellschaft gewandert. Modelle für das Verhältnis von Staat und Kirche der *New Evangelicals* werden im nächsten Kapitel untersucht. Dieser Abschnitt soll zunächst demographische Fragen klären und erläutern welche Implikationen die Abwendung von den Religiösen Rechten mit sich bringt.

Wer die New Evangelicals sind und warum sie ihre Politik veränderten

Der Wandel des evangelikalen Fokus ist weder klein noch elitär. Bei den Wahlen im Jahr 2006 wählten 41 % der Evangelikalen (rund 31 Millionen Menschen) demokratisch. Die *National Association of Evangelicals*, die die Bandbreite der *New Evangelicals* repräsentiert, vereint 45.000 Kirchen von 50 Denominationen unter sich. 2004 waren neben den Religiösen Rechten 25 % der Bevölkerung streng gläubig (rund 75 Millionen Menschen)[5]. Das entspricht in etwa der Einwohnerzahl Deutschlands (81 Millionen), 140 % der deutschen nominellen Christen (53 Millionen[6]) und fast 10 Mal so vielen Menschen wie denen, die in Deutschland regelmäßig Gottesdienste besuchen.[7,8] Das *Willow Creek* Netzwerk von Bill Hybels hat 12.000 Kirchen in 90 Denominationen und 45 Ländern. Das *Vineyard* Kirchen Netzwerk, dass führend bei der Armutsbekämpfung und dem Umweltschutz ist, hat 1.600 Kirchen weltweit. Rob Bell, der seinen Gemeindemitgliedern genau sagt, wo sie in Grand Rapid Armen helfen können, predigt sonntags vor 10.000 Menschen, weitere

50.000 hören online zu. Einigen Schätzungen nach machen die Religiösen Rechten 2009 nur noch 12–13 % der Bevölkerung aus – fünf Jahre zuvor waren es noch 25 %.

Der Leiter des *Pew Forum for Religion and Public Life* John Green erklärt diesen religionspolitischen Wandel wie folgt: »It may have something to do with the perception that's *shared by many people, not just by young evangelicals*, that the Republican Party didn't manage the government well [...].«[9] (Hervorhebung des Verfassers) Tatsächlich ist der Wandel in der amerikanischen Kultur in den letzten 30 Jahren – wo es um Sex, die Umwelt, Pluralismus und Globalisierung ging – nicht am politischen Rand erwachsen, sondern es sind Themen der politischen Mitte. Positionen, die vor 30 Jahren noch die »Mitte« besetzten, scheinen für viele heute unrealistisch und zu weit rechts, daher finden sie keine breite Unterstützung mehr.

Zusätzlich hat sich für die ethisch-orientierten Evangelikalen in George W. Bushs zweiter Amtszeit eine Lücke zwischen republikanischer Politik und den Lehren Jesus gezeigt. Folgende Aspekte der evangelikalen Doktrin sind der Schlüssel für ihr Unbehagen. Der erste Aspekt ist, dass es Jesus nicht nur um die Erlösung im nächsten Leben, sondern auch um die Veränderung der diesseitigen Welt ging. Die Aufgabe der Christen ist es, diese Veränderung zu implementieren und »so zu leben, wie Jesus es tat und lehrte«[10]. Er nutze keine politische Partei oder Regierung, sondern Nächstenliebe und Einsatz für andere. Es ist nicht die Rolle der Kirche, der Staat zu sein, sondern außerhalb des Staates zu stehen, um ihn zu kritisieren und zu beraten, wenn er ungerecht ist. Dies erfordert eine klare Trennung von Kirche und Staat und ein Ende der Versuche der Religiösen Rechten, christliche Ansichten in der Regierung zu etablieren. Tatsächlich kann dieser Ansicht nach weder eine politische Einrichtung das Reich Gottes ersetzen, noch können die Menschen, die Christen, Jesus Christus sein. »Jesus ist der Sohn Gottes«, schreibt der evangelikale Pastor Jim Wallis »das heißt nicht, dass Christen besser, gerechter, moralischer, seliger oder auserwählter sind, um Schlachten zu gewinnen. Oder dass sie geeigneter sind, zu regieren und besser über politische Belange entscheiden zu können, als Nicht-Christen «.[11]

Dies wurde zumindest einigen Evangelikalen auf verstörende Weise klar, als sie die Gewalt und das Chaos im Nachkriegs-Irak − einem Konflikt, der aus fragwürdigem Grund begann − und die Folterpraktiken der Bush Administration wahrnahmen. Die Einsicht, staatliche Macht zu meiden, setzte sich durch. »Das ist das was Jesus meinte!« sagte mir ein Büroarbeiter aus dem Mittleren Westen. »Plötzlich wurden wir daran erinnert. Die Herrscher − die Regierungen − sind gefallen, sie werden sündigen und du kannst nie sagen, wann. Christen müssen mit dem Evangelium gehen und nicht mit einer Partei; sie müssen nach Washington D.C. gehen und dort für die kämpfen, die keine Stimme haben.«[12] Es setzte sich die Ansicht durch, dass nicht nur die Republikanische Partei, sondern Politik an sich − per definitionem menschlich und fehlerhaft − nicht zum Reich Gottes führen kann, oder der Weg für die sein kann, die Jesus suchen. Die New Evangelicals rügen sich selbst dafür, auf die Politik zu vertrauen und suchen nach anderen Wegen.

Politische Auswirkungen

Das Ergebnis war ein unerwarteter sozio-politischer Wandel vor 2005 und eine Unabhängigkeit von Parteien. Obschon Evangelikale in den letzten 35 Jahren einen zuverlässigen republikanischen Wählerblock darstellen, halten sich im Jahr 2009 ein Drittel für demokratisch (35 %), ein Drittel für republikanisch (34 %) und ein Drittel für unabhängig.[13] Schon im Jahre 2006 kritisierte der stellvertretende Direktor von Bushs *White House Office of Faith-Based and Community Initiatives*, David Kuo, die Evangelikalen scharf. Seiner Meinung nach würden sie Jesus für Parteipolitik instrumentalisieren und ihn auf einen »precinct captain, to some get-out-the-vote guy«[14] reduzieren. Die Entwicklung war im ganzen Land zu beobachten.[15] So wurde beispielsweise der Pfarrer Terry Fox, ein Hauptorganisator von Anti-Abtreibungs- und Anti-Homosexuellen-Aktivitäten in Wichita, Kansas, nach über 20 Jahren gebeten, seinen Posten zu räumen, da seine Aktivitäten nicht mehr zu den neuen, größeren Zielen der Gemeinde passen würden. Innerhalb von drei Monaten verließen zwei weitere Pfarrer der Religiösen Rechten Wichita.[16] Als 2007 der Pfarrer der *Coral Ridge Presbyterian*, einer Megakirche in Florida mit 10.000 Mitgliedern und drei Millionen Fernseh-, Radio- und Internetzuhörern, verstarb, entschied die Kirche nicht wieder einen Pfarrer der Religiösen Rechten einzustellen. Das Programm der Kirche wurde um Themen wie Klimawandel, Menschenrechte, Armut und andere soziale Bereiche erweitert und das politische Engagement des kirchlichen *Center for Reclaiming America for Christ* eingestellt.[17] In diesem Jahr warnte der ehemalige Präsident der konservativen *Southern Baptist Convention*, dass man die enge Bande der Republikaner mit dem »großen Geschäft« misstrauisch betrachten sollte.[18] 2008 waren 60 % der Evangelikalen der Meinung, dass die Regierung die Armen mehr unterstützen sollte, auch wenn dies bedeutet, dass die Staatsschulden steigen.[19] Richard Land, der Präsident der *Commission on Ethics and Religious Liberty* der *Southern Baptist Convention*, hat sich 2008 nicht an der häufigen Einbeziehung der Atheisten in Obamas Reden gestört. »Wir sind eine pluralistische Nation«, kommentierte dies Land.[20]

Dieser Wandel innerhalb der Evangelikalen wurde während der Präsidentschaftskampagne 2008 sichtbar. Während im Jahr 2002 noch 87 % der weißen, jungen Evangelikalen (zwischen 18 und 29 Jahren) George W. Bush befürworteten, waren es 2007 nur noch 45 %. Unter den älteren Evangelikalen sank die Unterstützung von 80 % im Jahre 2002 auf 52 % im Jahr 2007. Zwischen 2001 und 2005 war die Zahl der weißen jungen Evangelikalen, die sich selbst als Republikaner bezeichnen, stabil bei 55 %, sank aber im Jahr 2007 auf 37 %.[21] Der Autor der konservativen evangelikalen Zeitschrift *World* und Bushs Berater, als dieser noch Governeur in Texas war, Marvin Olasky, bemerkt: »There was a time when evangelical churches were becoming largely and almost exclusively the Republican Party at prayer. To some extent — we have to see how much – the Republicans have blown it [...]. The ball now really is in the Democrats' court.«[22] Richard Land schätzt dies ähnlich ein: »If that issue [abortion] were taken off the table, then other issues get oxygen, issues where evangelicals are not nearly as certain that Republicans offer the best answer. Issues like economic justice, racial reconciliation, the environment.«[23]

Die Demokraten nahmen diese Herausforderung an und riefen 2005 im Kongress eine Glaubens-Arbeitsgruppe ins Leben. Die Partei hat das *Faith in Action* (FIA) Komitee gegründet, ein Zusammenschluss von religiösen Beratern, die das Verhältnis der Partei zu strenggläubigen Amerikanern untersuchen. Auch der Mitarbeiterstab der Präsidentschaftskampagne von Barack Obama im Jahr 2007 umfasste eine Kontaktperson für Evangelikale und »Glaubenspolitik«, den schwarzen pfingstkirchlichen Pastor Joshua DuBois. 2008 wurden die evangelikalen Pfarrer Tony Campolo und Joel Hunter von den Demokraten gebeten, ihnen bei der Abfassung eines Schreibens für das demokratische Parteiprogramm zum Thema »Reduzierung der Abtreibungen« behilflich zu sein.[24] Die demokratische Nominierungsveranstaltung im Jahre 2008 war die erste, die mit einem Gottesdienst begann, und auf der es einen eigenen Ausschuss für gläubige Mitglieder gab.

New Evangelicals begannen auf diese Entwicklungen zu antworten. 2006 lud der einflussreiche Rick Warren Barack Obama zu seiner Kirchenkonferenz über AIDS ein. Im Jahr 2007 lud er Hillary Clinton ein, Bill Hybels von der Willow Creek Gemeinde ihren Mann Bill. Warren wiederum hat 2008 beide Präsidentschaftskandidaten, also McCain und Obama, zu Gast geladen. Die pfingstkirchliche Pfarrerin Leah Daughtry war Büroleiterin bei Howard Dean, dem Vorsitzenden des Democratic National Committee. Sie führte die demokratische Versammlung, auf der Obama zum Präsidentschaftskandidat nominiert wurde. Evangelikale Führer, die Obama unterstützen, tauchten auf und es entstanden »Pro-Obama Aktionsbündnisse«. Auch der Pfarrer der großen Kirchengemeinde in Houston, Kirbyjon Caldwell, unterstützte Obama, obwohl er bei beiden Amtseinführungen von Bush die Segnung sprach und Bushs Tochter im Mai 2008 traute. Das erste Mal in seinem Leben unterstützte Wilfredo De Jesús, der Pastor der New Life Convenant Megachurch in Chicago und vehementer Gegner von Abtreibung und homosexuellen Ehen, einen demokratischen Kandidaten. Mara Vanderslice gründete das Matthew 25 Network, das ein pro-demokratisches, evangelikales politisches Aktionsbündnis ist und für 500.000 $ Werbung auf christlichen Radiosendern in umkämpften Staaten schaltete. Man konnte folgende Anzeige lesen: »Stellen Sie sich einen Präsidenten vor, der dafür steht: ›Denn ich bin hungrig gewesen und ihr habt mir zu essen gegeben. […] Ich bin nackt gewesen und ihr habt mich gekleidet. Ich bin krank gewesen und ihr habt mich besucht. Ich bin im Gefängnis gewesen und ihr seid zu mir gekommen.‹« (Matthäus 25:35-36).[25,26]

Nach seiner Wahl führte Obama seine Annäherung an die Evangelikalen fort und lud Rick Warren ein, bei seiner Amtseinführung das Gebet zu sprechen. Der private Gottesdienst etwas früher an diesem Tag wurde von Bischof T. D. Jakes gehalten, der in seiner Kirche in Dallas 30.000 Menschen begeistert. In seiner ersten Amtswoche hat Obama eine Gruppe ins Leben gerufen, die ihm in Fragen die konfessionellen Sozialdienste betreffend, beratend zur Seite steht. Dieser Gruppe gehören unter anderen an: Jakes, Joel Hunter, Kirbyjon Caldwell, Otis Moss Jr, eine Ikone der Bürgerrechtsbewegung, und Jim Wallis. Jakes, Wallis und Hunter sind politisch unabhängig, während Moss Obama unterstützte und Caldwell für Obamas Kampagne spendete.

Veränderungen in politischen Prioritäten benötigen ungefähr 15–20 Jahre, um erkennbare Resultate in Wahlen zu erzielen. Die Koalition der Republikaner und der Evangelikalen begann bereits 1964, zeigte aber erst bei der Wahl von Ronald Reagan 1980 erkennbare Wirkung. Die Entwicklung der *New Evangelicals* von 2008 wird möglicherweise erst nach einigen Wahlperioden Auswirkungen haben. Es kann aber auch sein, dass sich diese Veränderung auf diesem Niveau stabilisieren, wenn Obamas Schonfrist abgelaufen ist und einige Evangelikale aufgrund ihrer Ablehnung von Abtreibungen unabhängig oder republikanisch bleiben. Wenn die *New Evangelicals* Republikaner bleiben, dann wird die republikanische Partei ihr Ansprechpartner sein. Man könnte behaupten, dass es die wohl größere Leistung wäre, wenn die Evangelikalen Republikaner blieben und sie es schaffen würden, so das Engagement der republikanischen Partei bei der Armutsbekämpfung und beim Umweltschutz zu stärken.

Von den Religiösen Rechten zu Diplomatie und Armutsbekämpfung: Das evangelikale Zentrum und Progressive

Während der wöchentliche Kirchgang nach wie vor mit der Ablehnung von Abtreibungen und gleichgeschlechtlichen Ehen[27] in Wechselwirkung steht, korreliert er nun

auch stark mit Umweltschutz[28], mit der staatlichen Unterstützung der Bedürftigen und der Ansicht, dass eher Diplomatie als militärische Stärke Frieden sichern kann.[29]
2007 haben 100 Führer der *New Evangelicals* und das *Yale Center for Faith and Culture* diese Diplomatie in die Praxis umge-
setzt und einen Brief von führenden Muslimen beantwortet.[30] Der Brief begann wie folgt: »acknowledging that in
the past (during the Crusades, for instance) and in the pres-
ent (in the excesses of the ›war on terror‹), many Christians have been guilty of sinning against our Muslim neigh-
bours«. Darin bat man um »forgiveness of the All-Merciful
One and of the Muslim community around the world« und
man schlug vor, dass »our next step should be for our leaders at every level to meet together and begin the earnest
work of determining how God would have us fulfil the re-
quirement that we love God and one another.«[31]

Der Fokus der *New Evangelicals* auf Armutsbekämpfung
führt eine Wohltätigkeitstradition des 19. Jahrhunderts fort,
belebt aber gleichzeitig die eher fortschrittlichen Visionen.
Beginnen wir mit dem evangelikalen Zentrum: Auf Drängen der Evangelikalen wurde die ausländische Hilfe unter
Bush im Jahr 2004 von 7 Milliarden $ (unter Clinton) auf
19 Milliarden $ aufgestockt. Allein die Hilfe für Afrika stieg
um 67 %.[32] World Vision, 1950 gegründet, wurde die größte
christliche Hilfsorganisation. Sie hat weltweit 23.000 Mitarbeiter und ein jährliches Budget von fast 1 Milliarde $, das
von rund 4,7 Millionen Amerikanern gespendet wird, die
damit rund 100 Millionen Menschen helfen. Ihr Mikrokre-
dit-Programm unterstützt rund 440.000 Projekte in 46 Entwicklungsländern.[33] Im Inland arbeitet die *National Hispanic
Christian Leadership Conference* an der Armutsbekämpfung und an
einer Zuwanderungsreform.

New Evangelicals beteiligen sich an solchen Programmen
und steuern neue bei. Die Kirche von Rick Warren ist ein
Zentrum für die Arbeit zur Armutsbekämpfung, für Bildung

und für die Arbeit zu HIV/AIDS (sein *Acts of Mercy* Amt). An der von ihm ins Leben gerufenen HIV/AIDS Konferenz war nicht nur Hillary Clinton beteiligt, sondern auch die Präsidentenfrauen von Ruanda und Sambia. Sein *Celebrate Recovery* Drogenentzugsprogramm ist in über 17 Staaten der USA ein offizielles Programm in Staatsgefängnissen und darüber hinaus in verschiedenen Ländern etabliert, wie beispielsweise in Russland.[34] Ein Zusammenschluss von progressiven und konservativen Kirchen hat 2009 die *Christian Church Together* und ihre Initiative gegen Armut bekannt gemacht. Im gleichen Jahr hat das aus zwei Parteien bestehende *Poverty Forum* seinen Vorschlag zur Reduzierung der inneramerikanischen Armut vorgestellt. Zu diesem Forum gehören 18 führende Mitglieder, unter ihnen: Jim Wallis, der progressive Evangelikale, Michael Gerson, Bushs ehemaliger Politikberater, und Mark Rodgers, der Büroleiter des ehemaligen Senators Rick Santorum, neben anderen meistens aus dem rechten Flügel stammenden Republikaner des Kongresses.[35]

Nun nehmen die *New Evangelicals* neben der Teilnahme an existierenden Hilfsprogrammen, auch Positionen ein, die konservative Evangelikale nicht einnehmen würden. So unterstützen sie Zuwanderungsgesetze, einen universellen Zugang zu Gesundheitsversorgung, Armutsbekämpfung (von Lebensmitteln bis zu beruflichen Weiterbildungen) und Verbesserung von Haftbedingungen. Die *Christian Community Development Association* unterstützt arme Menschen und kümmert sich um innerstädtische Gemeinden. Sie ist pluralistisch, hat Frauen und Männer in ihrer Leitungsebene und Asiaten, Schwarze, Weiße und Lateinamerikaner als Mitglieder. Jim Wallis wurde sogar von weiter links stehenden Evangelikalen, wie denen vom *Street Prophet Blog* kritisiert, weil er ihrer Meinung nach zu viele Zugeständnisse durch die Zusammenarbeit mit verschiedenen Gruppierungen mache. Wallis, der einst so weit links stand, wie es für Evangelikale überhaupt möglich war, wurde nun überholt.

Um den progressiven Wandel der Evangelikalen weiter zu verdeutlichen: Warrens Forum gegen Sexhandel und Sklaverei im Jahre 2010 wird von dem progressiven New York Times Kolumnisten Nicholas Kristof und der Pulitzer-Preisträgerin, Journalistin und Autorin Sheryl WuDunn unterstützt. Die bedeutende AIDS-Aktivistin Kay Warren, Frau von Rick Warren, kritisiert die evangelikale Gemeinde scharf für »ihre sündhafte Abwesenheit und die mickrigen Versuche« in der HIV/AIDS Bekämpfung der Vergangenheit. Sie und ihr Mann fragen nicht: »Wie hast Du Dich angesteckt?« – als ob die Krankheit die Bestrafung für Sünde sein könnte – als vielmehr: »Was kann ich tun? Wie kann ich Dir helfen?«. Zu allen, die sagen, dass die Aufgabe der Kirche eine spirituelle und keine soziale oder medizinische ist, sagt Kay Warren: »Ich lehne dies vollkommen ab. Geschichtlich ist es genau diese Arbeit, die den christlichen Glauben ausmacht.«[36] Warrens P.E.A.C.E.[37] Koalition verbindet hunderte von Erste-Welt-Kirchen mit Kirchen in Entwicklungsregionen, um direkte Hilfe beim Kampf gegen Armut, Krankheiten, Analphabetismus, Korruption und Konflikten zu ermöglichen. Zwischen 2004 und 2009 haben über 9.000 von Warrens Gemeindemitgliedern ihre amerikanischen Städte verlassen, um den Armen in 146 Ländern zu dienen. Aus einem P.E.A.C.E Projekt in einer Region in Ruanda, in der es 2007 nur einen Arzt gab, sind 2009 über 1.400 geschulte medizinische Kräfte hervorgegangen. Warren erklärt weiter, dass in einer Gegend, in der nur ein Arzt vor Ort war, es oft mehrere hundert Gemeindemitglieder gab. »Nun, und wo sollten dann am besten die Medikamente verteilt werden? In einem Krankenhaus, was zwei Tagesmärsche entfernt ist, einer Klinik, die ein Tagesmarsch entfernt ist, oder an einem Ort, der in fünf Minuten erreicht werden kann?« Kirchen können Verteilungszentren, »nicht nur für Gesundheitsversorgung, sondern auch für alles andere« sein. »Sie sind weiter verbreitet als andere Organisationen, sie bilden ein Netzwerk und haben ehrenamtliche Helfer auf der ganzen Welt.«[38]

Im Jahre 2004 hat die *National Association of Evangelicals* (NAE) ein wegweisendes Dokument veröffentlicht, das ihre Ziele darstellt. *For the Health of the Nation: An evangelical call to civic responsibility*[39] fordert ein gerechtes, wirtschaftliches System, »das strukturelle Armut nicht akzeptiert. Auch wenn die Bibel nicht explizit die ökonomische Gleichheit fordert, so verurteilt sie dennoch die offenkundigen Ungleichheiten, die hinsichtlich der Chancen und der Folgen, die Leid verursachen.«. Die Einbeziehung des Wortes »Folgen« ist bemerkenswert und wäre so von wirtschaftlich Konservativen oder Religiösen Rechten nicht akzeptiert worden. Ökonomische Systeme, die die gleichen Möglichkeiten für alle bieten, können in ihrer Konsequenz dennoch große, langfristige Ungleichheiten erzeugen. Dieses ist für die NAE unakzeptabel. Sie unterstützt nicht nur liberale Wirtschaftssysteme und Privatbesitz, sondern fordert auch die strukturelle Verbesserung in der Gesundheitsversorgung, der Ernährung, Bildung, Weiterbildung und Einwanderung.[40] Da stabile Familienverhältnisse mit dem Herauskommen aus Armutsverhältnissen korrelieren, ist das Engagement der NAE für die Familie und für sexuelle Abstinenz außerhalb der Ehe nicht nur ethisch, sondern ebenso ökonomisch motiviert.

International setzt sich die NAE für eine faire Handelspolitik ein, statt reiner liberaler Freihandelszonen.[41] Sie konzentriert sich auf die Verbesserung der Ernährung, des Gesundheitssystems und der Verteilung von sauberem Trinkwasser. Sie kämpfen auch für eine Prävention und/oder Reduzierung von HIV/AIDS, Sklaverei, Sexhandel und Vergewaltigungen. David Gushee, Professor für christliche Ethik an der *Mercer University* und Präsident der *Evangelicals for Human Rights*, nannte dieses Dokument der NAE aus dem Jahre 2004 einen großen Durchbruch, vor allem weil dem evangelikalen Individualismus nicht nachgegeben wurde. »It is hard

to overstate the significance of the new balance and holism
that this move represents ... social change efforts must be
directed at both structures and at individuals.«[42]

Noch weiter entfernt von den Religiösen Rechten, ist
das *Evangelical Manifesto* von 2008, das eine scharfe Kritik an
den »cheerleaders for those in power and the naïve syco-
phants of the powerful and the rich« übt. Es fordert eine
»expansion of our concerns beyond single-issue politics,
such as abortion and marriage, and a fuller recognition of
the comprehensive causes and concerns of the Gospel ...
engaging the global giants of conflict, racism, corruption,
poverty, pandemic diseases, illiteracy, ignorance, and spiritual emptiness, by promoting reconciliation, encouraging
ethical servant leadership, assisting the poor, caring for the
sick, and educating the next generation«[43].

Aussöhnung ist das entscheidende Wort, das ein Zusammenkommen in beiderseitigem Respekt bedeutet und
eine Zusammenarbeit für eine bessere Zukunft ermöglicht.
Dies dehnt sich nicht bis zu Begriffen wie »sozialer Gerechtigkeit« oder »Verteilungsgerechtigkeit« aus, was einen
großen strukturellen Wandel erfordert. Soziale und Vertei-
lungsgerechtigkeitstheorien formulieren, dass diejenigen,
denen Möglichkeiten vorenthalten wurden, nun nicht nur
bessere Möglichkeiten bekommen sollen, sondern sicher-
gestellt werden soll, dass sie Möglichkeiten bekommen, die
vergangene Ungerechtigkeiten kompensieren. Dies soll in
Form von besseren Lebensbedingungen und Hilfestellungen aus der Armutssituation geschehen, was als ein »Recht«
angesehen wird. Diese Idee, die Hilfestellungen aus der Armutssituation heraus als ein »Recht« anzusehen, passt nur
sehr wenig mit der amerikanischen Tradition der individuellen Selbstverantwortung zusammen, und weder die NAE
noch das *Evangelical Manifesto* unterstützt diese Idee.

Trotzdem berücksichtigen einige führende Köpfe der
New Evangelicals Aspekte der Verteilungsgerechigkeit. Wallis,

Ron Sider, der Gründer der *Evangelicals for Social Action*, seine Kollegin Diane Knippers und Joel Hunter, der 2009 in Obamas Beratungsstab war, befürworten nicht nur Hilfe für die Bedürftigen, sondern eine generelle Überholung »on how goods of society are divided«[44]. Hunter schreibt: »The question from a biblical standpoint for a Christian to consider is [...]. ›Will this legislation or candidate result in the kind of redistribution of wealth that strengthens all of society?‹«[45]. Die Idee einer staatlich gesteuerten »Wohlstandsverteilung« ist in der Tat sehr weit links in der amerikanischen Wirtschaftslandschaft. Hunter ist ein interessanter Mann. 2006 hat er eine außergewöhnliche Ehre abgelehnt, nämlich Leiter der *Christian Coalition*, einer wichtigen Dachorganisation der Evangelikalen, zu werden, da diese nicht bereit war ihr Programm ausreichend dahingehend zu erweitern, dass Armutsbekämpfung und Umweltschutz berücksichtigt werden. (Siehe auch das Interview in Abschnitt III).

Noch unangepasster sind die *emergent churches*. Dies sind Gruppen von meist jüngeren Gläubigen, die sich in ungewöhnlichen Räumen, wie Bowlinghallen, Kinosälen oder privaten Wohnungen treffen, um dort zu beten, zu studieren, oder Pfarrämter für Bedürftige zu entwickeln. 2006 hat die *Barna Group*[46], eine Gruppierung, die statistische und Umfragedaten für die evangelikalen Organisationen erstellt, geschätzt, dass die *emergent churches* auf eine Mitgliederzahl von über 20 Millionen kommen. Die *National Community Church* aus Washington D.C. trifft sich am Hauptbahnhof, in lokalen Cafés und Kinos, um die Obdachlosen und die Angestellten des *Capitol Hill* und alle Vorbeikommenden zu erreichen. Sie unterstützt eine Vielzahl von Pfarrern in Entwicklungsländern. Die Haupteigenschaft dieser *emergent church* Bewegung ist die Mischung aus Lockerheit und Ernsthaftigkeit: »Erwarte das Unerwartete; Irrelevanz ist Geringschätzung; sicher zu spielen ist riskant; bete, als wenn es von Gott abhängt und arbeite, als wenn es in deinen Händen liegt; alles ist ein Experiment; Alter bedeutet nicht Konformität; es ist nie zu spät, der zu sein, der man hätte sein können.« (Siehe dazu die Interviews in Abschnitt III).

Die *Central Community Church* in Las Vegas arbeitet mit den Obdachlosen, den Süchtigen und den Sexarbeitern dieser »Sündenstadt« Amerikas zusammen. Ihr Pastor, Jud Wilhite, hat sein Buch *Stripped* genannt, um sein Amt zu beschreiben. Chuck Colson, der wegen Rechtsbehinderung im Watergate Skandal verurteilt wurde, hat nach seiner Haftentlassung die Organisation *Prison Fellowship Ministries* gegründet. Diese arbeitet mit Mitgliedern von so genannten »Gangs« und Drogenabhängigen zusammen und bereitet die Menschen auf ein Leben in Freiheit vor. Die *New Evangelical* Jugendorganisation *Passion*, entwickelt statt der Durchführung konventioneller Studentenkonferenzen Programme wie »*Do Something Now!*«. In diesem Rahmen sammelten 23.000 Studenten über 1 Million $ für den Bau von 52 Brunnen in Afrika, den Kampf gegen Sexhandel und die Übersetzung von Bibeln in Indonesien. Die Internetseite *xxxcurch.com* steht am provokativeren Ende des *emergent church* Spektrums und arbeitet ebenso mit Pornodarstellern wie auch mit Menschen zusammen, deren Sexualität durch Pornographie gestört wurde. Mike Ethur, der Gründer dieser Organisation, schreibt: »Jesus wiped away the tears of the prostitutes, held the hands of the outcasts, and touched the wounds of the sick and crazy. [...] Porn stars or preachers, gay or straight, Republican or Democrat... we are all in need of this stunningly beautiful thing called grace«.[47]

Jede kurze Darstellung des amerikanischen Evangelikalismus muss eine Erörterung der historischen afroamerikanischen Kirchen beinhalten, die national sehr viel bedeutender waren, als die weißen progressiven evangelikalen Kirchen zwischen 1965 und 2005. Obwohl die weißen Evangelikalen eine progressive und passionierte Stimme hatten, waren sie – auch durch das Aufkommen der Religiösen Rechten – nicht so einflussreich wie ihre afrikanisch-amerikanischen »Co-Gläubigen«, die die Bürgerrechtsbewegung und die darauf folgenden 40 Jahre die Entwicklung der Minderheitengemeinden geführt haben. John Lewis, einer der Führer des Bürgerrechtsmarsches von 1965 in Selma, Alabama, bemerkt: »It was religion that got us on the buses for the Freedom Rides; we were in Selma that day because of our faith«[48]. Fast alle Reden von Martin Luther King hatten die Verbindung von politischen Rechten und christlichem Glauben zum Thema. Vier Tage bevor er ermordet wurde, hielt er in der *National Cathedral* in Washington D.C. eine Rede: »We're going to win our freedom because both the sacred heritage of our nation and the eternal Will of the Almighty God are embodied in our echoing demands«[49].

Auch wenn die historischen schwarzen Kirchen oft konservative Einstellungen zu Themen wie Abtreibung und gleichgeschlechtliche Ehe hatten, tendierten sie, was die Einschätzung der Wirtschaft und der Beziehungen zwischen den Rassen betraf, eher progressiv zu sein, weshalb die Mehrheit (über 90%) demokratisch wählte. Sie waren eine der beständigsten und langfristigsten Anbieter von privaten Sozialdiensten (ohne staatliches Engagement) und die Gruppierung, die Brücken zwischen Rassen und Religionen gebaut hat. Aufgrund ihrer progressiven Einstellungen in Wirtschafts- und Rassenfragen haben sie sehr selten mit den Religiösen Rechten zusammengearbeitet, die die Rassentrennung befürworteten und die staatliche Hilfe für Arme ablehnten. Während die Kooperation von weißen und schwarzen Evangelikalen seit den 1990er-Jahren sehr zugenommen hat, ist die Geschichte der schwarzen Kirchen eine andere, die weiterer Untersuchungen bedarf. Eine Reihe von Arbeiten, die diese Untersuchungen begonnen haben, sind zum Teil in den Fußnoten erwähnt.[50]

II-7. New Evangelicals: Grundlegende Überzeugungen

Es ist anzunehmen, dass innerhalb einer Gruppe, die einen politischen Bereich abdeckt, die zugrunde liegenden Vorstellungen variieren. In der Lehre der New Evangelicals verbleibt jedoch eine »Familienähnlichkeit«. Im folgenden werde ich nicht die zahlreichen Debatten der Theologen und Gelehrten nachzeichnen, sondern werde die Positionen darstellen, die von Gemeindeleitern, Organisationen und Kongregationen entwickelt wurden. Sie sind in großer Zahl vorhanden und dienen als Motivation für individuelles und gemeinschaftliches Handeln.

Zuerst sollte erwähnt werden, dass die amerikanischen Evangelikalen nicht den Weg der Suche nach »innerer« Spiritualität und der Abwendung von der Welt gegangen sind. Die Pionier- und Einwanderungserfahrungen haben aus den Amerikanern selbstverantwortliche »Gemeinwesenerbauer« gemacht, denn staatliche Autoritäten und Ressourcen waren oft nur spärlich vorhanden. Sie haben Vereine gegründet und sich in diesen freiwillig für den Aufbau des Landes eingesetzt. In einem Akt der Projektion, den Feuerbach begrüßt hätte, haben die Evangelikalen Jesus als einen Erbauer einer neuen Gesellschaft gesehen. Sie erläutern, wie Matthäus und Markus seine Botschaft in politischen Worten beschreiben – »Königreich« und »Evangelium«. Jesus Lehren hatten die weltliche Absicht, neue Beziehungen und Wege des Lebens in einer polis anzuzeigen. Aber dies waren nicht die Wege der traditionellen Politik.

Jesus Politik ist eher latent in seiner Lehre, aber offensichtlich in der Kreuzigung. Die Erzählungen der Geburt weisen auf den politischen Jesus hin, einen friedlichen Rebell, der eine Gegenkultur predigt. Wie Lukas von Maria berichtet, spricht sie unmittelbar nach der Ankündigung der Geburt Jesu mit ihrer Cousine Elisabeth über Gott: »Er stößt die Gewaltigen vom Thron und erhebt die Niedrigen. Die Hungrigen füllt er mit Gütern und lässt die Reichen leer ausgehen.« (Lk 1:52ff) Dies sind die provokativen Ziele für ihren göttlich in die Welt gekommenen Sohn, die sozusagen erblich sind. Einige Abschnitte später beschreibt Lukas die Geburt des Johannes, Sohn von Elisabeth und Zacharias. Zacharias ruft, »dass er uns errettete von unsern Feinden und aus der Hand aller, die uns hassen, [...] und an den Eid, den er geschworen hat unserm Vater Abraham, uns zu geben, dass wir, erlöst aus der Hand unsrer Feinde.« (Lk 1, 71-74). In der Zeit des mittleren Altertums konnte dies nur Freiheit von Rom bedeuten, dessen Herrscher mit dieser aufrührerischen Familie nicht glücklich sein konnte.

Diese Abschnitte wurden von Lukas für Theophilus geschrieben, als die Christen als eine suspekte Gruppierung wahrgenommen wurden und Lukas den Eindruck vermeiden wollte, dass die Christen Rebellen waren. Wenn dies die abgeschwächte Version der Erzählung ist, dann stellt sich die Frage, wie die unzensierte Version geklungen haben mag? Geht man von der Ankündigung zu Jesu Geburt, dann zeigt der Befehl des Herodes zur Ermordung der hebräischen Kinder etwas von der Bedrohung durch Rom. 33 Jahre später dachten die politischen Herrscher mit Sicherheit, dass Jesus politische Absichten hatte und kreuzigten ihn folglich. Politischer Aufruhr war die einzige Beschuldigung, über die Herodes Gericht halten konnte. Wenn er nicht geglaubt hätte, dass Jesus Botschaft politisch war, hätte er nicht über ihn richten können, da reine Häretiker und Propheten nicht unter seiner Gerichtsbarkeit standen. Im Gericht tat Jesus nichts, um die Versammlung davon zu überzeugen, dass Herodes' politische Einschätzung der Situation falsch sei.

Es wird manchmal argumentiert, dass Jesus unpolitisch war, da er nicht versucht habe die römische Regierung zu stürzen. Die Verhandlung und die Kreuzigung Jesu sei daher nicht nur unmoralisch, sondern auch illegal gewesen, da dies nicht in Herodes' Zuständigkeitsbereich, der nur politische Rebellion umfasste, fiel. Dies ist sicher richtig, wenn man meint, dass Jesus Absicht nur eine gewaltfreie Revolution war. Wenn Jesus aber einen radikalen sozialen Umbruch anvisierte, dann war sein Wirken ohne Zweifel politisch. Der Gelehrte John Yoder schreibt: »the events in the temple court and the language Jesus uses were not calculated to avoid any impression of insurrectionary vision. Both Jewish and Roman authorities were defending themselves against a real threat. That the threat was not of one armed, violent revolt, and that it nonetheless bothered them to the point of their resorting to irregular procedures to counter it, is a proof of the political relevance of nonviolent acts … Jesus' public career had been such as to make it quite thinkable that he would pose to the Roman Empire an apparent threat serious enough to justify his execution.« Jesus war, so fasst es Yoder zusammen, »the bearer of a new possibility of human, social, and therefore political relationships«.[1]

Es wird oft angemerkt, dass auch die konservativen Haustafeln[2] gegen eine politische Absicht von Jesus sprechen. Aus diesen kann man nicht einmal einen sozialen Umbruch lesen und noch viel weniger einen politischen. Sie ermahnen Ehefrauen, sich ihren Ehemännern zu unterwerfen, Kinder ihren Eltern zu gehorchen und Sklaven ihren Herren. Die Provokation kommt jedoch erst in der zweiten Hälfte: Von Ehemännern wird gefordert, dass sie ihre Frauen lieben, »wie auch Christus die Gemeinde geliebt hat und sich selbst für sie dahingegeben« (Eph 5,25). Väter sollten nicht ihre Kinder erbittern »damit sie nicht scheu werden« (Kol 3,21) und Herren sollten »was recht und billig ist« den Sklaven gewähren (Kol 4,1). In Bezug auf die Ethik dieser Zeit, war dies sozial, politisch und konzeptionell revolutionär.[3] Mehr noch: Die Haustafeln tragen eine revolutionäre

Botschaft in ihrer Struktur. Sie sind in Paaren geschrieben: Ehemann-Ehefrau, Eltern-Kind, Herr-Sklave. In zeitgenössischer stoischer Philosophie wurde individuell gedacht. Einer handelt in einer bestimmten Art, weil er ein Sklavenbesitzer, Vater oder Ehemann ist. Der moralische Anspruch der Haustafeln erwächst aus der Beziehung und nicht aus einem individualistischen Standpunkt. Und es ist die Beziehung, die Jesus verfolgt.

Beziehungen sind der Ort, der Kontext, in dem man anderen dient. Dienen ist eine wichtige biblische Lehre mit großen politischen Effekten. Dieses Thema zieht sich durch die Schrift. Als Jesus sein vierzigtägiges Fasten beendet, nährte er nicht sich selbst, sondern die Menschen um ihn herum. Er wäscht die Füße seiner Jünger. Beim letzten Abendmahl ruft er aus: »Die Könige herrschen über ihre Völker, und ihre Machthaber lassen sich Wohltäter nennen. Ihr aber nicht so! […] Ich aber bin unter euch wie ein Diener« (Lk 22,25ff). Markus wiederholt: »Ihr wisst, die als Herrscher gelten, halten ihre Völker nieder […] Aber so ist es unter euch nicht, sondern wer groß sein will unter euch, der soll euer Diener sein und wer unter euch der Erste sein will, der soll aller Knechte sein.« (Mk 10:42-44).

Zumindest einige der Aufträge, anderen zu dienen, kommen von der jüdischen Idee des Jubeljahres (Lev 25, 27 Num 36). Alle 50 Jahre werden Schulden erlassen, Sklaven freigelassen, Besitz, der als Schuldenerlass genommen wurde, zurückgegeben und die Erde wird brach gelegt. Die Tugend des Schuldenerlasses – und das Übel, dies nicht zu tun – werden in Matthäus 6,12 und im Vater Unser wiederholt: »Vergib uns unsere Schuld, wie auch wir vergeben unseren Schuldigern.« Das Verb aphiemi (von dem Griechischen opheilema) in diesem berühmten Gebet zeigt finanzielle Schulden an. Die sehr viel üblichere Übersetzung »vergib uns unsere Schuld/Sünden …«, weitet das Konzept von Unrecht aus und wurde von Matthäus hinzugefügt. Die

Idee des Jubeljahres taucht nochmals in den Gleichnissen vom bösen Knecht und vom ungerechten Verwalter auf: Im ersten verweigert ein freigelassener Sklave einem anderen die gleiche Großzügigkeit und verlangt, dass dieser ihm seine Schulden zurückzahlt. Am Ende wird der freigelassene Sklave verhaftet und für seine eigenen Schulden wieder in die Sklaverei geschickt. »Keine Gnade«, schreibt Matthäus, »für den, der nicht gnädig ist« (Matth 18, 23-25). Der ungerechte Verwalter (Lk 16, 1 ff) hebt die Steuern für die Armen über das, was sie ihren Herren schulden, an und steckt sich die Differenz in die eigene Tasche. Sein Betrug wird entdeckt, er tut Buße und stellt den richtigen Betrag der Steuern wieder her.

Das jüdische Jubeljahr fordert nicht nur, dass Zinsen vergeben werden, sondern auch Leihgaben an sich. In der Zeit Jesu wurden Gesetze entwickelt, um diese Forderung zu umgehen, da durch Schuldenerlass Vertrauen beschädigt und die Wirtschaft behindert wurde. In der Feldrede stellt Jesus seine Antwort auf diese Ausflucht dar. Es ist in einem Satz gefasst und sagt größere Belohnungen voraus: »Und wenn ihr euren Wohltätern wohltut, welchen Dank habt ihr davon? [...] leiht, wo ihr nichts davon zu bekommen hofft. So wird euer Lohn groß sein. [...] Vergebt, so wird euch vergeben. Gebt, so wird euch gegeben.« (Lk 6, 33-38). Eine radikalere Neuverteilung von Kapital findet sich einige Abschnitte später: »Trachtet vielmehr nach seinem Reich, so wird euch das alles zufallen [...]. Verkauft, was ihr habt, und gebt Almosen« (Lk 12, 31-33). Traditionell wird diese Passage als »Rat der Vollkommenen« interpretiert, einer speziellen Vorschrift für alle, die dem Ruf eines Mönchsordens folgen. Die anderen von uns brauchen nur einen Zehnten abgeben. Doch Jesus ist unzufrieden mit zehn Prozent. »Aber weh euch Pharisäern! Denn ihr gebt den Zehnten [...], aber am Recht und an der Liebe Gottes geht ihr vorbei.« (Lk 11, 42).[4]

Jesus treibt die Idee des Jubeljahres weiter voran mit seiner Idee des »Dienens bis zum Selbstopfer«. Er diente in seinem Leben Leprakranken, Steuereintreibern und Prostituierten. Im Tod wählte er die Kreuzigung, statt seine Anschauungen zu widerrufen oder zur Gewalt zu greifen. Er lehnte die Macht der Regierung wie auch die Rebellion gegen die Regierung ab. Er hätte nach der Speisung der Fünftausend und der Reinigung des Tempels einen *coup d'etat* anzetteln können. Die Menge stand hinter ihm und die Römer wurden davon überrascht, doch er tat es offenkundig nicht. Dementsprechend steht das Kreuz, wofür auch immer es sonst noch steht, in jedem Fall für die Wahl des »Dienens bis zum Selbstopfer«. Paulus spricht von seinem Dienen als geradezu physisch von Jesus' Tod herrührend: »Wir tragen allezeit das Sterben Jesu an unserm Leibe« (2 Kor 4, 10-11). Johannes erinnert an das Versprechen Jesus an alle, die Angst vor Verfolgung wegen ihres radikalen Dienens haben: »Wenn euch die Welt hasst, so wisst, dass sie mich vor euch gehasst hat« (Joh 15, 18).

Die Kreuzigung als eine Aufforderung zum »Dienen bis zum Selbstopfer«[5] ist ein zentraler Aspekt des evangelikalen Denkens geworden. Dieses Dienen wird zum Kennzeichen der christlichen Gemeinschaften, die die Welt nicht mit Hilfe von Macht, sondern »revolutionärer Unterordnung« verbessern.[6] Ihre Mitglieder akzeptieren ihre sozialen Rollen und die Unterordnung unter die Regierung, wie dies auch Jesus getan hat (1 Petr 2,18; Eph 5,22). Aber *revolutionäre* Unterordnung meint weder Passivität noch Schwäche. Wegen der Nähe der Menschen zu Gott ist der Wert eines Individuums genauso hoch wie der aller anderen. Angesichts des eigenen beständigen Wertes ist man nie wirklich ein Untergebener, sondern ein Ebenbürtiger, der etwas anbieten kann. Man kann immer so handeln – auch gegenüber den Mächtigen –, dass sich dessen Welt verändert. Christen werden sich nicht in alternative Gemeinden zurückziehen, sondern anders in der Gemeinschaft leben und in dieser die Würde, Gleichheit und Freiheit eines jeden fördern (1 Kor 7,20; Joh 17,15-16). Das ist revolutionär. Gewiss wenn alle ihr Leben dem Dienen widmen, sich von der Gesellschaft abwenden und die Politik meiden, würde man die *polis* den Schurken überlassen. Dies kann nicht als Jesus' Absicht bezeichnet werden. Das christliche Etikett ist vielmehr Geduld, anstatt Macht oder Rückzug – nicht der Speer oder der Rückzug in die Wüste, sondern der Dienst im Zeichen des Kreuzes. Mit Hilfe kleiner Veränderungen könnte sich die Geimeindepraxis der Gleichheit und des Dienstes für andere ausbreiten.

Obwohl »revolutionäre Unterordnung« den Menschen herausfordert, geht sie nicht über seine Kapazitäten, da die Menschheit an Gottes Natur teilhat. »Denn wie er ist, so sind auch wir in dieser Welt« (1.Joh 4,17).[7] Demnach wird die Menschheit dazu aufgerufen zu dienen, wie es auch Jesus tat: «So gebt auch reichlich bei dieser Wohltat [...]. Denn ihr kennt die Gnade unseres Herrn Jesus Christus« (2. Kor 8,7-8). Wir könnten aufgefordert werden, so drastisch zu vergeben, wie es Jesus getan hat. »Seid aber untereinander freundlich und herzlich und vergebt einer dem andern, wie auch Gott euch vergeben hat in Christus« (Eph 4,32). Wir könnten gefragt werden, so zu leiden, wie es Jesus getan hat: »Denn dazu seid ihr berufen, da auch Christus gelitten hat für euch und euch ein Vorbild hinterlassen, dass ihr sollt nachfolgen seinen Fußstapfen« (1 Petr 2,21).

Ein Argument gegen das Modell des Dienens Jesu ist, dass die frühe Kirche eine Politik entwickelt hat, die konservativerer als die »revolutionäre Unterordnung« war.[8] Aus evangelikaler Sicht verfehlt dieses Argument aber den Punkt. Es ist richtig, dass Jesus' Lehren von der Annahme einer Apokalypse, die nicht eintrat, gerahmt wurden. Dies bedeutet aber nicht, dass sie zu einer spirituellen statt einer sozialen Revolution degradiert werden sollte. Warum ihn nicht beim Wort nehmen? Eine Gemeinschaft, die seiner Art von Dienst und Opfer folgt, wird überzeugend sein und langsam die Welt verändern. Es ist auch richtig, dass die frühe Kirche alltägliche sozio-politische Regeln entwickeln musste, als die Apokalypse ausblieb und das Leben weiterging. Aber es ist zu fragen, ob diese Regulierungen Jesu radikale Vision für nichtig erklären. Für viele Evangelikale hat nicht nur Jesus, sondern auch die vorkonstantinische Kirche revolutionäre Unterordnung praktiziert. Ein Mittel um sozio-politische Veränderungen auf der Basis von unanfechtbarer Gleichheit, radikaler Großzügigkeit und Gewaltfreiheit zu bewirken. Dieses frühe Kirchenmodell bleibt die christliche Verpflichtung.

Paulus wird insbesondere als einer zitiert, der die frühe Kirche von einem sozialen Schwerpunkt zu einem individualistischeren, innerlichen, spirituellen bewegt hat. Er hat die Bedeutung von spiritueller Aussöhnung mit Gott durch Gnade betont und er hat eine diesseitige Aussöhnung der Individuen, nicht eine soziale Reform befürwortet. Dennoch ist eine Interpretation der Schrift, die Jesus durch Paulus ersetzt, für viele Evangelikale unnötig. Paulus sagt ebenso, dass Gottes radikale Liebe sich offenbart, wenn Menschen ihre Nachbarn, Fremde, Sünder und Feinde lieben. Sie taucht sowohl im privaten Bereich (für Paulus' Ethik die Sorge um die Familie und die Sklaven), wie im politischen Bereich (die Armenpflege, der Umgang mit Feinden und die Ablehnung von Gewalt) auf. Viele Evangelikale sehen daher auch keinen Widerspruch in den Lehren von Jesus und Paulus. Tatsächlich *ist* Jesu Handeln während seines Lebens das, was göttliche Liebe widerspiegelt, wenn sie auf Erden ist. Der Mann, der weltlichen Dienst gepredigt hat, *ist* der Jesus der nachweltlichen Gnade, von dem man bestrebt ist, gerichtet zu werden. Die göttliche Liebe, durch die die Menschen hoffen, erlöst zu werden, sieht auf der Erde aus wie das Handeln Jesu, das die Menschen versuchen nachzuahmen. Obwohl Jesus und Paulus anderen Umständen ausgesetzt waren und unterschiedliche Schwerpunkte setzen, widersprechen sie sich nicht. Das Individuum hat teil an der Liebe Gottes, wenn es Jesus als seinen Retter akzeptiert (eine Betonung Paulus). Aber diese göttliche Liebe und das Dienen, die auf Erden praktiziert werden, können die Welt verändern. Spirituelle Gnade (Gottes Liebe für uns) und soziale Gerechtigkeit (unsere Liebe für einander) sind eins.[9]

Politische Konsequenzen

Was sind die Auswirkungen des »Dienens bis zum Selbstopfer« und der »revolutionären Unterordnung« auf die Beziehungen von Kirche und Staat? Erstens: Da die Bibel alle Mächte als »gefallen« ansieht – nicht als das Reich Gottes und als unfähig zum »Dienen bis zum Selbstopfer« –, müssen sie zwangsläufig Chaos und Kriminalität bekämpfen. Es wird in Paulus' Schlüsselpassage über die Obrigkeit keine Ausnahme für repressive Staaten gemacht (Rö 13,1-7): »Jedermann sei Untertan der Obrigkeit [...].« Verglichen mit schlechter Obrigkeit scheint das Chaos die schlechtere Alternative zu sein. Dies mag eine Hobbes'sche Lesart von Paulus sein, aber eher ist Hobbes' Leviathan eine paulinische Lesart von Macht.

Nachdem Paulus die Notwendigkeit von Obrigkeit erklärt hat, fährt er fort: »Denn es ist keine Obrigkeit außer vor Gott; wo aber Obrigkeit ist, ist sie von Gott angeordnet.« Die Formulierung »angeordnet« rechtfertigt keine bestimmte Macht, da alle menschliche Macht unzureichend ist, aber sie besagt, dass Gott alle Macht nach seinen Absichten organisiert. Daher ist das christliche Ziel nicht, irgendeine Regierung zu zerstören, noch eine bestimmte Regierung göttlich zu nennen. Christen befolgen die gegebenen Gesetze, so wie die Juden im Römischen Reich von

Jesus und Paulus dazu aufgefordert wurden: »Wer sich nun der Obrigkeit widersetzt, der widerstrebt der Anordnung Gottes; die ihr aber widerstreben, ziehen sich selbst das Urteil zu« (Rö 13,2).

Was die Schrift anbelangt, schließt diese Befolgung der gegebenen Gesetze den Militärdienst aus. Militärdienst war für die Untertanen des Römischen Imperiums nicht obligatorisch und von der Bibel nicht akzeptiert. Dies nimmt einiges aus der Spannung zwischen der gefolgstreuen Passage in Römer 13,7 »So gebt nun jedem, was ihr schuldig seid: Steuer, dem die Steuer gebührt« und der pazifistischen Stelle bei Matthäus 5,44 »Ich aber sage euch: Liebt eure Feinde und bittet für die, die euch verfolgen«. Traditionell wird dieser Widerspruch zwischen der Liebe zum Feind (Matthäus) und dem Gehorsam gegenüber dem Staat, der »das Schwert nicht umsonst« trägt (Rö 13,4), mit der Unterscheidung zwischen öffentlich und privat gelöst. Die Vorschrift des Gehorsams gegenüber dem Staat gehört in den öffentlichen Bereich, ins Militär; Matthäus' Vorschrift der Feindesliebe gehört dagegen in den privaten Bereich – aber dies geht nicht auf. Da die Untertanen des Römischen Imperiums nicht zum Militärdienst gezwungen wurden, kann dieser öffentliche Bereich nicht der Ort sein, wo Menschen dem Staat gehorchen müssen. Vielmehr ist dies im täglichen Leben der Fall. Wenn die Bibel sagt, dass der Staat »das Schwert nicht umsonst« trägt, dann bezieht sich dies auf die alltäglichen Gesetze, nicht auf den Krieg. Tatsächlich war das Schwert der Römer keine Kriegswaffe (wie Speere, Lanzen und Bogen), sondern das »Schwert der Gerechtigkeit« (gegen Gewalt und Kriminalität). (Eine moderne Lesart könnte sein: »Der Staat hat Gerichte, Gefängnisse und Ordnungsstrafen nicht umsonst«.) Andere betonen bei der Interpretation des »Er trägt das Schwert nicht umsonst«, dass selbst dann, wenn das Schwert in Kriegen zum Einsatz kam, es eine defensive und keine offensive Waffe war und zum Schutz des Heimatlandes eingesetzt wurde.[10] So schwindet der anscheinende Gegensatz zwischen dem Römerbrief und dem Matthäusevangelium. Christen sollen die gegebenen Gesetze befolgen und ihrer Regierung bei der Verteidigung des Heimatlandes folgen (Rö 13,4-7). Außerdem sollen sie Jesus folgen (Matth 5,44) und die menschlichen Beziehungen mit Hilfe der Feindesliebe grundlegend verändern.

Angesichts der umgestaltenden Natur von Jesus` Visionen kann Römer 13,1-7 kein Aufruf zur sozio-politischen Passivität oder zur Akzeptanz des Status quo sein. Die Platzierung dieser Passage in der Schrift – eingeklemmt zwischen Römer 12 und dem Rest von Römer 13 – spricht gegen eine angepasste Interpretation. Römer 12 ruft die Christen zu Nonkonformität und zu sozialen Veränderungen auf, indem sie ihre zahlreichen Talente benutzen sollen, um den Bedürftigsten der Gesellschaft zu helfen und ihre Verfolger zu segnen.[11] Der Rest von Römer 13 ordnet die »Liebe des Nächsten wie sich selbst« an und wiederholt die fünf mosaischen Gebote (Verbot von Mord, Diebstahl, Meineid, Ehebruch und Neid). Leser müssen entweder denken, dass das Kapitel 13,1-7 willkürlich und ohne Verbindung zu den angrenzenden Passagen eingefügt wurde, oder dass diese Passage an ihren Kontext gebunden ist. Wenn man die kontextabhängige Lesart wählt, dann sagen Römer 12 und 13 etwas über die Beziehung von Kirche und Staat aus: Christen sollen ihren Feinden und den Bedürftigsten der Gesellschaft dienen, auch wenn sie dann sonderbar und nonkonformistisch wirken (Rö 12). Sie sollten nicht ihr Talent und ihre Energie vergeuden, um die lokalen Gesetze zu untergraben, da dies zu Chaos und zur Ablehnung, das Heimatland zu verteidigen, führen kann (Rö 13,1-7). Benutze dein Talent, um deinen Nächsten zu lieben wie dich selbst und meide Gewalt, Gier, Neid und Korruption. So wirst Du die Welt verändern (Rö 13,8 bis zum Ende des Kapitels).

Es ist bemerkenswert, dass die
alle Nationen umfasst. Diese Einbezie.
hat weitreichende Auswirkungen auf
tische Bereiche – von internationalem H.
kriminierung und Gewalt. Der Theologe I.
hof schreibt: »To reject nationalism we mus.
longer recognizing in our own bosoms any d.
tween peoples. We shall resist social injustice anc
tegration of community only if justice and mercy ,
our own common life and social differences have l.
power to divide.«[12]

Jesus war sich bewusst, dass sein Beharren auf ei.
gewaltfreien Dienen den Staat gegen ihn aufbringen w.
Aber er war frei von Angst, denn er schenkte der Angst kein.
Beachtung. Sie werden ihn töten – na und? Er hatte dennoch
recht. Er versprach, dass andere, die seinen Visionen folgen
werden, auch recht haben werden. Als gerissener Stratege
analysierte Paulus, wie Jesus den Status quo untergraben
hat, ohne auch nur einen Finger zu rühren.[13] Er stellte seine
Verfolger bloß indem er sie zwang, ihre Furcht vor ihm zu
offenbaren. Er deckte ihren Widerstand gegen das Dienen
und die Wohlstandsverteilung nach Art des Jubeljahres auf
und offenbarte sie damit als die »Machtnarren«, die sie waren. Er untergrub ihre Autorität in Wahrheitsfragen, »trium-
phierte über sie« und »entwaffnete« die Mächtigen, nicht
indem er sich selbst bewaffnete[14], sondern indem er ihre
Legitimität beschädigte.

Leichte Veränderungen und »revolutionäre Unterordnung« sind gut und schön, so lange die Regierung nicht
von den Christen verlangt, gegen ihre Prinzipien zu handeln, oder sich diese Praktiken gegen sie richten. In solchen
Fällen ist Kooperation oder Widerstand eine Möglichkeit.
Dies war auch erfolgreich, als die Juden dagegen protestierten, dass Cäsars Abbild nach Jerusalem gebracht werden
sollte, wie Josephus erzählt. Als Pilatus die Protestierenden

ᵣden will, erklären diese, dass sie lieber den Tod ak-
:ieren als den Götzendienst. Pilatus hielt inne. Diese Ein-
ιcke wurden dem Kaiser zugetragen. Einige Jahre später
ᵣllte Gajus Caligula, der wenig gelernt hatte, eine Statue
ᵣn sich in Jerusalem zur Anbetung aufstellen. Wieder ver-
.ammelten sich viele Juden und ihre Bereitschaft zu sterben, überzeugte den Konsul Petronius, in ihrem Namen mit
Gajus Caligula zu verhandeln. (Neuere Wiederholungen
dieser Verweigerung waren in Gandhis Unabhängigkeits-
bewegung, dem dänischen Widerstand gegen die national-
sozialistische Shoa und der amerikanischen Bürgerrechtsbewegung zu beobachten.)

Gewaltfreier Widerstand funktioniert nicht immer: Als
Pilatus die Schätze des Tempels für sein Aquädukt nutzte,
protestierten die Juden und töteten ihn. In solchen schwierigen Situationen haben die Christen eine andere, härtere
Möglichkeit: emigrieren. Man könnte sich den Effekt auf
den Nationalsozialismus vorstellen, wenn eine große Zahl
von Deutschen einfach das Land verlassen hätte. Diese Dinge
sind sehr schwierig, aber aus evangelikaler Sicht ist die
Christenheit nicht dazu da, das Leben einfacher zu machen,
sondern besser.

Zusammenfassend ist zu sagen, dass die Politik der *New Evan-*
gelicals mit der Idee beginnt, dass keine gefallene, menschliche Regierung das Reich Gottes sein kann. Von dieser Trennung ausgehend, dem Reich Gottes und der Welt, ist es kein
großer Schritt zur Trennung von Kirche und Staat. Mehr
noch, wenn man Veränderungen in militärischen oder politischen Bereichen erreichen möchte, muss man auf diesen Spielfeldern so auftreten wie die Spieler selbst. In diesen
Spielen sind die Mittel nie christlich. Die besseren Optionen
sind weder der Rückzug aus dem öffentlichen Leben noch
die aggressive Durchsetzung christlicher Ansichten. Stattdessen ist eine christliche Gemeinschaft die Option, die den

gegebenen Gesetzen gehorcht, ihr Land verteidigt und bis zur Selbstaufgabe den Menschen in und außerhalb der Kirche dient. Von dieser »revolutionären Unterordnung« ist es kein weiter Weg mehr zum zivilgesellschaftlichen Engagement. Schließlich ist das Aufzwingen seines Glaubens nicht der Weg Jesu, und seine Visionen sind ein ewiger Maßstab für das Zusammenleben der Menschen. Die Pflicht, seinen Nächsten und seine Feinde zu lieben und den Bedürftigen und Fremden zu dienen, sind die Standards, an denen eine menschliche Regierung gemessen werden und kritisiert werden sollte, wenn sie diesen nicht gerecht wird.

A story about separation of church and state: »He said
›Marry me.‹ She said, ›No.‹ And they lived happily ever
after.«

– Joel Hunter, *A new kind of conservative.*

II-8. Der neue Evangelikalismus in der Praxis: Lösungsansätze zu Fragen der Religionspolitik und Perspektiven auf die Religiöse Rechte

Vom Modell einer Gemeinschaft ausgehend, die Gewalt ablehnt und die Gesellschaft durch »Dienen«
verändern will, beziehen die *New Evangelicals* eine Reihe von
Positionen in Bezug auf das Verhältnis von Staat und Kirche.
Die nachfolgend skizzierten Positionen sind eher als Wegweiser über die Bandbreite des Spektrums, denn als ver-
bindliche Kategorien zu verstehen. Um der Kohärenz und
Klarheit willen habe ich ein oder zwei repräsentative Stimmen für jede Position ausgewählt. Es werden die Ansichten
der *New Evangelicals* sowohl zur Religiösen Rechten, als auch
zu ungeklärten Fragen zur Beziehung von Staat und Kirche
beschrieben. (Wenn es nur kurze oder gar keine Ausfüh-
rungen gibt, so hat das ungelöste Problem in der Diskussion oder dem praktischem Engagement der Gruppierung
keine hohe Priorität.)
  In der ersten Gruppe sind diejenigen, die ihre eigenen nationalen und internationalen Programme für die Zivilgesellschaft entwickelt haben, ohne staatliche Finanzierung und Unterstützung. In der zweiten Gruppe sind die
zusammengefasst, die zeitweise mit der Regierung zusam-

menarbeiten und deswegen die Bestimmungen für ihre Einrichtungen mit dem Staat verhandeln müssen. Sie bilden
gemeinsam mit zivilgesellschaftlichen Gruppen politische
Interessensvertretungen mit wachsendem Bewusstsein für
die Notwendigkeit, vom Staat und von den politischen Parteien unabhängig zu bleiben. In der dritten Gruppe sind
die zusammengefasst, die sich wie die erste Gruppe unabhängig vom Staat zivilgesellschaftlich engagieren, sich aber
mehr als »Gegenkultur« verstehen. Um eine unpräzise Analogie zu ziehen, könnte man sie für eine evangelikale Version
der 1960er halten – radikal für Frieden und die Armen der
Welt, aber ohne Sex und Drogen (Rock'n'roll ist erlaubt).
Die vierte und letzte Gruppe bilden die eigentlichen Evangelikalen aus den 1960er-Jahren, die ältere (weiße) »evangelikale Linke«, die, nachdem sie von der Religiösen Rechten in den Hintergrund gedrängt wurde, seit 2005[1] wieder
stärkeren Einfluss hat. Sie treten seit mehr als vierzig Jahren
für progressive Politik ein, haben ihre Politik in letzter Zeit
nicht geändert, wie es bei so vielen anderen in diesem Buch
der Fall ist. Aber wegen ihrer engen Zusammenarbeit mit
den New Evangelicals und ihrem Einfluss auf die aktuelle politische Landschaft werden auch sie hier kurz beschrieben.

Gemeinwesenarbeit ohne staatliche Beteiligung; keine
parallelen, sondern integrierte Gesellschaften

Grundlagen der Beziehung von Staat und Kirche:

Gregory Boyd, Reverend von St. Paul in Minnesota, ist
Repräsentant jener New Evangelicals, die glauben, dass politische Macht immer schon durch den Sündenfall korrum-
piert ist und deswegen niemals ein Weg für Christen sein
kann (siehe Interview, Sektion III.). So stellt er beispiels-

weise fest, dass die USA im Jahr 1991 Kuwait vor Saddam Hussein gerettet haben, im Jahr 1994 beim Massaker in Ruanda allerdings nichts unternommen haben, um es zu beenden. Boyd hält fest, dass Amerika, wie alle politischen Organe, lediglich seine eigenen Interessen vertreten hat.[2] Daher »waren und werden die USA niemals eine ›christliche Nation‹ im gültigen Sinne« sein, auch wenn diese Idee seit der Gründung der USA sehr weit verbreitet ist. »Amerika ist, wie jede andere gefallene und von Dämonen unterdrückte Nation (vgl. Lk 4,5-7; 2.Kor 4,4; 1.Joh 5,19; Off 13), unfähig, seine Feinde zu lieben, denen, die es schlecht behandeln, Gutes zu tun, oder jene zu segnen, die es verfolgen (Lk 6,27-35). ... Je eher die Aufschrift ›christlich‹ von diesem Land abfällt, desto besser. Dann gäbe es Hoffnung, dass eines Tages das Wort ›christlich‹ tatsächlich wieder ›Christus gemäß‹ meint.«[3]

Eine gute Sache ist, dass die Christen »aus den Fehlern, die unter Bushs Regierung gemacht wurden, sich wieder gefragt haben: ist es weise für gläubige Menschen mit den politischen Machthabern gemeinsame Sache zu machen?«, so Boyd. Und er fährt auf seine witzige und offene Art, die ihn so einnehmend macht fort: »Denn wenn nämlich deine Regierung baden geht, geht auch dein Evangelium baden.« Zur Idee, dass Christen politische Macht anstreben sollten, um die Übel der Regierung zu beheben, äußert Boyd sich energisch: »Ich glaube ein großer Teil des amerikanischen Evangelikalismus hat sich des nationalistischen und politischen Götzendienstes schuldig gemacht,« indem eher politische Siege, als die Lehren Jesu verehrt wurden. Er fügt an, dass Jesus keine politische Macht in seinen Tagen angehäuft habe. Die konstantinische Wende führte zu »Jahrhunderten barbarischen Blutvergießens – in Jesu Namen«. In der Tat »war die christliche Version der Herrschaft in der Welt sogar die schlimmste Version, die die Welt je gesehen hat.« In Bezug auf die jüngste Kooperation zwischen Evangelikalen und Republikanern sagt Boyd: »Bei der Wahl George Bushs wurde massiv Druck auf Pastoren ausgeübt, ihre Herde in eine bestimmte Richtung zu lenken. Daher auch der ganze Trubel um meine Person – weil ich das nicht tun wollte. Ich sehe das schlicht und einfach als Götzendienst an.«[4] Anstatt seine Gemeinde in Richtung Bush zu führen, hielt Boyd eine Reihe von Predigten über das Reich Gottes und die Welt. Eintausend Mitglieder verließen seine Gemeinde aus Protest zugunsten der Republikaner. Boyd blieb standhaft.

Seine Alternative zu weltlichen Königreichen ist das Reich Gottes. Auf Erden bezeugt von der Kirche, indem sie Jesus Christus nachfolgt. Christen bleiben Fremde auf dieser Erde, die von außen auf den Status Quo blicken. Das Reich Gottes gedieh immer dann – und nur dann – wenn es am Rande der Gesellschaft stand. Das Reich Gottes ist seiner Natur nach eine Kontrastgesellschaft (contrast society)[5]. Die christliche Gesellschaft praktiziert nicht Herrschaft über andere, sondern die von Jesus gelehrte Unterordnung. Das ist der Standard. »Man kann bestimmte Aspekte der Kultur nehmen«, schlägt Boyd vor, »und fragen, was das Reich Gottes hinsichtlich eines bestimmten Aspektes bedeutet. Kulturelle Diversität zum Beispiel. Wir sind dazu aufgerufen dem Beispiel Jesu zu folgen, rassische, ethnische Mauern niederzureißen ... und Teil ›der neuen Menschheit‹ zu sein, für die Jesus starb (Eph 2,14), in der Menschen zusammenkommen, zusammen beten, dienen, oder einander lieben können.«[6] So fragt Boyd, warum wohlhabende Gemeinden es nicht zu ihrem Anliegen machen sollten, bezahlbaren Wohnraum für Bedürftige zu bauen.

In der Tat unterhält Boyd's *Woodland-Hills*-Kirche verschiedene soziale Dienste: Verteilung von Lebensmitteln und Bekleidung an Bedürftige, Berufsqualifikationen, Hilfe beim Job-Wechsel, finanzielle Unterstützung in Notlagen, Englischkurse, Programme gegen Drogenmissbrauch, eine Selbsthilfegruppe für schwule, lesbische, bisexuelle und transsexuelle Menschen, Jugendprogramme und Beratung, wie man sein Leben im Sinne Jesu führen kann, sowie Hilfe für lokale Migrantengemeinden. Während die Kirche finanziell unabhängig bleibt, kooperiert sie mit einem Frauenhaus und arbeitet mit Kirchen in den ärmeren Vierteln von St. Paul zusammen. In Übersee arbeitet die Woodland Hills Kirche zusammen mit *Providence Ministries*, die Kindern in Haiti hilft, mit *The Harbour*, um Waisen in Russland zu helfen und mit *Esperanza Viva*, die ein Waisenhaus, eine Schule und eine Kirche in Mexiko betreiben. Einzelne Gemeindemitglieder unterstützen Kirchen in Bulgarien, die Gesundheitsversorgung in Haiti, medizinische Projekte in Kamerun und Malawi, Kinderheime in Osteuropa und Honduras, Landwirtschaftsprojekte in Mosambik, Hilfe für missbrauchte und elternlose Kinder auf den Philippinen, Kirchen- und Gemeindeprojekte in Burkina Faso, Bibelübersetzungen in Indonesien und Malaysia, und evangelikale Kirchen in den Niederlanden und Frankreich.

Diesen Ansatz des Dienens von Boyd und seiner Kirche verfolgt auch Tony Evans, ein prominenter afrikanisch-amerikanischer Pastor in Dallas und Begründer der »Urban Alternative«, die im Kampf gegen urbane Armut, Drogenabhängigkeit, Rassismus, Kriminalität und schlechte Bildung eher auf die Gemeinde, als auf staatliche Programme setzt. »Die Kirche«, meint Evans, »ist die Antwort auf Sozialhilfe ... sobald wir von der Regierung erwarten, dass sie sich um Dinge wie Wohltätigkeit, medizinische Versorgung und das Bildungswesen kümmert, müssen wir mit exzessiver Besteuerung rechnen.«[7] Weder Evans noch Boyd behaupten, dass die Regierung von der Aufgabe befreit ist, Ungerechtigkeit zu bekämpfen. Vielmehr, dass wenn die Menschen sich auf die Regierung verlassen, sie keine eigenen Anstrengungen mehr unternehmen. Unterordnung bedeutet persönlichen Einsatz und Empathie sogar für die, die man fürchtet oder vielleicht sogar hasst, wie Homosexuelle und Frauen, die abgetrieben haben. Boyd fragt: »Wie können wir persönlich und kollektiv Opfer für Frauen und ihre ungewollten Kinder bringen und ihnen dienen, so dass es für die Mutter möglich wird, das Kind auszutragen … sind wir bereit, für beide zu bluten«?[8]

Krieg und Militarismus

Weil die Entscheidung einen Krieg zu führen eine der folgenreichsten Entscheidungen ist, die eine Regierung treffen kann, werden die Einstellungen der New Evangelicals zu dieser Frage gesondert behandelt. Boyd, der sich an Jesu Gebot, seine Feinde zu lieben, hält, weist die Idee des gerechten Krieges zurück und stellt fest, dass Menschen immer geneigt sind zu denken, dass ihre eigenen Interessen Gewalt rechtfertigen. Boyd erinnert sich an die Feier einer Megachurch zum Unabhängigkeitstag nach dem ersten Golfkrieg 1991: an die Reden, dass Gott Amerika segnen möge, an die Show mit Kreuz, Flagge und Kampfjets, die von großem Applaus der Gemeinde begleitet wurde. Und er fragt, in welcher Weise sich »dieses tribalistische, militaristische, religiöse Fest« von einem Fest unterscheidet, das »die Taliban feiern, wenn sie ihre Waffen hochstrecken und freudig Allah für die Siege in Afghanistan preisen, die er ihnen ihrer Meinung nach geschenkt hat«[9].

Aus Boyds Sicht haben Christen den Auftrag, die Unterdrückung zu bekämpfen. Obwohl nach Römer 13 gilt, dass Christen das positive Recht befolgen sollen, heißt das nicht, dass Christen an Gewalthandlungen der Regierung teilnehmen müssen.[10] Damit nimmt Boyd eine pazifistische Position innerhalb der New Evangelicals ein, zusammen mit andern wie Bill Hybels, der gegen die Irakinvasion von 2003 predigte. Boyd schlägt vier Standards für eine christliche Beurteilung von Konflikten vor: die Motive des Feindes und deren Rechtmäßigkeit zu verstehen; die Motive der eigenen

Regierung zu verstehen (will sie nur die Ressourcen für den eigenen Lebensstil sichern?); die Informationen, die man von der eigenen Regierung erhält auszuwerten; und die Anstrengungen der Regierung, den Konflikt gewaltlos zu lösen, zu beurteilen. Doch selbst wenn man schlussfolgert, dass der Krieg gerechtfertigt ist, darf man ihn nicht glorifizieren, sondern soll um Gottes Vergebung bitten, da man das Töten Unschuldiger niemals rechtfertigen kann. Radikal fragt Boyd sogar danach, ob der amerikanische Bürgerkrieg, der zur Abschaffung der Sklaverei führte, die einzige Möglichkeit war, dies zu erreichen.

Ungeklärte Fragen: die Empfehlung von Kandidaten durch die Kirche, religiöse Symbole im öffentlichen Raum, Kreationismus, »Schulgutscheine« und glaubensbasierte Dienste.

Um die Trennung von Staat und Kirche zu erhalten, ist Boyd gegen die Wahlempfehlung für Kandidaten von der Kanzel herab, gegen religiöse Symbole im öffentlichen Raum, gegen Kreationismus bzw. »Intelligent Design« an öffentlichen Schulen und auch gegen »Schulgutscheine«. Ganz im Sinne seiner Weigerung, die USA eine »christliche Nation« zu nennen, sagt Boyd: »Es mag aus der Perspektive des Reiches Gottes hilfreich scheinen, wenn wir diese Dinge nicht verloren hätten [religiöse Symbole an öffentlichen Orten], denn dann hätten wir nicht das Problem der Verwechslung, dass die Zivilreligion für das echte Reich Gottes gehalten wird.« Zum Unterricht religiöser Konzepte an öffentlichen Schulen meint Boyd: »Ich würde die religiöse Bildung meiner Kinder nicht einer öffentlichen Schule anvertrauen. Das ist die Aufgabe der Eltern.«[11] Er verweist auf die Ironie des Etatismus der Religiösen Rechten, die auf persönliche Selbstverantwortung und staatliche Unterstützung für konfessionelle Überzeugungen besteht. »Durch das Unterrichten von Kreationismus an Schulen, nicht weniger als durch Schulgutscheine oder steuerfinanzierte konfessionelle Schulen, will die Religiöse Rechte, dass der Staat religiöse Überzeugungen propagiert – insbesondere die Überzeugungen einer bestimmten religiösen Tradition – unter Ausschluss aller anderen«.[12] Boyd merkt an, dass, obwohl Gott seiner Meinung nach »verantwortlich für die Schöpfungsordnung ist,« eine solche Meinung »eine Glaubensaussage und keine durch wissenschaftliche Untersuchungen bestätigte Aussage« ist und daher auch nicht als Wissenschaft unterrichtet werden kann. »Das Problem mit ›Intelligent Design‹«, fasst Boyd zusammen, indem er den katholischen Autor George F. Will zitiert, »ist nicht, dass es falsch ist, sondern dass es nicht falsifizierbar ist«.[13]

Boyd beginnt seine Einschätzung konfessioneller sozialer Träger, indem er feststellt, dass die Kirche den Bedürftigen dienen soll und daher mit allen zusammenarbeiten sollte, die das auch tun. Er warnt aber, dass, während Christen ihrem Glauben folgen und darüber sprechen können müssen, eine neutrale Regierung dies nicht tun kann. »Das Problem [damit, staatliche Mittel anzunehmen] sind all die Bedingungen, die daran geknüpft sind. … Alles was wir tun, tun wir im Namen Jesu. … Ich bin wirklich dagegen, ein Haus zu bauen um jemanden zum Christentum zu bekehren. Das ist schlicht manipulativ. Aber wenn man Beziehungen zu Menschen aufbaut, kommen Lebensfragen auf und um der Integrität willen müssen wir darüber reden können. Ich bin dafür, diese Dinge – staatliche Finanzierung und religiöse Programme (*religious programming*) – voneinander getrennt zu halten. Darum nehme ich keine staatlichen Mittel an.« Dasselbe Prinzip gilt für ihn in Bezug auf das konfessionsabhängige Einstellen von Mitarbeitern. Er ist der Meinung, dass jemand, der nur Menschen seiner Konfession anstellen will, keine öffentlichen Gelder verwenden darf. »Wenn du Geld vom Staat nimmst, gibst du ihm damit ein Stück weit Autorität, dir zu sagen was du zu tun hast. … Das

ist ein weiterer Grund, warum die Kirche kein Geld von der
Regierung nehmen sollte.« Dieses Prinzip gilt für ihn auch
hinsichtlich der Verweigerung von bestimmten Leistungen
aus Gewissensgründen: »Es ist widersprüchlich für eine religiöse Organisation, Geld zu nehmen, dass an bestimmte
Regeln geknüpft ist und dann zu versuchen, diese Regeln
zu umgehen. Es ist doch ganz einfach: wenn du öffentliche
Gelder verwendest, musst du Abtreibungen durchführen
oder homosexuellen Paaren Adoptionen erlauben. Wenn du
das nicht tun willst, dann nimm das Geld nicht an«.[14]

Randall Barmer, Professor für Religionswissenschaft am
Barnard College und Mitherausgeber von Christianity Today, ist
ein anderer Repräsentant dieser Gruppe. Er betont den prophetischen Auftrag der Kirche – vom Staat getrennt zu bleiben, um ihn zu beraten und zu kritisieren. »Die ersten Anhänger Jesu bildeten eine Gegenkultur, weil sie sich von der
bestehenden Ordnung getrennt hielten. Eine Gegenkultur
kann eine Kritik an den Mächtigen ermöglichen, weil sie
uneigennützig ist – sie hat nicht in die Machtstrukturen in-
vestiert«.[15]

Balmer ist wie Boyd davon überzeugt, dass die Vermischung religiöser Symbole mit dem Staat den Glauben er-
niedrigt und trivialisiert. Er ist auch gegen die Vermischung
von Religion und dem naturwissenschaftlichen Unterricht:
»Warum sollten evangelikale Eltern die Glaubensunterwei-
sung ihrer Kinder den Vertretern der öffentlichen Schulen
anvertrauen?«[16] Kreationismus und »Intelligent Design«
sollten aus seiner Sicht zu Hause oder in kirchlichen Schulen unterrichtet werden,[17] um die Neutralität des Staates zu
sichern, der im Gegenzug den kirchlichen Schulen erlaubt,
die Schöpfungsgeschichte zu unterrichten, die sie wollen.
»Schulgutscheine« und Heimunterricht gehören ebenso zu
den Dingen, die Balmer bedenklich findet. Mehr als zwei
Millionen Kinder werden in den USA zu Hause unterrichtet.
Dennoch, so Balmer, sei dies Ausdruck einer »Festungsmen-

talität«, die die Integration und Toleranz, die in öffentlichen Schulen gelehrt wird, untergräbt. Öffentliche Schulen »bieten einen Ort gemeinsamer Erfahrungen für Schülerinnen und Schüler verschiedener religiöser, ethnischer und sozialer Hintergrunde. … Kurz gesagt, lernen sie da die Grundlagen der Demokratie.«[18] Verliert man diese, verliert man auch ein stückweit die Fähigkeit zur politischen Gesprächsführung. »Schulgutscheine«, meint Balmer, führen zur »Balkanisierung« der Bildung.[19] Sie ziehen Finanzmittel von den finanziell angeschlagenen öffentlichen Schulen ab und ermöglichen staatliche Einflussnahme an religiösen Schulen, in denen Eltern Schulgutscheine nutzen. Wahrscheinlich am wichtigsten sind die Schulgutscheine, aber sie nehmen der Kirche die Möglichkeit, gegenüber der Regierung Kritik zu üben, da religiöse Institutionen immer abhängiger von staatlicher Finanzierung werden.

Gemeinwesenarbeit in Kooperation mit dem Staat und eher konventionelle Formen der Politik

Grundlagen des Verhältnisses von Kirche und Staat

»Keine politische Verbesserung oder militärische Gewaltanwendung kann unsere individuelle Verantwortung (Hervorhebung vom Verf.), gesellschaftliche Missstände zu beheben, ersetzen. Das Reden und Handeln von gläubigen Menschen sollte unsere Regierung prägen, nämlich dahingehend, den Menschen zu dienen.«[20] In diesem einen Satz zeigt sich die hybride Haltung von Joel Hunter, Senior-Pastor der Northland Church in Longwood, Florida: politisches Engagement in Zusammenarbeit mit der Regierung, für Ziele im Sinne Jesu.

Er besteht auf einer klaren Trennung von Staat und Kirche. »Die Vermischung der Institutionen Kirche und Staat

ist out.«[21], weil beide Gebilde fundamental verschieden
sind. Der Zweck der liberalen Demokratie ist es, die Ordnung aufrecht zu erhalten und die Nation zu beschützen,
damit sich das Individuum entfalten kann. Die Anwendung
von Macht kann demnach manchmal angebracht sein. Der
Zweck der Kirche ist es, das Herz des Individuums zu verändern, auf eine Weise, dass der Geist Jesu sich entfaltet; nur
Glaube und Dienen sind dafür angebracht. Dieser Grundsätze wegen äußerte Hunter offene Kritik an der Unterstützung der Evangelikalen für die Republikaner, »eine Stimme,
die biblischen Werten verpflichtet ist, kann nicht nur auf der
Seite einer Partei sein«.[22]

Doch die trennende Linie zwischen Staat und Kirche
verläuft nach Hunter nicht zwischen dem Staat und den
einzelnen Christen, die sich an politischen Debatten beteiligen und durch die demokratischen Mechanismen versuchen können, die Regierung zu überzeugen, gemäß Jesus
zu handeln. Wie Boyds Kirche fördert auch die Kirche von
Hunter eine beeindruckende Zahl von Gemeindeprogram-
men und Projekten zur Armutsbekämpfung. Sie arbeitet außerdem mit den lokalen und bundesstaatlichen Behörden
zusammen. Hunter selbst war in den Jahren 2009 und 2010
Mitglied des Beirats für konfessionelle soziale Dienste der
Obama-Administration (siehe Interview, Sektion III).

Hunter's Regeln für evangelikalen politischen Aktivismus sind:[23] Loyalität der Regierung gegenüber (Röm 13,1-
7); gewaltlose Kritik, wenn erforderlich; gewaltloser ziviler
Ungehorsam, wenn notwendig (wie bei der Bürgerrechtsbewegung, Apg 4,18-20; Apg 5,29); und als letzter Ausweg
das Verlassen des Landes (Mt 10,23). Um politische Positionen einschätzen zu können, empfiehlt Hunter, dass Evangelikale versuchen sollen zu verstehen, »warum die andere
Seite anderer Meinung ist«. Sie sollten über Alternativen zu
lang gehegten Überzeugungen nachdenken und zwischen
emotionalen und rationalen Positionen unterscheiden.[24] In

Bezug auf Wahlen empfiehlt er, dass Pastoren ihre Gemeinden dazu anleiten sollen, zu denken, wie Jesus dachte, anstatt ihnen zu sagen, wen sie wählen sollen. Evangelikale
Wähler sollten Gruppendenken vermeiden und sich vor der
menschlichen Neigung hüten, persönliche Vorteile als die
Vorteile aller zu betrachten.

Evangelikale sollten Kandidaten nicht nach ihrer religiösen Zugehörigkeit beurteilen: keine christliche Füh-
rungsperson »ist je die Lösung für eine mangelhafte Regierung gewesen«.[25] Vielmehr sollten die Kriterien für
Amtsträger sein, »ob sie gewillt sind oder nicht, etwas für
jene zu unternehmen, die Jesus in Lukas 4 beschreibt – die
Unterdrückten, die Armen und die Gefangenen«[26] Dies
kann sogar dazu führen, die Demokraten zu wählen, weil
Armutsbekämpfung, Ungerechtigkeit und die »Bewahrung
der Schöpfung« von dieser Partei eher angesprochen werden. Obwohl Hunter gegen Abtreibung ist, arbeitet er, zusammen mit Demokraten und Abtreibungsbefürwortern, an
der Reduzierung von Abtreibungen.

Hunters hybride Haltung spiegelt das Positionspapier
der NAE von 2004 wieder. Die NAE beschreibt politische
Mitwirkung als Teil der menschlichen Haushalterschaft über
die Erde (Gen 1, 27-28) und ermutigt Christen dazu, die Regierung von gerechtem Handeln zu überzeugen. Doch die
Institutionen Kirche und Staat bleiben getrennte Bereiche
(Röm 13, 1-7; Mk 12,13-17; Eph 4,15-16; 5,23-32). Diese
Unterscheidung hält einerseits die Regierung aus allen religiösen Angelegenheiten heraus, so dass jeder Gewissensfreiheit genießen kann, was die NAE »gospel pluralism«[27]
nennt. Und sie hält die Religion aus Regierungsangelegenheiten heraus, so dass die Kirche nicht durch Politik kor-
rumpiert wird und so den Staat kritisieren kann, wenn er
ungerecht handelt. Andererseits verlangt die Rolle der Kirche als Verwalterin, obgleich sie niemals Staat ist, zum Staat
zu sprechen: »Gerechte Regierungsführung ist Teil unserer

Berufung in der Schöpfung.« Das verlangt von uns, die Regierung dazu zu bewegen, »das göttlichen Mandat zu erfüllen, Gerechtigkeit zu üben (Röm 13,1-7; 1 Petr 2,13-17).« Dies bedeutet laut NAE, die strukturellen, sozio-ökomomischen und politischen Muster anzusprechen, die menschliches Leiden verursachen, wie zum Beispiel fehlende Bildung oder das Auseinanderbrechen von Familien.

Die zunehmende Unabhängigkeit dieser politisch engagierten Gruppierung von den Parteien verdient besondere Beachtung. »Ein Grund, warum Christen ihre politische Unabhängigkeit erhalten müssen«, schreibt David Gushee, Professor für christliche Ethik am der Mercer Universität, »ist, dass sie so ihren moralischen Kompass bewahren, wenn sie sich in die politische Arena wagen.«[28] Gushee's Lackmustest für das politische Engagement von Christen ist »ob sie nein zu unserer bevorzugten Partei oder unserem bevorzugten Kandidaten sagen können«.[29] Diese Idee gewinnt unter Evangelikalen seit 2005 an Boden. Damals schrieb *Christianity Today*,[30] vormals Sprachrohr der Religiösen Rechten: »George Bush ist nicht der HERR. ... Die amerikanische Flagge ist nicht das Kreuz. Der *Pledge of Allegiance* ist nicht das Glaubensbekenntnis. ›God bless America‹ ist keine Doxologie.«[31] Das Journal wies die Vermischung biblischer Wahrheiten mit amerikanischen oder republikanischen Werten und das Verschmelzen von Kirche und Staat zurück. Im Jahre 2006 warnte Frank Page, Präsident der konservativen Southern Baptist Convention: »Ich habe unsere Gemeinde ermahnt sehr vorsichtig zu sein, dass es nicht so aussieht, als marschierten sie im Gleichschritt mit irgendeiner politischen Partei.«[32]

Rick Warren geht noch weiter: »Meine Rolle als Pastor ist, Führungspersonen zu Stress, Familienangelegenheiten, Integrität, und Großzügigkeit zu beraten. Das ist alles personenbezogen. Ich berate niemals politische Entscheidungsträger über Politik.«[33] Das *Evangelical Manifesto* aus dem Jahre

2008 geht sogar noch einen Schritt weiter. Es rief Evangelikale dazu auf, sich von Parteipolitik zu distanzieren, damit nicht »Christen zu ›useful idiots‹ für die eine oder die
andere Partei werden … und christliche Überzeugungen
als Waffen für politische Interessen gebraucht werden.« Es
wiederholt den Ruf zur Trennung von Staat und Kirche und
zu politischem Engagement außerhalb staatlicher Strukturen. »Wir sehen es als unsere Pflicht an, uns politisch zu beteiligen, aber genauso ist es unsere Pflicht, zu allen Parteien,
parteipolitischen Ideologien, ökonomischen Systemen oder
Nationalitäten gleichen Abstand zu halten.«[34]

Krieg und Militarismus

Anders als Boyd, Hybels und Balmer schätzt Hunter
die Idee des gerechten Krieges, um zu bestimmen, wann
Krieg eine verantwortungsvolle Vorgehensweise ist. Allerdings ist er gegen präventive Militäraktionen, wenn nicht
mit einem unmittelbar bevorstehenden Angriff zu rechnen
ist[35] – eine Haltung, die ihn dazu brachte, Bushs Invasion im
Irak abzulehnen. Er besteht außerdem darauf, dass Frieden
zu schaffen nicht nur die Abwesenheit von Konflikten bedeutet, sondern auch zur Versöhnung der Menschen umfassende Anstrengungen zu unternehmen. Er betont den Unterschied zwischen einer politischen und einer christlichen
Sichtweise des Krieges und hält fest, dass das Symbol des
Christentums eine Taube, das der USA ein Adler ist.

Die meisten *New Evangelicals* wie Hunter haben keine
pazifistische Einstellung. Ihre Positionen reichen von: der
strengen Auslegung des gerechten Krieges, die sehr hohe
Standards anlegt, einen Krieg als gerecht zu beurteilen, bis
zur großzügigeren Auslegung, die den Eintritt in einen Konflikt eher erlaubt, sowohl zur Selbstverteidigung als auch aus
Gründen der Vergeltung (Bestrafung des Bösen).[36] Aus Sicht
der großzügigeren Auslegung des gerechten Krieges entkräf-

tet der vereinzelte staatliche Missbrauch von Gewalt nicht die generelle Autorität des Staates, einen Krieg zu führen.[37] Gleichwohl streben die Vertreter dieser Position in höherem Maße nach diplomatischen Bemühungen, um Krieg zu vermeiden, als man es gemeinhin von der Religiösen Rechten annimmt. Sie zeigen großen Widerstand gegen Militäroperationen und noch größeren gegen Folter. Christianity Today fragte beispielsweise, ob Evangelikale ihre begeisterte Unterstützung für den Irakkrieg in 2003 bereuen sollten.

Gushee, der in Richtung der strengen Auslegung des gerechten Krieges neigt, mag diese zentrale Gruppierung repräsentieren. Während die strenge Auslegung die Fähigkeit hemmt, wirklich gerechte Kriege zu führen, ist es aufgrund der Stellung Amerikas als Hegemonialmacht die größere Gefahr, zu schnell Krieg zu führen.[38] In ähnlicher Weise drängt die NAE die Regierung dazu, »[Gewalt] im Dienste des Friedens und nicht bloß für ihre eigenen nationalen Interessen zu gebrauchen. Militärische Gewalt muss von den klassischen Prinzipien des gerechten Krieges geleitet sein.« Die NAE unterstützt nicht nur die UN-Menschenrechtserklärung, sondern besteht auch auf festen Mechanismen zu deren Durchsetzung.[39] Die »Evangelical Declaration Against Torture,«[40] von 2007 weist »den Gebrauch von Folter und grausamer, inhumaner und erniedrigender Behandlung für jeden Teil unserer Regierung (oder jede andere Regierung) – sogar unter den derzeitigen Umständen eines Krieges zwischen den USA und verschiedenen radikalen Terroristengruppen.« [Hervorhebung v. Verf.]

Ungeklärte Fragen: Wahlempfehlungen durch die Kirche, Gebete in der Schule, religiöse Symbole im öffentlichen Raum, »Schulgutscheine«, konfessionelle Träger: Die Lehre der »substantive neutrality«

Möglicherweise interessanter als die einzelnen Positionen dieser Gruppierung ist das Bild, dass sie selbst vom

politischen Prozess hat. Schreiben und Handeln ihrer Repräsentanten lassen vermuten, dass sie sich als einen Teil
davon verstehen. Sie entwickeln gemeinsam mit der Regierung und anderen zivilgesellschaftlichen Akteuren politische Strategien. Die Meisten erkennen an, dass sich nicht
alles in der Politik oder vor Gericht so entwickelt, wie sie es
gern hätten. Wenn die Dinge sich nicht nach ihren Vorstellungen ergeben, haben sie bislang ihr Verhalten angepasst
und sind dem Gesetz gefolgt. Um ein Beispiel zu geben:
während diese Gruppierung für die Möglichkeit von konfessionsabhängiger Mitarbeiterauswahl ist, folgen sie, falls
sich herausstellt, dass es sich um eine unzulässige konfessionelle Verwendung öffentlicher Gelder handelt, entweder
den gesetzlichen Einstellungsrichtlinien für staatlich finanzierte Einrichtungen, oder sie verzichten ganz auf öffentliche Gelder. In keinem Fall geschieht dies als Ausdruck des
Rückzuges aus zivilgesellschaftlichem Engagement sondern
eher in Zustimmung, unter den Bedingungen staatlicher
Neutralität. Dies ist auch ein Verständnis von Kirche als Gegensatz zur Gesellschaft, die innerhalb der rechtlichen Bedingungen der Gesellschaft arbeitet. »Wieviel Geld hat das
römische Reich der alten Kirche zur Verfügung gestellt?«,
fragt Gushee. »Gar keins. Die Kirche hat bewiesen, dass sie
in der Lage ist, Liebe und Fürsorge zu üben, ohne staatliches Geld anzunehmen. Seitens der Kirche wäre es das Ein-
fachste, ganz aus dem Geschäft auszusteigen [öffentliches
Geld anzunehmen].«[41]

Hunters Position zu den ungeklärten religionspolitischen
Fragen spiegelt seine generell hybride Haltung. Er legt mehr
Wert auf herkömmliches politisches Engagement als Boyd
und Balmer, um die Regierung zu bewegen, Jesus gemäß zu
handeln. Aber er weist die Idee der USA als »christliche Nation«[42] zurück. Um die Unabhängigkeit der Kirche zu erhalten, ist er gegen direktes politisches Handeln und die Un-

terstützung von Kandidaten durch religiöse Institutionen. Er
ist auch gegen konfessionelle Gebete an öffentlichen Schulen. Hunters Co-Pastor Dan Laicich erklärt, indem er auf das
pluralistische Korrektiv für Einzelinteressen zurückgreift:
»da jede konfessionelle Gruppe die gleichen Rechte haben
muss, müssen Schulen Gebete aller konfessionellen Traditionen anbieten, was viele Amerikanern für den Staat un-
angemessen und organisatorisch für nicht umsetzbar halten« [siehe das Interview mit Laicich, Sektion. III]. Religiöse
Symbole im öffentlichen Raum betreffend fasst Hunter die
Debatte als Anklage gegen Christen auf, dafür, dass sie Jesu
Dienst nicht folgten. »Wenn Christen andere Menschen lieben und wirklich etwas bewirken würden in der Gesellschaft, würde niemand sich daran stören, dass wir die
Zehn Gebote oder Krippenszenen an Weihnachten aufhän-
gen. … Es geht hier um Unwirksamkeit und unser armse-
liges Zeugnis.«[43] Hunter bevorzugt pluralistische öffentliche
Ausdrucksweisen: »Wir [die Northland Church] verwenden
nicht sehr viel Zeit darauf, aber ich tendiere dazu, alles zu
zeigen. Ich mag es, wenn Menschen durch die Vielfalt der
Darstellung und Perspektiven zum Denken angeregt werden.«[44]

In der Tat halten sich viele in dieser Gruppierung, zur
Orientierung in den amerikanischen Debatten über das Verhältnis von Kirche und Staat, an die religionsfreundliche
aber auch pluralismusfreundliche Idee der *substantiv neutrality*.[45] Diese setzt voraus, dass der Staat konfessionellen oder
nicht-konfessionellen Gruppen keine besonderen Lasten auf-
erlegt. Alle sollen in gleicher Weise an öffentlichen Debatten und Ressourcen teilhaben können. »Unsere Hingabe«,
so das *Evangelical Manifesto* »gilt einem *zivilgesellschaftlichen, öffentlichen Raum – eine Vision des öffentlichen Lebens, in dem die Bürgerinnen und
Bürger aller Weltanschauungen frei sind, diesen öffentlichen Raum zu be-
treten und in ihm auf der Grundlage ihrer weltanschaulichen Überzeugung
zu wirken, jedoch innerhalb eines Rahmens der Übereinstimmung darüber,*

was gerecht und freiheitlich für andere Weltanschauungen ist.« Bezüglich der Frage nach Schulgutscheinen neigt diese Gruppierung beispielsweise zur Überzeugung, dass diese durchaus für konfessionelle Schulen und akkreditierte Universitäten verwendet werden können, so lange wie säkulare Alternativen zur Verfügung stehen – eine Position der *substantive neutrality*. Wenn, wie die Gegner der Schulgutscheine argumentieren, die meisten Schulen, die man sich mit Schulgutscheinen leisten kann, konfessionelle Schulen sind, beeinträchtigt dies doch nicht die Rechtmäßigkeit dieses Programms. Gemeinden, die säkulare, private Schulen wollen, die man sich mit Schulgutscheinen leisten kann, sollen das Geld aufbringen, diese zu unterstützen, genau wie die Kirchen Mittel für konfessionelle Schulen aufbringen.

In Hinsicht auf konfessionelle soziale Einrichtungen sind manche in dieser Gruppierung der Meinung, dass es die substantiell neutrale Position ist, öffentliche Gelder für soziale Einrichtungen, jedoch *nicht* für religiöse Programme zu verwenden. Die NAE und John Dilulio, erster Direktor des Büros für konfessionelle und gemeindliche Initiativen im weißen Haus unter George W. Bush, beziehen diese Stellung. »Einen Zuschuss zu bekommen«, meint Carl Esbeck, Berater der NAE, »sollte ein Maßstab dafür sein, wie gut man seinen Job macht, nicht wer man ist. Doch wir brauchen mehr staatliche Kontrolle um sicherzustellen, dass staatliche Mittel nicht für religiöse Programme gezahlt werden. … Man muss keine staatlichen Gelder annehmen, doch wenn man es tut, bringt es staatliche Kontrollen und Überprüfungen mit sich.«[46]

Andere in dieser Gruppierung sind gegen Einschränkungen bei Programmen, da diese Einschränkungen religiöse soziale Einrichtungen benachteiligen, nicht jedoch säkulare. Die substantiell neutrale Position wäre daher: genau wie säkulare Einrichtungen nicht wegen ihrer Programme (freudianisch, lacanianisch) von öffentlicher Finanzierung ausgeschlossen werden, sollten auch religiöse Einrichtungen wegen ihre Programme nicht von öffentlichen Geldern ausgeschlossen werden. Das Argument der substantiellen Neutralität wird auch auf konfessionsabhängige Mitarbeiterauswahl angewandt: genau wie die Regierung säkularen Trägern, die lieber Gestalttherapeuten als Therapeuten der Schule C.G. Jungs beschäftigen, keine Gelder verweigert, sollte die Regierung auch konfessionellen Trägern keine Gelder verweigern, die lieber Baptisten als Buddhisten einstellen. Diese Meinung teilen die meisten *New Evangelicals* darunter auch viele Progressive wie Hunter oder Tony Campolo, die 2008 mit am demokratischen Parteiprogramm gearbeitet haben, und Ron Snider, Gründer von Evangelicals for Social Action und dem Evangelical Environmental Network.[47] Hunter merkt an: »Unsere Werte sind unsere Identität. Ich käme nicht auf den Gedanken zu Kliniken, die Abtreibungen durchführen, zu sagen: ›Ihr müsst einen bestimmten Prozentsatz von Abtreibungsgegnern einstellen.‹« In ähnlicher Weise meint das *Council for Christian Colleges & Universities* (CCCU[48]), dass es christlichen Institutionen möglich sein sollte »als Vollzeitbeschäftigte und leitende Angestellte nur Personen einzustellen, die sich zum Glauben an Jesus Christus bekennen.« Sie stellen gleichwohl fest, dass diese Ungleichbehandlung auf die Religiosität beschränkt ist; Rasse und Geschlecht betreffend betont das CCCU Vielfalt und Gleichbehandlung und unterstützt die gezielte Anwerbung und Einstellung von Minderheiten und Frauen.

Hunter scheut sich nicht vor der Diskussion über die Abneigung vieler konfessioneller Träger, Homosexuelle einzustellen. Denn, so erklärt Hunter: »Wenn jemand Teil unserer Organisation sein möchte, wollen wir, dass er aus den Werten unserer Organisation heraus lebt.« Aber, wie Gushee, Esbeck und andere wiederholt er: »Wenn es um den Preis der eigenen Identität geht, sollte man nicht an staatlichen Programmen teilnehmen und keine öffentlichen

Gelder annehmen.« Praktisch, schreibt Gushee: »durchzieht
ein Wandel in Bezug auf die Frage der Homosexualität langsam das christliche Spektrum. Er beginnt mit der Zurück-
weisung jeder Art des Hasses. Dann stellt sich die Frage: sind
wir wirklich sicher, dass es ein fundamentaler, unverhan-
delbarer Glaubenssatz ist, dass jede gleichgeschlechtliche
sexuelle Aktivität Sünde ist? Dieses Gespräch muss innerhalb
der Glaubensgemeinschaft stattfinden. Es ist viel einfacher,
wenn es organisch, innerhalb der Kirchen geschieht, anstatt vom Staat von außen aufgezwungen zu werden. Wenn
es erzwungen ist, wird es eine Gegenreaktion geben. Falls
die Bürgerrechtsära die angemessene historische Parallele
ist, kann man natürlich Kräfte schwer zurückhalten, die sagen: ›das ist nichts anderes als die Rassendiskriminierung
in den 6oern‹.«[49] Die Analogie zur Bürgerrechtsbewegung
in den 6oern stammt gleichwohl von der Gay-Community.
Bis heute weisen die meisten *New Evangelicals* Gewalt und Diskriminierung gegen Homosexuelle zurück, aber stellen sie
nicht für Jobs ein, bei denen der Beschäftigte mit kirchlichen Werten übereinstimmen muss [siehe Kap. 9].

Zivilgesellschaft, außerstaatliche Programme mit einer stärkeren Betonung auf die »Gegenkultur«

Grundlagen des Verhältnisse von Staat und Kirche

Shane Claiborne arbeitet außerhalb konventioneller Be-
zugsrahmen, innerhalb sogenannter *Emerging Churches*, Gruppen oft junger Gläubiger, die sich an unorthodoxen Orten
wie Bowlingbahnen oder in Eissporthallen treffen um zu
beten, zu studieren und den Bedürftigen zu helfen. Claiborne, der »Elvis« der jüngeren Evangelikalen, will die bestehenden Verhältnisse radikal verändern, nicht nur an ihnen

arbeiten – um Jesu »radikale Gegenkultur« in diese Welt zu bringen und allen die »Einladung« Jesu zur Abstiegsmobilität anzubieten –, einer der Geringsten zu werden.[50] Er nannte sein erstes Buch The Irresistible Revolution: Living as an ordinary radical, weil er überzeugt davon ist, dass Jesu Nachfolger dies immer tun. Claiborne bewegt sich, wie er es beschreibt, weg vom »Gesundheits- und Wohlstandsevangelium« der Religiösen Rechten, indem er dem »heimatlosen Rabbi« nachfolgt.[51] Veränderung wird nicht durch die Regierung geschehen, sondern wenn »Menschen anfangen, über alle Klassengrenzen hinweg einander zu lieben.«[52] »Das Problem mit konfessionellen sozialen Trägern«, so Claiborne, »sind nicht so sehr die Bestimmungen über öffentliche Gelder, sondern dass sie genau wie säkulare Träger, Geldgeber und Bedürftige durch verschiedene Instanzen professioneller Angestellter voneinander getrennt halten.« Im Gegensatz dazu arbeitete Claiborne, dem Beispiel Jesu unmittelbar folgend, mit Mutter Theresa zusammen und in einer Lepra-Kolonie in Kalkutta. Er strebt eine biblisch orientierte Ökonomie der Wohlstandsverteilung an und inszenierte eine Ablassfeier an der Wall Street, bei der tausende Dollarmünzen auf die Straße geworfen wurden, zum mitnehmen für Jedermann.[53]

Claibornes Gemeinschaft The Simple Way, gegründet im Jahre 1997 in einem der ärmsten Viertel Philadelphias, verteilt Essen, gebrauchte Kleidung und Möbel und bietet einen Treffpunkt für Menschen in der Nachbarschaft. Sie legen Gärten an verwaisten Plätzen an, renovieren leerstehende Häuser und organisieren lokalen Tauschhandel. Claiborne nennt dies »den christlichen Untergrund« – Physiotherapeuten, die sich zu den Füßen Obdachloser beugen, Ingenieure, die ohne Bezahlung inoffizielle Generatoren oder Wasseraufbereitungsanlagen in Armenvierteln installieren, und Ärzte, die kostenlose Kliniken aufbauen. Claiborne selbst gehört zu einer Gruppe von über 200.000 Christen, die ihr Geld zusammenlegen, um sich gegenseitig im Krankheitsfall zu unterstützen – eine christliche Alternative zu staatlichen oder privaten Krankenversicherungen, die jedes Jahr zwölf Millionen Dollar ausgeben. »Ein Grund, warum wir das so machen können, ist, dass wir für niemanden die Yacht bezahlen müssen. Über 90 Prozent der Beiträge werden direkt für medizinische Zwecke ausgegeben. Wir verhandeln außerdem mit den Krankenhäusern über die Preise. Wie haben Aufzeichnungen darüber, wie hoch die Kosten für eine Behandlung waren, und wenn die Rechnung höher ist als der Schnitt, handeln wir sie runter.«[54] Damit und mit seiner beherzten Herangehensweise erinnert er an die Gegenkultur der 60er. Er half obdachlosen Familien, die aus einer verlassenen Kirche vertrieben wurden, sich zu organisieren und wurde dafür verhaftet. Die Leute von *The Simpel Way* verteilten Essen ohne die nötigen Genehmigungen und wurden auch dafür verhaftet. Claiborne fuhr in den Irak mit dem *Iraq Peace Team*,[55] wofür er Ärger mit dem Heimatschutzministerium bekam. Er und Freunde von ihm boten Obdachlosen das Abendmahl an und verteilten Essen unter ihnen, wofür sie ebenfalls verhaftet wurden. Zur Gerichtsverhandlung verteilten sie T-Shirts mit der Aufschrift »Jesus war obdachlos«. Der Richter urteilte zu ihren Gunsten.

Krieg und Militarismus

Claiborne und viele andere dieser an einer Gegenkultur orientierten Gruppierung gehören zu den Pazifisten unter den *New Evangelicals*. Claiborne beginnt mit einer breit angelegten Kritik der militärischen Hegemonie und verurteilt lautstark die Gewalttätigkeit der USA: Amerika ist »heute der größte Lieferant von Gewalt in der Welt« und verbreitet den »Mythos der erlösenden Gewalt.« Aber da gibt es keine Erlösung. Die Evangelien lehren: »wer mit dem Schwert tötet, soll durch das Schwert getötet werden (Mt 26,52).« Claiborne aktualisiert die Passage: »entsetzliche Bombardierungen haben entsetzliche Enthauptungen zur Folge. Pearl Harbour führt zu Hiroshima.«[56]

Es gibt, wie Claiborne schreibt, »sowohl muslimische als auch christliche Extremisten, die im Namen ihres Gottes töten.« Aber er ist nicht der Meinung, dass deren böse Taten die Gewalt der Vergeltungsmaßnahmen besser machen. Er befürwortet die Vision Martin Luther Kings der »weltweiten Gemeinschaft« und erinnert an jene amerikanischen Kirchen, die den universalen Anspruch der Barmherzigkeit Jesu verstanden hatten und nach dem 11. September 2001 afghanische Flaggen an ihren Altären aufhingen. Was Claiborne am meisten Schmerzen verursachte, waren die irakischen Christen, die nicht begreifen konnten, dass die amerikanischen Christen den Irakkrieg von 2003 unterstützten. Ein Bischof sagte zu Claiborne: »Daran glauben wir Christen nicht. Wir glauben, dass die selig sind, die Frieden schaffen.« Der Bischof sagte weiter, er würde beten »für die Kirche in den USA ... dass sie Kirche ist.«[57] Kirche zu sein bedeutet aus Claibornes Sicht nicht Passivität, sondern der Glaube an die Kraft, die darin liegt, Zorn mit Liebe und Humor zu begegnen. Claiborne schreibt: »Wenn dich jemand wegen deines Mantels verklagen will, leg vor Gericht alle deine Kleider ab und überreiche sie.«[58]

Ungeklärte Fragen: religiöse Symbole im öffentlichen Raum, Kreationismus, konfessionelle Träger

Claiborne bleibt auch hier bei seiner beziehungsorientierten Politik und hofft, dass das Problem der religiöser Symbole in der Öffentlichkeit dadurch umgangen werden kann, dass man einen Konsens über besonders schöne Symbole findet – wie das, das er auf seinem Computer hat. Es zeigt ein Gewehr, dessen Lauf verknotet ist, so dass es nicht abgefeuert werden kann. Er gesteht zu, dass dies nicht alle in gleicher Weise ansprechend finden würden, aber dieses Thema hat auch keinen hohen Stellenwert für seine Gemeinde. Claiborne ist in praktischer Hinsicht der Meinung, dass sowohl Kreationismus und »Intelligent Design« als auch Evolutionstheorie in öffentlichen Schulen respektvoll unterrichtet werden könnten, wenn Schüler und Lehrer ehrlich mit ihrem Glauben und offen für andere Sichtweisen sind: »Eins der Probleme damit scheint Angst zu sein; wir vertrauen nicht darauf, dass der Geist an Menschen arbeitet, also erlauben wir ihnen nicht, andere Optionen zu sehen. ... Ich wäre so froh, wenn mich ein Kind fragen würde, was ich über Evolution denke. Ich würde es ihm erzählen, aber ich würde auch sagen: ›Amber ist nicht meiner Meinung und du solltest mit ihr reden, weil sie vielleicht recht hat.‹«[59]

Claiborne bleibt seinem reservierten Verhältnis zum Staat treu und verzichtet auch auf staatliche Finanzmittel. »Auf gar keinen Fall«, sagt er arbeitet aber an gemeinsamen Projekten mit staatlichen Trägern und Kongressabgeordneten für bezahlbaren Wohnraum. Da *The Simple Way* keine öffentlichen Gelder annimmt, spielt die Frage nach konfessionsabhängiger Mitarbeiterauswahl keine Rolle. Doch Claiborne findet es in einigen Bereichen sozialer Arbeit notwendig. Beim Bauen von Häusern ist der Glaube der Arbeiter nicht von Bedeutung, doch für die Arbeit mit Kindern »brauchen wir Menschen, die den Kindern die Werte vermitteln, die wir in der Bibel finden. Es geht darum, wer für diese Arbeit am geeignetsten ist.« Wie auch die *New Evangelicals* aller anderen Gruppierungen ist Claiborne der Meinung, dass religiöse Träger keine öffentlichen Mittel verwenden sollten, wenn die religiöse Bildung oder die konfessionsabhängige Mitarbeiterauswahl wichtig für ihre Arbeit ist.

Hinsichtlich der Verweigerung von bestimmten Leistungen aus Gewissensgründen unterscheidet Claiborne vier Szenarien: Arbeiten, die in direkter Weise mit dem christlichen

Glauben in Konflikt stehen, wie zum Beispiel das Betreiben eines Bordells; zweitens Szenarien, in denen jemand innerhalb eines Systems bleibt, wie der Zöllner Zachäus, der weiter Steuern eingetrieben hat, es aber »auf andere Weise tat« (Lk 19,1-9); drittens Szenarien, wo jemand seinen christlichen Werten treu bleiben muss, obwohl sie mit der Arbeit in Konflikt stehen. »Das kann bedeuten, dass man kündigt, oder entlassen wird. Ich habe großen Respekt vor jenen, die das Militär verlassen haben, obwohl sie möglicherweise dafür vor Gericht kommen.«; viertens Situationen, aus denen sich kreative Auswege finden lassen. Arbeitsverhältnisse der ersten Kategorie kommen für Christen nicht in Frage, doch in den anderen drei Szenarien sollten Christen nach den produktivsten Lösungen suchen, die sie mit ihrem Gewissen vereinbaren können. Claiborne gibt ein Beispiel: ein Freund von ihm hatte Probleme damit, die Einsegnung für ein homosexuelles Paar durchzuführen und schickte sie zu einem anderen Pastor, der keine Schwierigkeiten damit hatte. So blieb er seinen Überzeugungen treu und respektierte gleichzeitig die Überzeugungen der anderen.[60]

Die evangelikale Linke seit den 60ern – ein kurzer Abriss.

Die evangelikale Linke bildete sich in den 6oer-Jahren im Umkreis der Anti-Kriegs- und der Bürgerrechtsbewegung und sie blieb eine kleine, wenn auch leidenschaftliche Bewegung bis ins Jahr 2005. Sie bestehen auf politischer Unabhängigkeit aber beteiligen sich auch – den strukturellen Schwerpunkt auf linksgerichtete Politik widerspiegelnd – an staatlicher Politik. Darin haben sie mit der Gruppierung, die von Hunter und Gushee repräsentiert wird, viel gemeinsam. Doch mit ihren politischen Positionen stehen sie weiter links, näher bei Claiborne. Zwei der Schlüsselfiguren sind Reverend Jim Wallis und Reverend Tony Campolo.

Im Jahre 1971 war Jim Wallis unter den Studenten an der *Trinity Evangelical Divinity School*, die gegen den Vietnamkrieg und das Establishment der evangelikalen Kirche demonstrierten – und wurde dafür beinahe der Schule verwiesen. Insgesamt wurde er 22 Mal wegen zivilem Ungehorsam verhaftet. Er ist der Gründer der progressiven evangelikalen *Sojourners Community*, die das *Sojourners journal* herausgibt und er war Mitglied des Beratungsausschusses für konfessionelle Träger der Obama Administration von 2009 bis 2010 (siehe *Sojourner blog*, Sektion III).

Die evangelikale Linke versucht einen Mittelweg anzubieten, indem sie die biblischen Werte mit der evangelikalen Rechten und die progressiven politischen Einstellungen mit der säkularen Linken teilt. Für Wallis ist diese religiös-politische Mitte die »revolutionäre Haltung« der Kirche, »die uns alle in höhere Sphären ruft und politischer und ökonomischer Macht den Kampf ansagt, wenn diese die religiösen Werte des Mitgefühls und der Gerechtigkeit missbraucht.«[61] Die politische Rolle der Kirche ist es, die Regierung an ihre Verantwortung zu erinnern in dem Fall, dass sie dieser nicht gerecht wird. Dies setzt voraus, dass die Kirche vom Staat getrennt bleibt. »Nur durch ihre Unabhängigkeit und ihren Abstand zu jedweder Partei und dem Staat kann Religion ihre wichtige prophetische Rolle in der Gesellschaft einnehmen.«[62] Wallis beschreibt, wie diese »prophetische Rolle« auf dem Partei übergreifenden Poverty Forum, dass im Jahre 2009 initiiert wurde, funktionierte. Anstatt der Politik der jeweiligen Partei zu folgen »begannen wir jedes Treffen mit einem Gebet und sagten, dass wir zuerst Nachfolger Jesu und erst dann Republikaner, Demokraten und Unabhängige sind. Es gab uns die Freiheit darüber zu reden, was wirklich funktioniert.«

Neben ihrem prophetischen Auftrag, die Regierung zu
beraten, ist Wallis der Meinung, dass die Kirche die Gesellschaft verändert, indem sie eine »Pilotgemeinde« in der Zivilgesellschaft ist. »Mehrheiten verändern normalerweise
nichts«, betont Wallis, »kreative Minderheiten schon.«[63]
Bezugnehmend auf seinen Mittelweg der »revolutionären
Haltung« schlägt er eine Synthese von konservativen und
progressiven Strategien vor, um die Armut zu reduzieren –
sowohl das Reduzieren von unehelichen Geburten, als auch
die öffentliche Investitionen in Bildung, das Gesundheitswesen und bezahlbaren Wohnraum. Privatpersonen und
Unternehmen, gemeinnützige Initiativen und die Regierung – sie alle teilen die Verantwortung dafür, diese Ziele
zu erreichen, ist Wallis überzeugt, obwohl er im Spektrum
der *New Evangelicals* eher auf der Seite steht, die für eine größere Einmischung in Staatsangelegenheiten ist. Beispielsweise geht er über den Ansatz der Versöhnung der Rassen
vieler seiner Glaubensgenossen hinaus, in Richtung sozialer Gerechtigkeit und staatlicher Entschädigungen für vergangene Ungerechtigkeiten. Er zitiert Scott Garber, Pastor
der Washington Community Fellowship: »Rassismus verschwindet nicht, nur weil die Zeit vergeht. Rasissmus verschwindet nicht, weil es uns Leid tut ... [Rassismus] wird
dann und nur dann verschwinden, wenn er durch sein Gegenteil ersetzt wird.«[64]

In globaler Perspektive legt Wallis mehr Wert auf fairen
Handel als die NAE. Er kritisiert die Außenpolitik der Bush-
Administration als »das am wenigsten wahrscheinliche Ergebnis einer echten Demokratie.«[65] Weder unterstütze er
den Irakkrieg in 2003, noch unterstütze er uneingeschränkt
den Afghanistankrieg im Jahr 2001. Er befürwortet einen
»gewaltlosen Realismus«, der in seinen Vorannahmen gegen
den Einsatz von Gewalt ist, aber, wie die strenge Auslegung
der Theorie des gerechten Krieges, die Anwendung von Gewalt billigt, um größere Gewalt zu verhindern.[66]

Obwohl die Trennung von Staat und Kirche für ihn
selbstverständlich ist, unterstützt Wallis die Auswahl von
Mitarbeitern nach ihrer Konfession, um die institutionelle
Integrität von konfessionellen Trägern zu bewahren. Hinsichtlich religiöser Symbole ist er für die »kulturelle Sichtbarkeit von religiöser Sprache und Symbolik« in der Öffentlichkeit, »wenn all die verschiedenen Glaubenstraditionen
der Nation in den Genuss öffentlicher Sichtbarkeit kommen.« Hier klingt der Ansatz der substantiellen Neutralität
an. Aber er fügt hinzu: »Würde wirklich jemand sagen, dass
Amerika sich in der Welt wie eine ›christliche Nation‹ verhalten hat? Um der christlichen Integrität willen hoffe ich
es nicht.«[67]

Tony Campolo, ein Kollege von Wallis, hat viele Jahre
lang eine hybride Haltung eingenommen, ähnlich der von
Hunter: politische Partizipation für Ziele im Sinne Jesu
(siehe das Interview in Sektion III). »Wir sollten kein Problem damit haben«, so Campolo, »die Regierung als ein
mögliches Instrument Gottes zu sehen«, wenn die Regierung sich an die Lehren des Evangeliums hält.[68] Um zu beurteilen, wann sie dies tut und wann nicht, legt Campolo
wie auch Hunter Wert auf Unabhängigkeit von politischen
Parteien und dem Staat. Die prophetische Rolle der Kirche
ist es, zur Regierung zu sprechen – nicht die, selbst zu regieren. Kirchen setzten sich für die Gesetzgebung ein: »Es
gibt über 2000 Verse in der Bibel, die uns dazu aufrufen,
Liebe und Gerechtigkeit an denen zu üben, die arm und un-
terdrückt sind; wir setzen uns für eine Gesetzgebung ein,
die biblische Imperative in Sozialpolitik umsetzt.«[69] Die Kirchen aber tun dies parteiunabhängig und als eine von vielen Stimmen.

Sich auf die von Max Weber beschriebene Unterscheidung von Macht und Autorität berufend, sieht Campolo
die Evangelikalen nicht durch politische Macht die Gesellschaft beeinflussen, sondern durch die moralische Auto-

rität der Lehren Jesu. Daher verwirft er Versuche »unsere
eigenen Leute« an die Macht zu bringen, da Evangelikale
genauso irren können wie jeder andere auch. »Ein nicht-
christlicher Kandidat mag politische Ansichten über wichtige soziale Fragen verfechten, die mehr im Sinne der Lehren der Bibel sind, als sein tief religiöser, wiedergeborener
Kontrahent.«[70] Deswegen rät Campolo ab von jeder Art der
politischen Kategorisierung (pigeon-holing). »Es gibt Millionen von uns, die eine evangelikale Theologie vertreten«,
schreibt er, »aber wir würden es ablehnen, als Teil der Religiösen Rechten gesehen zu werden.«[71] Es kann auch passieren, dass sie es ablehnen, als Teil der demokratischen Linken
klassifiziert zu werden. Obwohl Campolo mit den Demokraten an deren Programm zur Reduzierung von Abtreibungen gearbeitet hat, erkennt er die Verdienste beider politischen Parteien an und geht davon aus, dass Evangelikale,
wenn sie das Evangelium als Maßstab nehmen, beide Parteien wählen können.

Um »Gerechtigkeit für die Armen und Unterdrückten
voranzutreiben« hat Campolo die *Evangelical Association for the
Promotion of Education* (EAPE) gegründet, die junge Menschen
aussendet, um in armen Gegenden zu leben und Projekte
unterstützt, die das Bildungswesen in den Innenstädten verbessern sollen. Sowohl Campolo als auch Wallis haben mit
Call to Renewal[72] gearbeitet, einer überkonfessionellen, christlichen Organisation die sich dem Kampf gegen Rassendiskriminierung und der Verbesserung der Einkommen, des
Gesundheitswesen, der Wohnverhältnisse und des Bildungs-
wesens für die Armen Amerikas verschrieben hat.

Campolo ist gegen konfessionelle Gebete an öffentlichen Schulen, indem er das pluralistische Korrektiv gegen Partikularinteressen anwendet: wenn man christliche
Gebete gestattet, muss man auch muslimische und mormo-
nische Gebete zulassen, was die meisten Amerikaner nicht
wollen, wenn öffentliches Geld im Spiel ist. Er ist für das

Recht auf konfessionsabhängige Auswahl von Mitarbeitern, aber – untypisch für die meisten *New Evangelicals* – gegen Schulgutscheine. Wie Randall Balmer fürchtet er, dass die Schulgutscheine eine der großen Institutionen der Integration und Toleranz lahmlegen. »Werden Kinder mit verschiedenen religiösen Hintergründen nicht in religiösen und ethnischen Vorurteilen bestätigt, wenn sie niemals an öffentlichen Schulen mit Kindern anderer Herkunft zu tun haben?«[73] Wenn es um Krieg und Frieden geht, ist Campolo ein »besorgter Pazifist«, aufgrund seiner widerstrebenden Unterstützung für militärische Interventionen zu humanitären Zwecken. Obwohl er nicht daran glaubt, dass George W. Bush Amerika absichtlich in die Irre geführt hat, um Unterstützung für den Irakkrieg im Jahre 2003 zu erhalten, ist er davon überzeugt, dass dieser Krieg die Kriterien des gerechten Krieges nicht erfüllte. »Wir könnten eine Menge Freunde gewinnen, wenn wir mit den Milliarden von Dollar, die wir fortwährend für diesen Krieg verschwenden, die Bedürfnisse der Armen und Unterdrückten dieser Welt stillen würden.«[74]

Diese Übersicht fasst die Positionen der *New Evangelicals* und linke evangelikale Positionen zu den beschriebenen ungelösten Fragen zusammen.

	Religiöse Rechte (konservative Protestanten und Katholiken).	Betonung der Trennung von Kirche und Staat (Boyd u.a.).	Stärkerer Fokus auf konventionelle Politik (Hunter u.a.).	Betonung der Trennung von Kirche und Staat. Gegenkultureller Ansatz (Claiborne u.a.).	Evangelikale Linke.
Wahl empfehlungen.	Gemischt, eher dafür.	Dagegen	Dagegen	Dagegen	Dagegen
Religiöse Symbole im öffentlichen Raum.	Dafür	Eher dagegen, kein wichtiges Thema.	Dafür, wenn gleiche Bedingungen für alle Religionen gelten. Kein wichtiges Thema.	Gemischt, eher dagegen. Kein wichtiges Thema.	Eher dafür, wenn gleiche Bedingungen für alle Religionen gelten.
Die USA als »christliche Nation«.	Dafür	Dagegen	Dagegen	Dagegen	Dagegen
Stilleandachten / Gebete in öffentlichen Schulen.	Für Schulgebete.	Gegen Schulgebete, gemischte Haltung zu Stilleandachten. Kein wichtiges Thema.	Gegen Schulgebete, eher für Stilleandachten. Kein wichtiges Thema.	Gegen Schulgebete, gemischte Haltung zu Stilleandachten. Kein wichtiges Thema.	Gegen Schulgebete, gemischte Haltung zu Stilleandachten. Kein wichtiges Thema.
Unterricht von Kreationismus an öffentlichen Schulen	Dafür	Dagegen, kein wichtiges Thema.	Gemischt. Dafür, wenn alle Sichtweisen unterrichtet werden. Kein wichtiges Thema.	Eher dagegen. Dafür, wenn alle Sichtweisen unterrichtet werden. Kein wichtiges Thema.	Gemischt. Dafür, wenn alle Sichtweisen unterrichtet werden. Kein wichtiges Thema.
Schulgutscheine	Dafür	Gemischt, traditionell afroamerikanische Kirchen eher dafür.	Dafür	Gemischt, kein wichtiges Thema.	Eher dagegen, kein wichtiges Thema.
Regulierung öffentlich finanzierter, konfessioneller sozialer Einrichtungen.					
Konfessions- abhängiges Einstellen.	Dafür.	Gemischt, kein wichtiges Thema	Dafür.	Eher dafür, kein wichtiges Thema.	Dafür.
- Religiöse Fürsorge- einrichtungen	Dafür.	Eher dagegen, kein wichtiges Thema.	Gemischt.	Eher dagegen, kein wichtiges Thema.	Eher dagegen, kein wichtiges Thema.
Verweigerung von Leistungen aus Gewissensgründen	Dafür.	Gemischt, eher dafür, kein wichtiges Thema.	Eher dafür.	Eher dafür, kein wichtiges Thema.	Eher dafür.

Die Sicht der New Evangelicals
auf die Religiöse Rechte

In vielerlei Hinsicht respektieren die *New Evangelicals,* was
die Religiöse Rechte erreicht hat – ihre Hingabe für soziales
Engagement, ihre Bereitschaft, auf die Langzeitfolgen von
Klonen, Euthanasie und Abtreibungen hinzuweisen; und ihr
Protest gegen den Missbrauch von Menschen durch Porno-
graphie, Prostitution und Sklaverei. Doch die *New Evangeli-*
cals stimmen auch mit vielen Werten der Religiösen Rechten
nicht überein. Zugespitzt werfen sie der Religiösen Rechten
vor, verurteilend, scheinheilig, militaristisch, sich Geld und
Macht anbiedernd, aggressiv in ihrer Taktik, verstrickt in
die republikanische Partei, besessen von dem Thema Homosexualität und von der lang gepflegten evangelikalen Tradition der Trennung von Staat und Kirche und der pluralistischen Gewissensfreiheit abgefallen zu sein. Im *Evangelical*
Manifesto aus dem Jahre 2008 steht: »Wir sind bekannt geworden für ein kommerzielles, verwässertes Wohlfühl-
evangelium der Gesundheit, des Wohlstands, des Human-
potentials und des religiösen *happy talk.*«

Die Ansichten der *New Evangelicals* über die Religiöse
Rechte haben eine gewisse Bandbreite. Claiborne sieht in ihnen eine weitere gefallene Gruppe der Menschheit, eine die
»darauf gebaut ist, sich von Übeltätern und Sündern fernzu-
halten und so eine Gemeinschaft der religiösen Frömmig-
keit und moralischen Reinheit bildet. Das ist die Art Christentum, mit der ich aufgewachsen bin. Aber christlicher
Glaube kann auch darauf gebaut sein, sich unter die gebrochenen Sünder zu begeben … Das ist das Christentum, das
ich lieben gelernt habe.«[75] Obwohl Claiborne politisch sehr
weit von der Religiösen Rechten entfernt steht, geht er nicht
zu hart mit ihnen ins Gericht. Augustinus zitierend sagt er:
»»Die Kirche ist eine Hure, aber sie ist meine Mutter.‹ Sie

ist in einem chaotischen Zustand und hat viele uneheliche
Kinder. Aber sie ist auch unsere Mutter und hat es geschafft,
uns auf die Welt zu bringen und uns ausreichend Wahrheit
mitzugeben.«[76]

Joel Hunter wendet seine Unterscheidung zwischen
nominalem Christsein und einem Christus gemäßen Glauben an, wenn er auf die Religiöse Rechte schaut. Einige
Evangelikale, so glaubt er, haben den Christus gemäßen Weg
für politische Erfolge verlassen und waren zu »festgelegt
auf die republikanische Partei«.[77] Er sieht, dass die Evangelikalen heute »nach einer neuen Führung suchen, aber
WACKO's brauchen sich nicht zu bewerben«. Wacko ist eigentlich amerikanischer Slang für einen Verrückten, doch
Hunter löst es als Akronym auf: *Wants only what is good for his
or her own group; Angry; hot-button issues oriented; Christian in name, but
not Christlike in nature; Knocks others who are different; Only interested in
winning, not in growing spiritually.*[78]

Sowohl Hunter als auch Gushee weisen auf die politische Instrumentalisierung der Nostalgie hin, von der die
Politik der Religiösen Rechten bestimmt ist.[79] Eine Nostalgie für angeblich moralischere Zeiten, als die gesellschaftlichen Konventionen ihnen ein Gefühl der Sicherheit gaben, wahrscheinlich weil diese Konventionen mehr mit den
ihren übereinstimmten. Hunter schreibt: »In unserem persönlichen Bedürfnis nach Sicherheit und Gewissheit sind
wir versucht anzunehmen, dass das, was unserer Gruppe
dient, auch das Beste für die gesamte Nation ist.« Doch
Gushee meint, dass diese »Stimmung zorniger Nostalgie«
sich mit dem »Pluralismus in unserem Land«[80] arrangieren muss und die Evangelikalen eine »viel durchdachtere
Antwort entwickeln müssen, als das gegenwärtige reaktionäre Schmachten nach einer homogenen Gesellschaft.«[81]
Sie werden außerdem theokratisch eingefärbte Ziele aufgeben müssen. Die Koalition mit den Republikanern war für
Gushee politisch und religiös gesehen unethisch, eine Ver-

mischung von Staat und Kirche anstatt die Ziele Jesu voranzubringen. »Wenn die Internetseiten und Sprecher [der Religiösen Rechten] klar die Gesprächsthemen aufnehmen, die die Republikaner zu einer bestimmten Zeit im Munde führen … ist es augenscheinlich, dass konservative Christen als Vertreter der Agenda einer Partei in Dienst genommen werden, anstatt als unabhängige Akteure eine ausdrücklich christliche Agenda voranzutreiben.«[82]

Davin Kinnaman und Gabe Lyons, zwei jüngere Evangelikale greifen in ihrem Buch *Unchristian* die Religiöse Rechte frontal an. Ihr Vorwurf ist, dass sie genau so sind, wie es die Kapitelüberschriften schon nahe legen,: *Hypocritical, Get Saved!* (eine ironische Übertreibung des Bekehrungswillens), *Antihomosexual, Sheltered, Too Political, and Judgmental.* Am Anfang des Buches werden die Umfragedaten der *Barna research group*[83] wiedergegeben, die zeigen, dass junge erwachsene Amerikaner Evangelikale für homophob (91 %), verurteilend (87 %), scheinheilig (85 %) und darüber hinaus für altmodisch, zu verstrickt in Politik, realitätsfremd, unsensibel, langweilig und intolerant gegenüber anderen Überzeugungen halten. Kinnaman und Lyons fragen: »Was, wenn diese außenstehenden jungen Leute recht haben mit ihrer Meinung über uns?«[84] »Die Wahrheit ist, dass wir zu diesem Image der Scheinheiligkeit beigetragen haben,«[85] so die Autoren weiter, »indem wir in einer christlichen ›Blase‹ gelebt haben, indem wir Moral zum Gesetz machen wollten und indem wir dabei versagt haben zu dienen.«

Greg Boyd ist ein noch schärferer Kritiker. Einerseits ist er der Meinung, das die Religiöse Rechte sich einer »unverantwortlichen Weltflucht« schuldig gemacht hat, die aus einer apokalyptischen Eschatologie resultiert, die es Christen zugesteht, soziale Gerechtigkeit, das Stiften von Frieden und den Umweltschutz zu vernachlässigen.[86] Andererseits spricht er sie des Fanatismus schuldig, der Verwendung staatlicher Gewalt, um ihre Sicht des Christentums durchzusetzen und der Verwendung des Christentums, um Gewalt zu rechtfertigen. Boyd schreibt: »Wenn Jerry Falwell [Führer der Religiösen Rechten], eine unter konservativen Christen weit verbreitete Stimmung reflektierend, sagt, dass Amerika Terroristen zur Strecke bringen und sie alle fertigmachen soll *im Namen des Herrn*, bringt er damit eine konstantinische Denkweise zum Ausdruck«.[87] Obwohl dieses Kampfgeschrei unter Bush laut wurde, ist Boyd überzeugt, dass »das amerikanische Christentum schon von Anfang an diese Tendenz hatte« als Sklavenhalter und während des 250 Jahre dauernden Kampfes gegen die Ureinwohner Amerikas.[88]

Randall Barmer verzweifelt weniger daran, dass das amerikanische Christentum schon immer gewalttätig war, sondern dass die Religiöse Rechte die christliche Tradition um das Dienen und die Toleranz betrogen hat. »Der evangelikale Glaube, in dem ich als Kind aufgezogen wurde und der mir heute Kraft gibt, wurde von rechtsgerichteten Fanatikern gekapert, die das Evangelium von Jesus Christus verzerren, dem noblen Vermächtnis der evangelikalen Bewegung des neunzehnten Jahrhunderts nicht gerecht werden und den Genius des *First Amendment* [die verfassungsmäßige Garantie der Religionsfreiheit] nicht zu würdigen wissen.«[89] Balmer beschuldigt die Religiöse Rechte erstens des Fundamentalismus: ihr »selektiver Buchstabenglauben erlaubt es ihnen, Sünde *außerhalb* der evangelikalen Subkultur zu lokalisieren (so glauben sie jedenfalls) ... eine beliebte Taktik von Fundamentalisten«.[90]

Zweitens beschuldigt er die Religiöse Rechte der Blasphemie: die Erfolge der republikanischen Partei mit den Zielen Christi gleichzusetzen »ist schlicht und ergreifend Blasphemie ...«[91] Drittens wirft er ihnen vor, das Dienen vernachlässigt zu haben: die Religiöse Rechte »unterstützt Steuersenkungen für die reichsten Amerikaner ... und einen Rückbau des Sozialstaates ... um das soziale Netz für die

Ärmsten unter uns noch löchriger zu machen.«[92] Viertens
geißelt er ihren Militarismus. Nicht nur, dass der Irakkrieg
die »grundlegendsten Kriterien des gerechten Krieges«
nicht erfüllt hat. Darüber hinaus verletzen Pastoren, die Gewalt verherrlichen, den Kern des Christentums: »Ron Parsley,
Pastor der World Harvest Church in Ohio, verteilt Schwerter
an die Mitglieder seiner religiös rechten Organisation, dem
Center for Moral Clarity und ruft sie auf ›zu sichern und zu
laden‹ für eine ›Invasion des Heiligen Geistes‹«. Die Traditional Values Coalition macht Werbung für ihren »›Schlachtplan‹, die Bundesgerichtshöfe zu übernehmen ... ich frage
mich, was der Friedensfürst davon hält.«[93]

II-9. Die »New Evangelicals« in der Praxis: Umweltschutz, Abtreibung, Homosexualität

Da der Fokus dieser Untersuchung auf dem Verhältnis von Kirche und Staat liegt, scheint die Darstellung der Positionen der *New Evangelicals* zu den Themen Umweltschutz, Abtreibung und Ehe von Homosexuellen auf den ersten Blick ein wenig am Ziel vorbei zu gehen. Doch ihr Verhalten auf diesen wichtigen Gebieten reflektiert auch ihre Sichtweise auf die Beziehung von Kirche und Staat. Inwieweit nehmen sie den Staat in Anspruch, um ihre Ziele zu erreichen, und wie balancieren sie konstitutionelles und biblisches Recht aus? Wie schon im vorangegangenen Kapitel sind die nachfolgend skizzierten Positionen als Anhaltspunkte im Spektrum der *New Evangelicals* zu verstehen, die sich selber von der Religiösen Rechten abgrenzen. Zwei auffallende Merkmale sind: das Bemühen darum, gegnerische Sichtweisen zu verstehen und die Entwicklung von Strukturen, die auf Konsens und Zusammenarbeit zielen.

Umweltschutz: Von der Herrschaft über die Umwelt, zum Schutz der Schöpfung

Seit dem amerikanischen Bürgerkrieg und den Herausforderungen der Industrialisierung schien John Nelson Darbys dispensationaler Prämilleniarismus viele Evangelikale zu überzeugen. Er behauptete, dass bis zu Jesu Wiederkehr die Verhältnisse auf der Erde immer mehr im Chaos versinken würden. Für seine Anhänger waren die rapiden Veränderungen der Moderne genau die Art von Durcheinander, von der er geredet hatte und ein Beweis dafür, dass er richtig lag. Daher war, geht man von der unvermeidlichen Degeneration des diesseitigen Lebens aus, der Schutz der Umwelt eher nebensächlich. Stattdessen fanden viele Prämilleniaristen die Idee der Herrschaft über die Schöpfung überzeugend, die E. Calvin Beisner und andere in den siebziger Jahren entwickelt hatten. Sie behaupteten, dass die Erde für den Gebrauch des Menschen gemacht wurde, der »sie aus den Banden der Unfruchtbarkeit heraushebt in die produktive Freiheit. ... All unsere erwerbsorientierten Unternehmungen sollten mit dem Ziel ausgeführt werden, das göttliche Gesetz oder die göttliche Herrschaft auszubreiten.«[1] Aus dieser Perspektive ist der Mensch dazu bestimmt, die natürlichen Ressourcen produktiv zu nutzen.

Doch eine Reihe von Evangelikalen waren schon in den siebziger Jahren der Meinung, dass die Verantwortung des Menschen auf der Erde weniger in der »Herrschaft« sondern mehr in der »Verwaltung« besteht. Calvin DeWitt gründete 1979 das *Au Sable Institute of Environmental Studies*, dass sich zum Ziel gesetzt hatte, »die christliche Gemeinschaft und die Öffentlichkeit zu einem besseren Verständnis des Schöpfers und der Verwaltung seiner Schöpfung anzuleiten.«[2] Auf dem zentralen Campus in Michigan wurden Seminare zu Umweltschutz und Umweltethik gehalten. In Florida, Indien, Afrika und im Pazifikraum gibt es Partnerprogramme. In den achtziger Jahren verbreitete sich die Idee der Verwalterschaft und von Aktivisten wurde der Begriff *Creation Care* geprägt. 1993 startete Ron Sider das *Evangelical Environmental Network* um auf die Folgen der Luftverschmutzung aufmerksam zu machen und um sich für Umweltschutzpolitik stark zu machen. Im Jahre 2004 erklärte die NAE in *For the Health of the Nation*: »Wir sind nicht die Besitzer der Schöpfung, sondern ihre Verwalter, von Gott dazu berufen ›auf sie achtzugeben und uns um sie zu kümmern‹ (Gen 2,15). Dies impliziert das Prinzip der Nachhaltigkeit: unser Umgang mit der Erde muss so sein, dass sie bewahrt und erneuert, nicht ausgezehrt und zerstört wird. ... Weil saubere Luft, sauberes Wasser und ausreichende Ressourcen von großer Bedeutung für die öffentliche Gesundheit und Ordnung sind, hat die Regierung die Pflicht, ihre Bürger vor den Folgen der Umweltzerstörung zu beschützen.«[3] Die NAE befürwortet Recycling, effiziente Treibstoffe, einen schonenden Umgang mit natürlichen Ressourcen, Energiesparen und die Sorge um die Tierwelt und natürliche Lebensräume.

Im Jahre 2004 titelte das *Evangelical Environmental Network:* »What Would Jesus Drive«[4], um unter den Evangelikalen Unterstützung, für ein wichtiges Umweltschutzgesetz im Kongress zu erhalten. Noch expliziter war das im Jahre 2006 veröffentlichte Dokument *Environmental Climate Initiative/Evangelical Call to Action on Climate Change,* dessen Hauptautor David Gushee ist. Darin wird der Kampf gegen die globale Erwärmung als »christlicher Imperativ« bestimmt. Das Dokument wurde von über einhundert evangelikalen Leitern unterzeichnet und von *Christianity Today*[5], World Vision, einer der größten christlichen Hilfsorganisationen, und den Präsidenten von 39 christlichen Colleges unterstützt. Die Religiöse Rechte protestierte leidenschaftlich dagegen. Obwohl Richard Cizik von der NAE selbst einer der Mitwirkenden war, konnte er keine volle Unterstützung dafür von seiner Organisation erreichen. Gegen den eher konservativen Flügel der NAE gerichtet sagte Cizik der *New York Times* »Ich denke Gott wird uns nicht danach fragen, wie er die Erde gemacht hat, aber er wird uns fragen, was wir mit seiner Schöpfung getan haben.«[6] Er organisierte eine gemeinsame Konferenz von NAE und dem *Center for Health and the Global Environment* an der Harvard Medical School. Heraus kam eine Verpflichtungserklärung für den Schutz der Artenvielfalt und den Kampf gegen die Erderwärmung. Das wiederum brachte zwölf Führungskräfte der Religiösen Rechten dazu, Ciziks Entlassung zu fordern, was aber von der NAE ignoriert wurde.

In der Praxis haben die New Evangelicals eine Reihe verschiedener Ansätze, die Umwelt zu schützen. Die evangelikale Linke setzt eher auf staatliche Regulierungen, die meisten New Evangelicals setzten dagegen eher auf Marktmechanismen und die Selbstregulierung der Industrie. Claiborne und andere des eher gegenkulturell orientierten Flügels fahren ihre Autos mit Pflanzenöl, das sie von Restaurants im Tausch zum Beispiel gegen improvisierte Theatervorführungen erhalten. Sie installierten umweltfreundliche Generatorensysteme außerhalb des offiziellen Stromnetzes. Die Aktivisten, die eher dem Mainstream zuzurechnen sind, spenden für erneuerbare Energien, statten Häuser in armen Gegenden mit Solaranlagen aus und haben sich sehr dafür eingesetzt, dass die Standards für Energieeffizienz angehoben werden. In Übersee forsten sie Wälder wieder auf und arbeiten an der Verbesserung der Wasserversorgung. Viele von Ihnen sehen es skeptisch, die US-Wirtschaft mit Regulierungen zu belasten, die von der ausländischen Konkurrenz nicht eingehalten werden und sind daher zurückhaltend, was internationale Umweltschutzabkommen anbelangt. Andere finden diese zögerliche Haltung unchristlich. Gushee notiert: »Die USA kann (oder zumindest wird) nicht bei Programmen, die mehr Schaden für die Wirtschaft der USA als für andere Volkswirtschaften bedeuten würden, mitmachen. Das ist eine bedauerliche Haltung, angesichts der Schwere des Problems.«[7] In ähnlicher Weise meinen Boyd und Balmer, die fortwährend auf den Unterschied zwischen dem Reich Gottes und dem weltlichen Reich hinweisen, dass es für Regierungen angemessen sein kann, sich selbst zu schützen. Doch die Aufgabe von Christen ist es, Gottes Schöpfung – und nicht nationale Interessen – zu bewahren.

Abtreibung: »Ein paar Babies adoptieren und sich um ein paar Mütter kümmern.«

Die große Mehrheit der New Evangelicals lehnt aus ethischen Gründen Abtreibung ab. Eine Minderheit ist der Meinung, dass die Rechtmäßigkeit von Abtreibungen wenigstens die Zahl der illegalen Abtreibungen reduziert. Wallis, Balmer und Leah Daughtry, die pfingstkirchliche Pastorin, die 2008 den Nominierungsparteitag der Demokraten leitete, nehmen diese Haltung ein. Insgesamt wird sie aber nur von wenigen New Evangelicals vertreten. In der Tat führt der Idealismus der jungen Evangelikalen, der sie zur Armutsbekämpfung und zum Umweltschutz motiviert, ebenso zu einer großen Ablehnung gegenüber Abtreibung. 73 Prozent der Evangelikalen unter 30 glauben, Abtreibung sollte überhaupt oder in den allermeisten Fällen verboten sein; unter den Älteren sind es 71 Prozent.[8]

Doch grenzen sich die New Evangelicals von der Religiösen Rechten schon durch ihre unterschiedliche Taktik ab. Belästigungen von Frauen vor Abtreibungskliniken, Streiks und Vandalismus vor den Kliniken und insbesondere das Bedrohen oder gar Töten von Ärzten, die Abtreibungen durchführen, werden nicht mal in Erwägung gezogen. Des Weiteren sind die New Evangelicals davon überzeugt, dass die Beziehung die Christen zu schwangeren Frauen haben sollten, vom Dienen geprägt sein sollte. Das verlangt, dass sie den Schwangeren vor und nach der Geburt finanzielle, medizinische und emotionale Unterstützung anbieten. Denn wenn man Abtreibungen reduzieren will, muss man etwas gegen die häufigsten Ursachen für Abtreibungen tun. Viele New Evangelicals sind außerdem der Meinung, dass eine konsequente Ethik das voraussetzt, was Joseph Cardinal Bernadin 1984 »das nahtlose Gewand des Lebens« nannte. Wenn jemand gegen Abtreibung ist, muss er sich auch für

die Armen und die Menschenrechte einsetzen, und nicht
nur gegen Abtreibung, sondern auch gegen die Todesstrafe
sein[9] – eine Position, die die wenigsten Konservativen teilen würden.

Von den drei Gruppierungen der *New Evangelicals* sind
es jene wie Boyd und Claiborne, die sich auf individuelles,
freiwilliges Handeln konzentrieren, was ihre generelle außerstaatliche Haltung widerspiegelt. Boyd schreibt: »Die
ausdrückliche Frage des Reiches Gottes ist nicht: Wie sollten
wir *wählen?* sondern: Wie sollten wir *leben?* ... Wie können
wir, die wir schlimmere Sünder sind als irgendeine ungewollt schwangere Frau – und damit kein Recht dazu haben,
über sie zu richten –, unsere Zeit, Energie und Ressourcen
opfern, um ihnen und ihren ungeborenen Kindern einen
unüberbietbaren Wert beizumessen?«[10] Boyd und Claiborne
erzählen dazu ähnliche Geschichten. Boyd berichtet von einer Frau mittleren Alters in seiner Gemeinde, die, als sie
von einer schwangeren Teenagerin in ihrer Nachbarschaft
erfuhr, dass Mädchen zu sich nahm, als ihre wütenden Eltern sie hinauswarfen, und sie finanziell und emotional unterstützte, so dass sie die Schule beenden und später noch
einen Berufsabschluss machen konnte. Claiborne erzählt
von seiner Freundin Brooke, die einer jungen Frau half, als
diese als Teenager schwanger wurde und darüber hinaus
zwei der vier Kinder dieser Frau zu sich nahm. Claiborne
schreibt: »Ich habe jetzt ein eher ganzheitliches Verständnis davon, was es heißt, sich für das Leben einzusetzen. Ich
weiß, dass das Leben nicht einfach mit der Empfängnis beginnt und mit der Geburt endet, und dass ich, wenn ich
Leute von Abtreibungen abhalten will, bereit sein sollte, ein
paar Kinder zu adoptieren und mich um ein paar Mütter
zu kümmern.«[11] (Claiborne bezieht sich auf eine sarkasti-
sche Bemerkung des Kongressabgeordneten Barney Frank,
der sagte, dass die Religiöse Rechte wohl glaubt, dass das
Leben mit der Empfängnis beginnt und mit der Geburt en-

det, wenn sie sowohl gegen Abtreibung, als auch gegen die Fürsorgearbeit bei Bedürftigen sind. Claiborne unterstützt Franks Position, denn er meint, dass man nur dann gegen Abtreibung sein darf, wenn man ökonomische, medizinische und emotionale Hilfe für die bedürftigen Frauen und deren Kinder anbietet.)

Balmer ist einer der wenigen, die glauben, dass die Kriminalisierung von Abtreibung unvertretbar ist, angesichts des von der Verfassung garantierten Schutzes der Privatsphäre[12] und der düsteren Realität von Hinterhofabtreibungen, die das Ungeborene nicht retten und die Mutter großer Gefahr aussetzen. Sein Ziel ist es nicht, Abtreibungen illegal, sondern »undenkbar zu machen«[13], indem man Schwangeren und Kindern ausreichend Unterstützung anbietet. Außerdem ist es ihm ein Anliegen, die Instrumentalisierung von Abtreibung durch die Religiöse Rechte für politische Zwecke zu entlarven. Balmer meint, dass es angesichts der verschiedenen Interpretationsmöglichkeiten der Bibelstellen, die meistens gegen Abtreibung angeführt werden (Dtn 30,19; Ps 139,13-16; Lk 1,14-42)[14] ein Fall von »selektivem Buchstabenglauben« ist, diese Stellen als Argument gegen Abtreibung zu verwenden. Wenn konservative Evangelikale die Bibel wörtlich auslegen, fragt Balmer, warum sie dann nicht viel energischer gegen Ehescheidung sind, die in der Bibel ausdrücklich missbilligt wird.

Überdies stellt Balmer fest, dass die Anti-Abtreibungsbewegung kein Ausdruck spontaner Empörung gegen deren Legalisierung im Jahre 1973 war, sondern erst beinahe ein Jahrzehnt später, in den achtziger Jahren, an Dynamik gewann. Das Ziel war es, die Religiöse Rechte als *politische* Einheit zusammenzuführen und Stimmen für die republikanische Partei zu gewinnen. Bis zu diesem Zeitpunkt hatte Abtreibung auch evangelikale Befürworter. 1973 schrieb die *Baptist Press* »religiöse Freiheit, die Gleichheit aller Menschen und die Gerechtigkeit werden durch die Entscheidung des

Obersten Gerichtshofes zur Abtreibung gefördert.«[15] Aus
Balmers Sicht war es nicht das Thema Abtreibung, das die
Evangelikalen in den Siebzigern politisierte, sondern die seitens der Regierung drohende Abschaffung von Steuervortei-
len für religiöse, strikt nach Rassen trennende Schulen. Paul
Weyrich, einer der führenden Köpfe der Religiösen Rechten in den Siebzigern und Achtzigern bestätigt: »Was die
[Religiöse Rechte] sichtbar werden ließ, waren die Schritte
der Bundesregierung gegen christliche Schulen. Es gab
keine anderen Gründe.«[16] Nachdem der Streit um die Steu-
erbefreiung abgeklungen war, erinnert sich Weyrich, hielten die evangelikalen Leiter eine Telefonkonferenz ab, um
ein neues Thema zu finden, dass Evangelikale weiterhin die
Republikaner wählen lassen würde. Verschiedene Möglichkeiten wurden genannt. Dann schlug jemand Abtreibung
vor. »Auf diese Weise wurde Abtreibung in die politische
Agenda der Religiösen Rechten eingeflochten.«[17] Balmer
findet die Themenwahl interessant, bedenkt man wie groß
das Misstrauen der Evangelikalen gegen jede Einmischung
der Regierung in private Angelegenheiten ist. Sie ist ebenfalls merkwürdig angesichts der Unterstützung der Evangelikalen für die Todesstrafe, die absolut keine pro-life Haltung
ist. Balmer wundert sich, warum die Koalition aus Religiösen Rechten und Republikanern seit den Neunzigern Abtreibung nicht verboten hat. Sie hätten es tun können, als sie im
Kongress zwischen 1994 und 2006 die Mehrheit und dazu
zwischen 2000 und 2006 die Präsidentschaft inne hatten.
»Könnte es sein«, fragt Balmer, »dass sie weniger daran interessiert sind, die Häufigkeit von Abtreibung wirklich zu
reduzieren, als vielmehr daran, Abtreibung weiterhin als
eine sehr wirkungsvolle politische Waffe einzusetzen, die
ihnen die Mobilisierung ihrer politischen Basis ermöglicht
und Wählerstimmen garantiert?«[18]
    Wie Balmer setzen sich auch Hunter und viele andere
New Evangelicals, die mit dem Staat kooperieren, für umfang-

reiche Unterstützung von Frauen und Kindern ein. Aber im Gegensatz zu Balmer sind sie gegen die Legalisierung von Abtreibung. Hunter ist, ausgehend von der Pflicht jene zu beschützen, die sich nicht selbst schützen können, sowohl gegen Abtreibung, als auch gegen die Todesstrafe. Und doch kooperiert er mit Demokraten und Progressiven und half dabei, *abortion reduction* in das Parteiprogramm der Demokraten von 2008 zu integrieren. »Ich bin ein entschiedener Lebensschützer,« schreibt Hunter, »aber durch Zusammenarbeit statt durch Streit können beide Seiten [pro und contra Abtreibung] ihre Ziele erreichen.«[19] Hunter unterstützte ein Gesetzesvorhaben von Barack Obama, dessen Ziel es war, schwangeren jungen Frauen dabei zu helfen, ihren Schulabschluss zu machen und armen Frauen den Zugang zu Verhütungsmitteln, vor- und nachgeburtlicher medizinischer Hilfe und finanzieller Unterstützung zu erleichtern.

Das Dokument *For the Health of the Nation* der NAE repräsentiert die Meinung der Gemäßigten und der Konservativen dieser Gruppierung: »Wir glauben, dass Abtreibung, Euthanasie und unethische Experimente an Menschen die gottgegebene Würde des Menschen verletzen. ... sie eine Bedrohung für ältere Menschen, ganz junge Menschen und ungeborene ist, sowie für jene mit Behinderungen oder mit genetisch bedingten Krankheiten. Sie sind Bedrohung für uns alle.« Im Jahr 2009 beantragte die NAE beim Kongress ein Verbot der Verwendung öffentlicher Mittel zur Finanzierung von Abtreibungen (für Bedürftige).[20] Die meisten Mitglieder der NAE, in der Tat die meisten dieser Gruppierung, wollen auch weiterhin das Verbot gegen die staatliche Finanzierung von Stammzellenforschung und Hilfseinrichtungen, die Abtreibungen in Entwicklungsländern anbieten. Barack Obama hatte eine andere politische Strategie als George W. Bush und erlaubte es, das mit staatlichen Mitteln beides getan werden konnte, was zwischen ihm und vielen Evangelikalen zu Spannungen führte.[21]

Tony Campolo und Jim Wallis, beide der evangelikalen Linken zuzuordnen, nehmen charakteristischerweise
eine hybride Haltung ein und fordern sowohl staatliche als
auch individuelle Anstrengungen zur Reduzierung von Abtreibung. »Wir sollten konsequent *pro-life* sein,« schreibt
Campolo, »was bedeutet, dass das Leben heilig ist und geschützt werden soll, nicht nur das der Ungeborenen, *sondern auch das der Lebenden*. Das erfordert die Hingabe, Kriege
zu beenden, die Todesstrafe abzuschaffen und umfassende
Gesundheitsversorgung für alle unsere Bürger bereitzustellen – abgesehen von der Abschaffung der Abtreibung.«[22]
Wallis dazu: »Es wird ein großartiger Tag sein, wenn der
Kampf gegen Armut *und* der Kampf gegen Abtreibung
überparteiliche Themen und parteiübergreifende Anlässe
werden.«[23] Wallis ist wie Balmer einer von wenigen Evangelikalen, die an legaler Abtreibung festhalten würden.[24] Er
hat außerdem Stellung bezogen zur Diskussion über männ-
liche Sexualität, die »unerlässlich ist, um Lösungen für das
Abtreibungsdilemma zu finden und deren Botschaft es sein
sollte, dass Männer mit anderen Männern sprechen.«[25] Wallis und Campolo unterstützen den Gebrauch von Verhütungsmitteln. Campolo merkt an, dass, wenn die staatliche
Gesundheitsfürsorge für Bedürftige auch Verhütungsmittel
beinhalten würde, jährlich etwa 500.000 Abtreibungen vermieden werden könnten.[26]

Insgesamt scheint sich 2008 ein Konsens unter den *New
Evangelicals* herausgebildet zu haben, dass die Ablehnung von
Abtreibung dann kohärent und Christus gemäß ist, wenn
sie wie das Eintreten für arme Familien und gegen andere
Formen des Tötens, z. B. die Todesstrafe, in das »nahtlose
Gewand des Lebens« eingewebt ist. Der Unterschied zwi-
schen Boyd und Claiborne auf der einen und Hunter, der
NAE und der evangelikalen Linken auf der anderen Seite, ist
die stärkere Zusammenarbeit mit dem Staat, die letztere be-
treiben.

Lebenspartnerschaften von Homosexuellen: Die Sünden der Anderen

Einerseits widmen David Kinnaman und Gabe Lyons ein ganzes Kapitel ihres Buches *Unchristian* der ihrer Meinung nach unchristlichen Homophobie unter den Evangelikalen. Andererseits wurde Richard Cizik, Vize-Präsident für staatliche Angelegenheiten bei der NAE im Dezember 2008[27] der Rücktritt nahegelegt, nachdem er in einem Radiointerview über seine »Gefühlsverschiebung« die Lebenspartnerschaften von Homosexuellen betreffend sprach: »Ich muss zugeben, dass ich dabei bin, meine Meinung zu ändern. Mit anderen Worten: ich würde bereitwillig sagen, dass ich an eingetragene Lebenspartnerschaften glaube. Ich unterstütze nicht offiziell eine Neudefinition der Ehe, denke ich.«[28] Cizek fügte an, dass 40 Prozent der jungen Evangelikalen homosexuelle Freunde oder Familienmitglieder haben und über 50 Prozent die gleichgeschlechtliche Ehe oder Lebenspartnerschaften für Homosexuelle unterstützen.

Die Aufregung, die Cizik damit verursacht hat, illustriert die Uneinigkeit unter Evangelikalen beim Thema Homosexualität: einerseits ein starkes Unbehagen Homosexualität gegenüber (gilt für 80 % der theologisch Konservativen; 40 % der Evangelikalen sagen, dass Schulen das Recht haben sollten, homosexuelle Lehrer zu entlassen und einige sind skeptisch, Geld für Einrichtungen der HIV/AIDS-Hilfe zu spenden). Andererseits gibt es aber auch großes Unbehagen genau diesen traditionellen Sichtweisen gegenüber. Der Unterschied zwischen den Generationen ist signifikant. Während 58 % der älteren Evangelikalen und 46 % der Baby-Boomer finden, dass ein »homosexueller Lebensstil« ein »großes Problem« ist, sind nur 29 % der Evangelikalen unter 30 dieser Meinung.[29] Die Entlassung von Cizik 2008 könnte eine abschreckende Wirkung auf die Diskussion gehabt haben: »Es gibt jetzt wahrscheinlich weniger gemäßigte Evangelikale, die laut sagen würden, dass sie für eingetragene Lebenspartnerschaften sind,« schreibt Gushee. »Progressive Evangelikale würden das tun. Gemäßigte Evangelikale denken vielleicht darüber nach. Aber für die Homosexuellen-Ehe gilt immer noch ein ›Nein‹.«[30]

Ein Ansatz, der sich unter den *New Evangelicals* durchsetzt, ist die Unterscheidung zwischen Homosexualität als Sünde und Homosexualität als Verbrechen oder Zustand verminderter Rechte. »Wir sollten uns beruhigen«, sagt Hunter, »und darüber nachdenken, was der religiöse und was der rechtliche Aspekt ist.«[31] Dieser Unterscheidung liegt die Trennung von Staat und Kirche zugrunde: man mag glauben, dass Homosexualität eine Sünde ist, aber der Glaube ist eine religiöse Angelegenheit, die für den neutralen Staat keine Rolle spielen darf. Der Staat entzieht beispielsweise niemandem seine Bürgerrechte, weil er sich anderer Sünden, wie Ehebruch oder Gier schuldig macht. Evangelikale, die diese Ansicht teilen, mögen mit Homosexualität nicht einverstanden sein, aber sie sind bestrebt, mit Homosexuellen zurechtzukommen und ihnen zu dienen, wie sie es mit allen Menschen tun. [Siehe Interview mit der *National Community Church*, Sektion III]

Campolo hat einen kreativen Vorschlag zur Frage nach Lebenspartnerschaften von Homosexuellen: der Staat sollte sowohl hetero- als auch homosexuellen Paaren nur eingetragene Lebenspartnerschaften gewähren, da dies im Geltungsbereich des Staates liegt. Eingetragene Lebenspartnerschaften sollten Rechte und Pflichten beinhalten, die dem Gemeinwohl dienen (zum Beispiel die elterliche Fürsorgepflicht nach einer Scheidung). Im Gegensatz dazu sollte die Ehe als Sakrament den Kirchen vorbehalten bleiben, so dass jede Gemeinde selbst entscheiden kann, ob sie Homosexuelle traut oder nicht. In der Tat ist die Scheidung in den USA bereits eine zivilrechtliche Angelegenheit und religiöse

Scheidungszeremonien haben keine Auswirkungen auf den rechtlichen Status. »Die Verschränkung von Staat und Kirche bei der Anerkennung von Ehen,« bestätigt Gushee, »ist ein Überrest aus alten Tagen. ... Ich unterstützte die Homosexuellen-Ehe nicht, teilweise aufgrund von Bedenken einem inkohärenten System gegenüber, doch wir brauchen andererseits eine rechtliche Anerkennung für langfristige Ehe-ähnliche heterosexuelle Partnerschaften« weil »es nicht gut für eine Gesellschaft ist, Partnerschaftsbeziehungen in einem rechtsfreien Raum zu belassen. Wenn der Staat nicht die Rahmenbedingungen und verfahrensrechtlichen Bestimmungen schafft, werden sich einfach die stärksten Interessen durchsetzen.«[32]

Innerhalb der drei Gruppierungen der *New Evangelicals* sind es Boyd und Balmer, die fragen, ob Homosexualität deshalb ein Thema oberster Priorität ist, weil Evangelikale sie für eine Sünde halten, von der sie selbst frei sind. »Wir Evangelikale mögen geschieden und mehrmals wieder verheiratet sein,« schreibt Boyd. »Wir sind vielleicht genauso gierig und gleichgültig den Armen gegenüber und genauso gefräßig wie die anderen um uns herum; wir mögen genauso anfällig für Klatsch und Verleumdung, genauso blindlings voreingenommen sein wie andere. ... Diese Sünden gehören zu den am meisten in der Bibel genannten. Aber wenigstens sind wir nicht *schwul*!«[33] Kinnaman und Lyons stellen fest, dass jene, die diese Hoffnung hegen, enttäuscht sein werden: ein Drittel der Homosexuellen geht regelmäßig zur Kirche und knapp 17 % sind evangelikal.[34] Sogar Billy Graham, Vater des Nachkriegs-Evangelikalismus, schreibt ähnlich wie Boyd, Homosexualität »ist falsch, es ist eine Sünde. Aber es gibt auch andere Sünden. Warum behandeln wir diese Sünde, als wäre es die größte von allen? Die größte Sünde, die die Bibel kennt, ist der Götzendienst.«[35]

Boyds Vorschläge konzentrieren sich, wie immer, auf persönliche, freiwillige Initiativen. »Was wäre, wenn wir anstatt zu versuchen, Homosexuellen das Leben rechtlich schwer zu machen, uns nur Gedanken darüber machen würden, wie wir ihren unüberbietbaren Wert bejahen und ihnen damit dienen können.«[36] Seine Idee ist nicht, »dass die Kirche sich öffentlich für die Homosexuellen-Ehe einsetzen soll ... aber in der Rolle als öffentliche Repräsentanten des Reiches Gottes sollten wir Christen Homosexuellen gegenüber Golgatha nachahmen (wie allen Menschen gegenüber), und darauf vertrauen, dass dieser liebevolle Dienst Menschen mehr verändern wird, als es Gesetze jemals könnten.«[37] Kinnaman und Lyons schreiben dazu: »Schwule und Lesben sollten nicht überrascht sein, uns bei den Themen HIV/AIDS und Diskriminierung am Arbeitsplatz in nichtreligiösen Kontexten an ihrer Seite zu finden.«[38]

Balmers Untersuchungen legen nahe, dass die Lebenspartnerschaft für Homosexuelle von den Leitern der Religiösen Rechten in den neunziger Jahren instrumentalisiert wurde, wie schon Abtreibung ein Jahrzehnt zuvor instrumentalisiert worden war. Balmer schreibt, dass nach dem Zerfall der Sowjetunion »die Religiöse Rechte verzweifelt nach einem neuen Feind suchte. ... Ich würde nicht bestreiten, dass die Führer der Religiösen Rechten bis zu einem gewissen Grad aus Überzeugung handelten, aber sie, wie auch die Führer der republikanischen Partei, sahen auch eine politische Gelegenheit.« Balmer findet diesen Opportunismus abscheulich. Er findet es außerdem abscheulich, über die Sünden von Anderen zu richten, Homosexuelle eingeschlossen, und diese zu diskriminieren.[39] Er befasst sich mit der Etablierung von Rechten für Homosexuelle. Er schreibt:»Passt die Verweigerung gleicher Rechte für irgendjemanden – Frauen, Muslime, Immigranten oder Homosexuelle – zu dem Beispiel des Mannes, der Aussätzige und Gelähmte heilte und die meiste Zeit mit den von der Gesellschaft Ausgestoßenen seine Tage verbrachte?«[40]

Hunter tritt, wie viele Evangelikale, die konventionell
mit der Politik zusammenarbeiten, nicht für den legalen
Status homosexueller Lebenspartnerschaften ein. Er definiert die »ideale Ehe« als die zwischen einem Mann und einer Frau (Mt 19). Aber er sagt auch: »Ich verwende einfach
nicht viel Energie auf dieses Thema. Angesichts von 25.000
Kindern, die jeden Tag an Hunger sterben, sind eingetragene Lebenspartnerschaften für Homosexuelle kein Thema,
mit dem ich mich lange auseinandersetzen werde.«[41] Ähnlich drückt es Tony Evans aus, ein einflussreicher Pastor aus
Dallas: »Wenn die Kirche Rassismus behandelt hätte, wie
sie es mit anderen Sünden wie Ehebruch, Homosexualität
und Abtreibung getan hat, wäre Rassismus schon vor langer Zeit ein Thema gewesen.«[42] Hunter glaubt, dass die Fokussierung der Evangelikalen auf Homosexualität eine Folge
von Angst ist: »Die Menschen haben Angst, dass man ins
Gefängnis kommt, wenn man von der Kanzel herab Homosexualität eine Sünde nennt, und der Staat der Kirche ihren
steuerfreien Status entzieht. Das alles ist hysterisch.« Hunter erinnert an Balmers Studie über politische Instrumentalisierung und fährt fort: »Die Propheten – vielleicht sollte
ich sagen ›Profiteure‹ – dieser Polarisierung vertreten diese
Ansichten, um ihre Hörerschaft und ihr Einkommen zu ver-
größern, durch diese Art der Desinformation. Angst hat einen Markt.«[43]

Vielleicht weil sich die Ansichten zu Homosexualität unter jungen Evangelikalen rapide verändern, wird
das Thema homosexueller Lebenspartnerschaften vermehrt
auch auf dem Campus diskutiert. Das gemäßigte Council for
Christian Colleges & Universities versucht, angstgeleiteter Politik
nicht zu erliegen. Einerseits lehnen die meisten Universitäten in der CCCU homosexuelle Handlungen und Lebenspartnerschaften ab. Die CCCU unterstützt confessional hiring,
insbesondere das Recht, Homosexuelle ablehnen zu können, da ihre Lebenseinstellung nicht mit christlichen Wer-

ten übereinstimmt. Aber die CCCU, so der frühere Präsident Robert Andringa »versucht einen Weg zu finden, sich mit den Führern der *Gay-Rights-Movement* zusammen zu setzen, damit wir uns auf Menschen beziehen und nicht einfach auf Ängste und Bedrohungen ...«[44]

Schließlich steht in dieser Gruppierung die NAE charakteristischerweise im Zentrum. Einerseits sagen sie: »Wir sind außerdem gegen Neuerungen wie die gleichgeschlechtliche Ehe,«[45] andererseits ist sie gegen Diskriminierung. »Wir würden kein Gesetz unterstützen,« erklärt Carl Esbeck, Rechtsberater der NAE, »das es verbieten würde, die Namen von homosexuellen Soldatinnen und Soldaten auf das Denkmal für den Vietnamkrieg zu schreiben. Das ist kapriziös und verletzt die Gleichbehandlungsklausel des vierzehnten Verfassungszusatzes.«[46]

Shane Claiborne, Verfechter der »radikalen Gegenkultur«, schreibt: »Meine Studien haben mich gelehrt, dass umso öfter eine Person zur Kirche geht, sie desto eher sexistisch, rassistisch, schwulenfeindlich, militaristischer und ihrer örtlichen Kirche verpflichtet ist.«[47] Im Gegenzug fordert er heraus: »Wir müssen dieser schrecklichen Theologie ›Gott hasst Schwule‹ entgegentreten. Es beginnt damit, dass wir Homosexuelle lieben und dass Gott Homosexuelle liebt.« Aber Claiborne ist sich auch der Bandbreite von Ansichten zu diesem Thema bewusst und meint, dass auch jene, die die gleichgeschlechtliche Ehe unterstützen, in Bezug auf Sexualität kein »anything goes« vertreten. In öffentlichen Diskussionen über das Thema homosexuelle Lebenspartnerschaften präsentiert seine Gemeinschaft *The Simple Way* »vier Menschen, die darüber sprechen, wie sie ihr Heil erlangt haben und was sie glauben, wie Gott zu ihrem Lebensstil steht.« Auf diese Weise kann das Publikum eine Ahnung von der Bandbreite evangelikaler Ansichten bekommen und hoffentlich eine eigene Sichtweise entwickeln. Die Haltung seiner Gemeinschaft zu homosexuellen Lebenspartnerschaften spiegelt den Stil der »Emergent Church« wider. »Wenn du der Meinung bist, dass es eine Sünde ist, homosexuell zu sein, kannst du hier bleiben, solange du die homosexuellen Menschen liebst. Und wenn du denkst, dass es eine Sünde ist, das zu behaupten, kannst du hier bleiben, solange du die Person liebst, die es behauptet hat.«[48]

Campolo, Wallis und Ron Snider von der evangelikalen Linken versuchen religiöse und rechtliche Fragen auseinanderzuhalten. Wallis unterstützt homosexuelle Lebenspartnerschaften und Gleichbehandlung für Homosexuelle (bei Wohnungspolitik, Beschäftigungspolitik etc.). Campolo merkt an, dass die US-Regierung heterosexuellen Paaren 1138 Rechte zugesteht, nicht aber homosexuellen Paaren und findet dafür keine Rechtfertigung in den Lehren Jesu. Mit einiger Ironie verweist er auf den Irrtum in der Behauptung, dass die Ehe für Homosexuelle die heterosexuelle Ehe untergraben würde: »Heterosexuelle sind die, die sich scheiden lassen – Homosexuelle wollen heiraten!« Ehen von Homosexuellen könnten daher »genau das Gegenteil bewirken – die traditionelle Ehe stärken.« Auf das Beispiel Jesu Bezug nehmend schreibt Campolo: »Gerechtigkeit für Schwule und Lesben sollte politisch höchste Priorität haben ... denn es ist unmöglich Menschen zu sagen, dass wir sie lieben, wenn wir ihnen die Grundrechte verweigern, die wir selbst genießen. Und Menschen zu lieben – *alle* Menschen – ist klar die Botschaft der *red letters* [Jesu Worte] in der Bibel.«[49]

Die Übersicht fasst die Ansichten der New Evangelicals zu Umweltschutz, Abtreibung und Homosexualität im Vergleich zur Religiösen Rechten zusammen.

	Religiöse Rechte	Betonung auf Außerstaatlichkeit (Boyd u.a.)	Zusammenarbeit mit dem Staat (Hunter u.a.)	Außerstaatlichkeit mit kritischer Haltung (Claiborne u.a.)	Evangelikale Linke.
Umweltschutz	Eher skeptisch, wenig bis keine Unterstützung	Dafür	Dafür	Dafür	Dafür
Abtreibung	Klar dagegen; Taktiken reichen von Überredung bis zu Belästigung von Schwangeren, Ärzten und Kliniken.	Mehrheitlich dagegen; versuchen Abtreibung durch persönliche Hilfe für Mütter und Kinder zu reduzieren.	Dagegen; versuchen Abtreibung durch persönliche Hilfe für Mütter und Kinder zu reduzieren; Zusammenarbeit mit dem Staat und progressiven Institutionen.	Mehrheitlich dagegen; versuchen Abtreibung durch persönliche Hilfe für Mütter und Kinder zu reduzieren.	Mehrheitlich dagegen; einige Unterstützung für legale Abtreibung; versuchen Abtreibung durch persönliche Hilfe für Mütter und Kinder zu reduzieren; Zusammenarbeit mit dem Staat und progressiven Institutionen.
Lebenspartnerschaften / Ehen für Homosexuelle	Gegen Ehen und Lebenspartnerschaften.	Gegen Ehen; gemischte Haltung zu Lebenspartnerschaften; gegen Diskriminierung & Gewalt.	Gegen Ehen; gemischte Haltung zu Lebenspartnerschaften; gegen Diskriminierung & Gewalt.	Gegen Ehen; gemischte Haltung zu Lebenspartnerschaften; gegen Diskriminierung & Gewalt.	Gegen Ehen; gemischte Haltung zu Lebenspartnerschaften; gegen Diskriminierung & Gewalt.

Teil III:
Interviews

Um die praktischen Anwendungen der »New Evangelicals« Ansichten zu verstehen, beschäftigte sich
der vorhergehende Teil des Buches mit organisatorischen
Aktivitäten quer durch alle politschen Lager, von geringerer
Beteiligung durch den Staat, bis zu mehr konventionellem
politischen Engagement. Die Interviews in diesem Teil beab-
sichtigen, den persönlichen Aktivismus aufzuzeigen. Was bedeutet es für einen Bauarbeiter in Idaho, einen Studenten in
Illinois oder einen Verwaltungsbeamten in Iowa, das »Reich
Gottes« zu bezeugen und sich mit denen auseinanderzu-
setzen und die zu begleiten, mit denen man eben nicht einer Meinung ist? Was bedeutet es, einem afrikanischen Dorf
zu sauberem Wasser zu verhelfen und ihm gleichzeitig den
christlichen Glauben zu vermitteln, ohne Druck auszuüben?
Wie kann ein evangelikaler Berater des weißen Hauses für
ein konfessionsbezogenes Einstellungsverfahren plädie-
ren und Folter ablehnen, während er gleichzeitig mit allen Gruppen des politischen Spektrums zusammen arbeiten muss?

Der Kontext dieser Interviews ist amerikanisch geprägt,
aber viele der »New Evangelicals«, einschließlich 55 % der
unten genannten, reisen regelmäßig nach Übersee und arbeiten mit Menschen zusammen, die weder Amerikaner
noch Christen sind. Diese Tatsache und die Gemeinsamkeiten zwischen den »New Evangelicals« und Religionen
weltweit, haben dafür gesorgt, dass der aktuelle Diskurs
um die »New Evangelicals« weder zu provinziell noch zu
sektiererisch ist, um weltweit verstanden und diskutiert zu
werden. Diese Gemeinsamkeiten sind religiöser Pluralismus
inmitten einer dominanten Religion (die einer globalen
Ein- und Auswanderung geschuldet ist), das »globale Prinzip eines konfessionsgebundenen Unterrichts« sowie eine

bürgerliche Gesellschaft religiöser Verbindungen, die eine
große Auswahl an Dienstleistungen für die Gesellschaft bieten – von der Kreditvergabe bis zur Möglichkeit, sich politisch zu organisieren. Solche Verbindungen in Amerika teilen viele Verantwortlichkeiten und Dilemmas mit anderen
religiösen Verbindungen in der Welt, weil sie sowohl finanzielle und rechtliche Bestimmungen des Staates einhalten,
als auch ihr Verhältnis zu anderen gesellschaftlichen Gruppen bestimmen müssen.

Die geführten Interviews[1] wurden zum einen mit Wis-
senschaftlern, Pastoren und politischen Beratern, zum anderen aber auch mit Laien in einem Zeitraum von 2007–2010
geführt: Männer und Frauen zwischen 20 und 74 Jahren,
die in unterschiedlichsten religiösen Gemeinschaften (einschließlich Katholiken, die evangelischen Kirchen besuchen)
in Kalifornien, Wisconsin, Idaho, Florida, Pennsylvania, Texas, Georgia, Minnesota, Mississippi, Washington DC, Iowa,
Virginia, New York und Illinois leben. Eine kurze Beschreibung der Person und seiner Lebenssituation ist jedem Interview vorangestellt oder wird im Interview anschaulich
dargelegt. Bei den Interviewten, deren Muttersprache nicht
Englisch ist, wurden die sprachlichen Eigentümlichkeiten,
sozusagen die »eigene Stimme«, erhalten. Die Interviewten kommen aus unterschiedlichsten Berufsgruppen darunter: Feuerwehrleute, Lehrer, Bauarbeiter, Büroangestellte,
Krankenschwestern, Angestellte kirchlicher Gemeinden,
Studenten, Projektmanager, Pastoren, Immobilienmakler,
Professoren und politische Berater. Die meisten von ihnen
sind weiß, was zwei Dinge reflektiert: zum einen die relativ neuen Bestrebungen der Evangelikalen die Rassenthema-
tik mit einzubeziehen, zum anderen den Fokus dieser Studie auf die »New Evangelicals« zu richten, die sich von der
Religiösen Rechten entfernen, die fast ausschließlich weiß
war.

Nan, Sachbearbeiterin, Iowa

Nan ist Sachbearbeiterin, verheiratet und Mutter von erwachsenen Kindern. Das geistliche Amt, mit dem sie sich in ihrer lutherisch-evangelischen Kirche am stärksten beschäftigt, ist eine Reform der Einwanderungs- gesetze. Man sollte Amerikas 13 Millionen nicht erfassten Einwanderern die Möglichkeit geben, die amerikanische Staatsangehörigkeit zu erwerben und sollte mitfühlender gegenüber all denjenigen sein, die sich so sehr bemühten, ins Land zu kommen.

Nan: Ich bin in einem, man könnte sagen, traditionell evan- gelischen Baptistenhaushalt groß geworden. Da gab es eine Menge Verbote, also kein Tanz und so etwas. Doch bei Reli- gion ging es immer um dein persönliches Seelenheil. Aber das ist nicht das, was christlicher Glaube ist. Das ist, an- deren etwas zu geben, andere zu versorgen, zu sehen, was man tun kann.

Eine lange Zeit lang war ich der Kirche nicht besonders verbunden. Aber vor ungefähr zehn Jahren, da hatte ich ei- nen totalen Tiefpunkt, meine jüngste Tochter brachte mich um den Verstand und viele andere Dinge wuchsen mir über den Kopf. Schließlich habe ich meine Hände gen Himmel gehoben und gesagt, »Gott wenn es dich gibt, dann brau- che ich dich jetzt. Du hast mich erschaffen. Und wenn du da bist, dann wirst du kommen und mich finden.« Und dann, wie aus dem Nichts, bekam ich einen Anruf von je- mandem aus der Kirche, der mich fragte, ob ich etwas tun könnte – und dann, drei Jahre später, war ich Vorsitzende ei- ner großen Kirchengemeinde. Ich glaube, ich hatte aufge- hört, immer alles allein schaffen zu wollen. Ich vertraute auf

Gott und ich fühlte mich, als sei ich endlich aufgewacht, nach einem langen Schlaf.

Ich machte eine Reise mit der Kirche. Wir fuhren nach Mexiko und ich sah die Armut und auch die Verzweiflung der Menschen, die versuchten, in die USA zu kommen. Natürlich wusste ich all das vorher, aber es direkt zu erleben, ist schon noch etwas anderes. Ich fuhr also wieder heim und fragte mich, was ich nun mit dieser Erfahrung anfangen kann in unserem weißen, weißen Iowa?

Dann stieß ich auf *AMOS* [A Mid-Iowa Organization Strategy[2]]. Gott hatte einen Plan. Und so wurde ich aktiv beim Thema Einwanderungsreform. Hier in Iowa haben wir viele Einwanderer, die in der Fleischverpackungsindustrie arbeiten – und wir haben sehr viele Vorurteile. Weiße haben Angst, vielleicht ist das angeboren. Sie haben Angst davor, das zu verlieren, was sie kennen, Angst davor, dass sich ihr Leben um sie herum verändert. Sie haben diese Vorstellung, dass Amerika ein »weißes Land« ist. Sprich mal mit einem amerikanischen Ureinwohner darüber! Wenn Menschen Angst haben, dann fühlen sie sich sicherer in einem Gruppengedanken: »Ich muss richtig liegen, denn jeder denkt wie ich und ich denke wie jeder.« Das ist es wahrscheinlich auch, warum so viel Aufhebens um das Thema gleichgeschlechtliche Ehe gemacht wird. Doch es erklärt oder löst nicht jedes Problem. Die meisten Amerikaner wissen nichts über die mexikanisch-amerikanische Handelspolitik, und welche Armut sie in Mexiko schafft. Wir vertreten eine Handelspolitik, die uns begünstigt; sie müssen von uns kaufen.

MP: Glauben Sie, dass sie mit Ihrer Sicht eine Minderheit in Iowa vertreten?

Nan: Ich glaube, dass die »Einheimischen«, die sich fürchten, immer am lautesten sind. Aber da gibt es noch eine ganze Reihe Menschen, die denen nicht zustimmt, aber sich nicht bemerkbar machen. Vielleicht täusche ich mich, aber Iowa war der erste Staat der für Obama gestimmt hat [im Vorwahlkampf 2008]. Wir waren bewegt, dass so viele ihn gewählt hatten. Es hatte sich in den vergangenen vier beziehungsweise acht Jahren dann doch etwas geändert.

MP: Was?

Nan: Woher kam diese verrückte Religiöse Rechte, die Typen wie Jerry Falwell hervorbrachte? Plötzlich sprachen sie für alle Christen! Die moralische »Mehrheit« – ich verabscheue das. Sie haben sich nur drangehängt, bevor wir es taten – das war alles. Die Religiöse Rechte besetzte die Themen »Abtreibung« und »gleichgeschlechtliche Ehe«, so dass die Leute glaubten, wenn sie die Rechte nicht unterstützten, bedeutete es, dass sie der Tötung von Babys zustimmten. Ich bin auch darauf reingefallen. Als ich aus Mexiko zurückkam, dachte ich, dass ich keine Demokratin sein kann, weil ich die Abtreibungen ablehne. Nach dem 11. September war es ein wichtiges Gefühl zusammen zu stehen. Ich dachte, weil Bush ein Mann des Glaubens ist, muss er aufrichtig sein mit dem, was er sagt. Aber er hat gelogen. Er hat seinen Glauben ganz und gar nicht ausgeübt. Jemand in meiner Gemeinde – derjenige, der die gemeindliche Beziehung zur Diözese in Tansania leitet – sagte mir, dass es eine Menge Belange in der Welt gibt; Abtreibung ist nicht das einzige.

MP: Tansania?

Nan: Wie eine Schwester-Kirche. Wir haben vieles, mit dem wir uns beschäftigen. Aber egal, er öffnete mir die Augen. Mein Bruder denkt, ich bin auf dem Weg in die Hölle, weil ich Demokratin bin. Ich sagte ihm: »Ich bin eine Pro-Leben-Demokratin. Viele Menschen werden jeden Tag auf der Welt getötet, Kinder, Frauen und Männer. Abtreibung ist also nicht die einzige Form von Mord. Und das ist es, warum ich Demokratin bin.«

Zuletzt hatte einer meiner Nachbarn die Dreistigkeit zu sagen, »wann hören wir auf, uns auf die Zeit zu beziehen, als die Europäer ins Land kamen und die Einheimischen an den Rand der Gesellschaft drängten?« So hat er sich nicht ausgedrückt, er war vulgärer. Ich sagte, »Nie! Wir haben sie an den Rand der Gesellschaft gedrängt – sie und ihre gesamte Kultur. Und wir versuchen es jetzt auch mit den Menschen, die aus dem Süden, aus Lateinamerika kommen, und die zu überleben versuchen. Also, nie.« Solche vertrauten Worte wie: »Von denen, denen viel gegeben, wird viel erwartet.« Uns ist so viel gegeben worden! Und nun drehen wir uns um und sagen, »es ist genug Zeit vergangen, wir schulden niemandem etwas?«

MP: Sollten wir den Ureinwohnern und den Minderheiten Reparationszahlungen leisten, oder reicht es heute aus, wenn wir faire Voraussetzungen – also mehr Job- und Ausbildungsangebote schaffen?

Nan: Die Indianer haben da untereinander große Meinungsverschiedenheiten. In South Dakota lehnten beispielsweise einige Ureinwohner die gerichtlich verfügten Reparationszahlungen ab, die ihnen für die Übernahme ihrer heiligen Plätze und auch ihrer Friedhöfe zustehen. Doch nun sagen einige, »Wir sind schon oft genug reingelegt worden, nun lasst uns das Geld nehmen.«

Da ist Wohltätigkeit und da ist die Gerechtigkeit. Es geht nicht, wir können keine Wiedergutmachung zahlen, für das, was wir getan haben. Wir haben hier gelebt, wir haben das Land besiedelt, wir haben es vollkommen verändert. Respekt, Möglichkeiten, Anerkennung, das ist es, was wir ihnen schulden. Wenigstens haben wir jetzt das schöne Smithsonian Museum zu Ehren der Ureinwohner.

Ein trauriges Kapitel in unserer Einwanderungspolitik sind die Kinder, die südlich der Grenze geboren und als Babys hierher gebracht werden. Sie kennen Mexiko, Honduras, Guatemala, oder welches Land auch immer, nicht, aber sie sind keine US-Bürger. Sie schließen die High School ab und können danach kein College besuchen, weil sie keine Papiere haben. Das »Dream Act Programm« der Regierung, das Jugendlichen helfen soll, eine Ausbildung zu bekommen – ist mein wichtigstes Anliegen.

Es ist das gleiche mit den Afro-Amerikanern: sie sind keine Afrikaner, aber sie sind hier niemals angenommen worden. Wie kann man das korrigieren? Wir sind ein Land von Verschleppten und farbigen Menschen, die gegen ihren Willen hierher gebracht worden sind. Wir sind kein weißes Land. Wir sind irische Kartoffelfarmer, die vor der Hungersnot geflohen sind. Wohin soll das denn führen mit diesem Einheimischen-Mist?

MP: Ist Ihre Gemeinde multi-ethnisch oder multikulturell?

Nan: Auf nationaler Ebene orientiert sich die lutherisch-evangelische Kirche sehr an sozialer Gerechtigkeit. In der Mitgliedschaft sind wir nicht besonders multikulturell. Historisch gesehen kommen die Lutheraner aus Skandinavien, sie sind also weiß. Der Witz ist, dass wir den bedächtigen, stoischen und emotionslosen Skandinavier in uns tragen. Wir würden sicherlich nicht lustig durch die Kirche tanzen, und das ist nicht besonders attraktiv für junge Leute – oder für viele Leute. Aber unsere Theologie ist gut.

MP: Vorhin haben Sie die Religiöse Rechte kritisiert. Meinten Sie damit ihre Positionen, ihre Taktiken?

Nan: Das ist interessant: Wir gehen zu unserem Gesetzgeber und sagen, »Wir Gläubige haben unsere Werte und unsere Weltanschauungen und die verpflichten uns, dass wir den Armen in der Welt helfen«. Inwieweit ist das anders, als zu sagen, »Als Gläubige wollen wir Abtreibung nicht unterstützen.« Hmmmm.

Ich sehe Glauben als meinen *Kontext*. Ich kann meinen Glauben nicht abkoppeln von allem anderen, was ich bin. Gott hat uns geschaffen, damit wir einander lieben. Das ist meine Bestimmung. Das ist es, weshalb ich eigentlich lebe. Wenn ich also zum Gesetzgeber gehe, ohne meinen Glauben zu erwähnen, würde ich das, was ich bin, das, was mich ausmacht, draußen lassen.

MP: Bis hierhin ist das, was Sie gesagt haben, einfach – also, nicht dass es einfach ist, ein durch Glauben geprägtes Leben zu leben. Aber Sie fordern die Regierung auf, sich gerecht allen gegenüber zu verhalten.

Nan: Ja ... und ....

MP: ... der Vorwurf an die Religiöse Rechte ist, dass sie anderen ihre Meinung aufzwingen wollen, was nicht fair ist...

Nan: Ich habe darüber nachgedacht. Mich beunruhigen Missionare die sagen: »wenn du nicht an Jesus Christus glaubst, dann wirst du zur Hölle verdammt sein«. Das grenzt schon mal eine ganze Menge Leute aus, Juden, Chinesen. Aber der Gott der Liebe gab uns Verstand, Intelligenz und Vielfalt – ist es uns erlaubt, eine große Fläche dieses Planeten einfach wegzustreichen? Ich glaube nicht. Wäre ich ein Missionar, würde ich meinen Glauben durch Liebe vermitteln. Wenn sie erfahren, was mich bewegt, also mein Glaube, und sie entscheiden sich diesem Weg zu folgen, dann ist das gut. Wenn nicht, werde ich mir nicht anmaßen, darüber zu urteilen.

Das ist beispielsweise der Grund, warum für mich das ganze Homosexualitätsding völlig okay ist. Ich bin nicht Gott. Aber ich weiß, dass Gott mir die Aufgabe gegeben hat, alle Menschen zu lieben und mich um sie zu kümmern. Ich kenne Schwule und Lesben und das sind ganz tolle Menschen. Ich kann mir nicht vorstellen, dass Gott sie ausschließen will. Jesus schien ja auch ein Problem mit der organisierten Kirche gehabt zu haben, mit all ihren Regeln und der Korruption. Er sprach über die Armen und über Geld. Aber er sprach nicht über irgendeinen schwulen Kram. Ich war echt stolz, als wir in unserer Gemeinde diesen wunderbaren Musikdirektor hatten – großartiger Mann, toll zu den Kindern, toll zu jedem. Er ging, weil sein Partner woanders

einen Job bekommen hat. In seinem Abschiedsschreiben, in
unserer Zeitung, erwähnte er seine sexuelle Orientierung. Es
gibt Leute in unserer Gemeinde, die würden damit ein Problem haben. Die lutherische Kirche ist zweigeteilt in dieser
Angelegenheit. Aber zu denken, dass jemand sich anmaßen
könnte, über David [den Musikdirektor] zu urteilen und zu
denken, dass er deshalb weniger wert sei – also, mal ehrlich!

Ich habe nie die Vorurteile meiner Eltern angenommen.
Ist das nicht unglaublich, dass man die Bigotterie der Eltern
schon als Kind wahrnimmt? Sie waren nicht hasserfüllt, aber
bigott. Sie hatten diese kleinen versteckten Anspielungen,
und ich zuckte schon als Kind dabei zusammen. Ich dachte
immer: Gott hat uns alle geschaffen. Warum sollte Gott einen Menschen erschaffen, der als etwas Geringeres betrachtet wird. Es gibt so viel Ärger auf dieser Welt, weil Leute andere Leute ausgrenzen und sie an den Rand der Gesellschaft
drängen. Ich erinnere mich, als ich klein war, lernte ich etwas über die Zapatisten, nämlich, dass sie »schlecht« waren.
Doch dann lernte ich mehr über Geschichte – und natürlich haben sie rebelliert. Wenn die Medien uns heute erzählen, »das sind die Guten und das sind die Schlechten«, dann
frage ich nach. Warum sollte jemand ein schlechter Mensch
werden und schlecht bleiben, außer es fehlt ihm etwas? Ja,
es gibt viel Übel in der Welt. Ich glaube, dass die Taliban
schlecht sind. Doch ich glaube auch, dass wir weniger Kon-
flikte hätten, wenn alle ein Dach über dem Kopf hätten, sich
ausreichend ernähren und ausbilden könnten.

Als ich anfing mich mit dem Thema soziale Gerechtigkeit zu beschäftigen, habe ich ein Buch von George S.
Johnson, *Beyond Guilt*, gelesen. Es ist ein einfaches Buch. Sie
kennen ja das alte Sprichwort: »Wenn du einem Menschen
einen Fisch gibst, dann wird er an einem Tag etwas zu essen haben. Zeigst du ihm aber, wie man fischt, wird er sein
ganzes Leben etwas zu essen haben«. Aber was ist, wenn

man kein Recht hat zu fischen, oder wenn der Strom verun-
reinigt und vergiftet ist? Man kann diese Dinge nicht voneinander trennen: wir müssen uns gemeinsam mit Dingen wie Umweltverschmutzung, Nachhaltigkeit, Armut,
Bildung und Informationen auseinandersetzen. Da gibt es
kein »sie« und »uns«, da gibt es bloß ein »wir«. Deshalb
können wir auch nicht plötzlich sagen, »wir ziehen hier
mal die Grenze« bei den Ausländern. Einige Politiker auf
unserer Seite der Grenze wurden kürzlich gefragt, »unterstützen Sie nicht registrierte Einwanderer?« und ihre Antwort war: »Ich denke schon, denn ich wohne in Hotels; ich
esse in Restaurants«. Wenn sie all diese Leute rausschmeißen würden, dann würde es im Amerika aber sowas von zu
einem Stillstand kommen.

Sie und ich, wir haben soviel Macht. Wir haben die
Freiheit zu reisen, im Hotel zu übernachten, zu essen wann
wir wollen, unsere Gedanken auszusprechen, ohne dafür
verhaftet zu werden. Wir merken nicht einmal, wie privilegiert wir sind. Wir können es gar nicht merken. Wir gehören zu den bestverdienendsten Menschen der Welt. Wir haben keine Ahnung. Wir jammern, weil wir nicht mehr so
häufig auswärts essen gehen können [seit dem wirtschaftlichen Abschwung 2008]. Das Zeug, das ich aus meinem
Kühlschrank raushole und wegwerfe, könnte Familien wo-
chenlang ernähren. Haben sie *Drachenläufer* und *Tausend strah-
lende Sonnen* [von Khaled Hosseini] gelesen? Einiges, was in
Afghanistan passiert ist, macht mich krank, aber diese Bücher waren wirklich aufschlussreich. Da gibt es so viel, was
ich von dieser Welt nicht weiß.

Tony Campolo, Professor, Pfarrer,
politischer Berater, Pennsylvania

Tony Campolo ist emeritierter Soziologieprofessor der Universität Eastern, einer christlichen Universität in Pennsylvania. Zuvor lehrte er zehn Jahre lang an der Penn, der privaten Universität Pennsylvanias. Er ist Baptistenpfarrer, dient als Associate Pastor der Mount Carmel Baptisten Kirche und gründete die evangelische Gesellschaft zur Förderung von Bildung (EAPE), die dabei hilft, gefährdete Jugendliche aus den USA und dem Ausland auszubilden. Er war der geistliche Berater von Bill Clinton während der Monica Lewinsky Krise und arbeitete mit an Obamas Wahlkampagne bei dessen Wahlprogramm im Jahr 2008.

Ich traf Tony Campolo im Grand Hyatt Hotel in Manhattan zwischen zwei Terminen. Er hatte mit seiner Frau eine Aufführung des *Rigoletto* in der Metropolitan Oper besucht und wollte später noch seine Tochter Lisa, Anwältin mit Fachgebiet Umweltschutz, und seinen Schwiegersohn, Marc Goodheart, Assistent des Präsidenten der Harward Universität treffen. Tony Campolos Sohn, Bart Campolo, steht der *Walnut Hills Fellowship* vor, einer Vereinigung, die im Stadtgebiet von Cincinnati mit sozial Benachteiligten arbeitet. Er ist Gründer von *Mission Year*, einer christlichen Organisation, die in städtischen Problemvierteln arbeitet. *Mission Year* rekrutiert junge Erwachsene, die in eben diese Viertel ziehen und vor Ort leben und arbeiten.

TC: Was sich in den letzten Jahren überall verändert hat, sind die Werte, die für die jüngere Generation neu entstehen. Denken Sie nur an die Frage der Homosexualität. Jüngste Studien belegen, dass ältere Menschen gegen die Ehe von

Homosexuellen sind, während jüngere Menschen es nicht
sind – einschließlich der jüngeren Evangelikalen. Ich stehe
in der Mitte, also eher bei den Jüngeren. Von all den Dingen, über die man bestürzt sein könnte, ist das hier wirklich
nichts Großes. Für mich ist Homosexualität in der gleichen
Kategorie wie Scheidung oder Wiederverheiratung. Befür-
worte ich es? Sicher nicht. Akzeptiere ich Menschen, die geschieden und wiederverheiratet sind und nehme sie in der
Gemeinde auf? Natürlich. Wenn sie Teil der Kirche werden
wollen, werde ich mich ihnen dann entgegenstellen? Ganz
sicher nicht. Ich bin Baptist. Das bedeutet, dass wir an das
alleinige Gewissen glauben, jeder Mensch hat das Recht, die
heilige Schrift für sich zu interpretieren. Meine Frau denkt
in dieser Sache anders [sie ist nicht gegen die Heirat von
Homosexuellen], aber wir haben damit kein Problem, denn
wir wissen, dass niemand unfehlbar ist bei der Auslegung
der heiligen Schrift.

Nachdem Proposition 8 [das kalifornische Referen-
dum untersagt die gleichgeschlechtliche Hochzeit] erlassen wurde, sagten die Konservativen: wir haben gewonnen.
Dann aber marschierten zehntausende Schwule und Lesben
durch San Francisco, Los Angeles, New York, Atlanta und
Chicago, mit dem Blick auf die Bibel als Instrument der Unterdrückung und auf Jesus als ihren Feind. Wenn sie das gewinnen nennen, dann sind wir nicht auf einer Seite.

Wenn du mit jungen Leuten über diese Streitfragen
sprichst [Abtreibung, gleichgeschlechtliche Hochzeit], sagen sie, es ist nicht, dass wir unsere Meinung geändert hätten, aber diese Fragen sind längst nicht mehr so wichtig
für uns. George Santayana hat einmal gesagt, »zu solchen
Bedenken, die wir nicht ablehnen, sagen wir einfach kühn
Lebewohl«. Also, in Bezug auf die Verbreiterung der evangelikalen Vorstellungen gab es Veränderungen. Was junge
Leute anspricht, ist die Herausforderung, aus ihrem Leben
etwas zu machen, vielleicht etwas Heldenhaftes – zu sagen,

»durch dich möchte Christus den Armen helfen, die Umwelt retten, Kriege und Unterdrückung beenden und für Gerechtigkeit sorgen.«

MP: Was bedeutet das politisch?

TC: Es scheint geradezu logisch zu sein, dass sich junge Leute den Demokraten zuwenden, wenn es um Themen wie Armut und Krieg geht. Und viele sagen, wenn die Demokraten die Abtreibung nicht befürworten würden, wäre es keine Frage für sie, wen sie wählen würden. Die Sache ist doch, dass der Krieg die Hauptursache für Armut ist. Wenn man im Irak pro Minute dafür 250.000 US-Dollar ausgibt, dann bleibt kein Geld übrig, um sich vernünftig um die armen Menschen in unserem Land oder im Irak zu kümmern.

Das Argument, das den Republikanern den Schneid abgekauft hat, ist: 73 % aller Abtreibungen geschehen aus ökonomischen Gründen. Sind die Republikaner bereit, diese Dinge anzusprechen? Bei den Wahlen 2008 brachten die Republikaner einen Antrag ein, der die ökonomischen Gründe für Abtreibungen ansprach. Er wurde abgelehnt, weil er den Steuerzahler zu viel Geld kosten würde. Sag das den jungen Leuten und auf einmal sind sie sich nämlich gar nicht mehr sicher, ob sie noch Republikaner sein wollen.

MP: Was könnte verhindern, dass sich immer mehr Evangelikale den Demokraten anschließen?

TC: Jedenfalls nicht der Glaube, denn konfessionelle Anstellungen werden sich fortsetzen. Die Obama-Leute sagen: »Wir sind gegen Diskriminierung.« Aber nehmen wir einmal an, dass sich ein übereifriger Republikaner auf eine Stelle im *Democratic National Headquarter* bewirbt. Würden sie ihn diskriminieren? Sie sind bereit, einen Unterschied aufgrund ihrer Überzeugungen zu machen, wollen aber Organisationen, die das aufgrund ihres Glaubens machen, nicht gestatten, das zu tun? Das richtige Problem könnte die Gewissens-Klausel sein, die den Ärzten erlaubt, die Durchführung einer Abtreibung aus religiösen Gründen abzulehnen. Da wird Obama an Boden verlieren bei den jungen Leuten, die sich dafür einsetzen, dass es jedem erlaubt sein müsse, nach seinem Gewissen zu handeln. Gerade dieses Prinzip hat dafür gesorgt, dass junge Evangelikale bereitwillig Homosexuelle akzeptieren: sie sagen, wer bin ich, dass ich über jemanden urteilen darf? Das macht sie auch zu Kriegsdienstverweigerern. Wenn sie an diesem Prinzip beim Thema Krieg festhalten, dann werden sie es auch beim Thema Abtreibung tun. Ich werde mich für die Gewissens-Klausel einsetzen. Wenn mich jemand fragt, ob ich ein Demokrat oder ein Republikaner bin, dann sage ich, da kommt es auf das Thema an.

MP: Am Ende seiner Präsidentschaft unterstützte Bush eine Politik, die nicht nur Ärzten, sondern auch Hausmeistern und Buchhaltern erlaubte, die Arbeit zu verweigern, wenn ihr Arbeitgeber von ihnen Dienste verlangte, denen sie nicht zustimmen konnten – wie beispielsweise der Abtreibung.

TC: Sicher, Gewissensbisse betreffen in erster Linie Ärzte und Schwestern, eben die, die direkt mit der Durchführung einer Abtreibung beschäftigt sind. Aber das ist der Punkt, an dem ich die Grenze ziehe.

MP: In der Blütezeit der Bush Administration waren viele Menschen besorgt, dass sich die Evangelikalen bei der Trennung von Staat und Kirche einmischen würden, so heute...

TC: Wir drängen auf eine größere Trennung von Staat und Kirche, nicht weniger. Nehmen sie die Hochzeit: die Regierung sollte nicht nur gleichgeschlechtliche Ehen nicht legitimieren, sie sollte auch heterosexuelle Ehen nicht legitimieren. Diese Idee hat eine derartige Schwungkraft, dass in Kalifornien schon eine Petition in Umlauf ist, die sie zum Gesetz machen will. Ich habe noch keinen Widerspruch gegen diese Idee wahrgenommen, nicht mal unter den älteren

Evangelikalen. Es sieht nach einer Lösung aus, wo niemand jemandem etwas aufdrängen muss. *Das ist das große Prinzip: wir haben nicht das Recht, Leuten unseren Glauben aufzudrängen.* (Hervorhebung durch den Verfasser)

Wir bewegen uns auf ein breiteres Verständnis zu, was die Trennung von Staat und Kirche betrifft. Wenn wir dem Staat die Wahrheit sagen wollen, dann können wir nicht der Staat sein. Wir können nur dann eine prophetische Kirche sein, wenn wir uns nicht gleichzeitig mit der Staatsmacht ins Bett legen.

MP: Wo stehen die »New Evangelicals« in der Außenpolitik?

TC: Die religiöse Legitimation des Irakkriegs hat eine Menge sehr ernsthafter Fragen aufgeworfen und das nicht nur für die jüngeren Evangelikalen. Und heute sind Phrasen der Religiösen Rechten zunehmend anti-muslimisch. Sie kreieren eine Islamophobie. Das nahende Armageddon wird als der Konflikt zwischen der islamischen und der christlichen Welt beschrieben. Ältere christliche Zionisten sehen als einzige Lösung im Nahostkonflikt die »Lieberman-Lösung« [Israels Außenminister], wonach alle Araber Israel verlassen sollen, da Gott den Söhnen Abrahams das Land versprochen hatte. Aber auch die Araber sind Söhne Abrahams.

Das könnte die Beziehung zwischen den Evangelikalen und Obama beeinflussen. Er hat seinen Friedenswillen deutlich gemacht gegenüber der muslimischen Gemeinschaft. Wenn jetzt wieder ein terroristischer Angriff folgt, könnte das die Leute wieder zurück in Richtung der Religiösen Rechten bringen.

MP: Werden die Evangelikalen bei einem weiteren Terroranschlag wieder zurückkehren zu einer theokratischeren Sicht auf die Beziehungen zwischen Kirche und Staat?

TC: Ich glaube nicht. Der Zustrom der Zuwanderer war enorm groß und die Religiöse Rechte hat mit ihrer Anti-Zuwanderer-Mentalität die hispanischen Zuwanderer entfremdet. Das weiße protestantische Christentum ist immer noch in einer gigantischen Vielzahl vorhanden, aber es hat nicht mehr die absolute Mehrheit. Sie sind sehr darum bemüht, die alte Vielzahl davon abzuhalten sich dem Rest aufzudrängen.

MP: Sie wollen der weißen evangelikalen Mehrheit nicht die Hilfe des Staates zugestehen sich aufzudrängen?

TC: Richtig, sie wollen es nicht.

MP: Lassen Sie mich fragen, wo die Evangelikalen zu einigen wichtigen Themen wie der Evolution stehen?

TC: Die Evangelikalen bewegen sich mehr in die Richtung der biologischen Evolution. Kreationismus ist eine aussterbende religiöse Auffassung. Promovierte Wissenschaftler unterrichten Biologie an christlichen Erziehungseinrichtungen. Aber viele junge Leute wollen, dass gleichzeitig das Fach »Intelligent Design« unterrichtet werden soll, denn wenn wir schon eine liberale Erziehung haben, dann sollte man offen sein für alle Standpunkte. Hier kommen wir dann wieder zu dem Problem des sich Aufdrängens: zwingt man seine Sichtweise allen anderen auf in punkto Homosexualität?

MP: Wie ist Ihre Haltung zu religiösen Symbolen in öffentlichen Räumen?

TC: Das muss man liberaler sehen. Nehmen sie die religiösen Symbole in einem Gerichtssaal. Welches Recht haben wir, in einer pluralistischen Gesellschaft zu sagen, dass in einem Gerichtssaal unser Gott Vorrang hat gegenüber deinem Gott?

MP: Schweigeminuten in öffentlichen Schulen?

TC: Ich bin gegen verordnete stille Gebete. Ich bin sehr dafür, dass Schüler und Studenten die Initiative ergreifen und sagen: »Ich möchte einige Aspekte meines Glaubens mit der Klasse teilen, zum Beispiel, wie wir unser Leben leben sollten.« Aber es sollte kein Angestellter des Schulsystems tun, denn die Gesellschaft zahlt ihm das Gehalt, auch die Atheisten.

MP: Schulgutscheine?

TC: Ich bin gegen die Schulgutscheine aufgrund meiner Erfahrung in Nordirland. Aufgrund des Gutschein-Systems wurden dort die protestantischen Schüler zunehmend von den katholischen Schülern getrennt. Und jeder in Irland stimmt mir zu: wenn wir das Problem lösen wollen, dann sollten wir schleunigst dafür sorgen, dass diese Kinder etwas voneinander wissen. In einer pluralistische Gesellschaft, wo Menschen miteinander auskommen müssen, sollte das Gutschein-System abgeschafft werden. In dem Moment, wo wir fragen: »Werden wir schwarzen Muslimen erlauben eigene Schulen zu haben?«, sagen Evangelikale, die gerade noch das Gutschein-System befürworteten: »Oh. Darüber habe ich noch gar nicht nachgedacht.«

MP: Ist das die Sicht, die die meisten Evangelikalen haben?

TC: Die »breite Mitte« ist dem Gutschein-System immer noch sehr verbunden und wird es auch noch beibehalten – hauptsächlich, weil unser Schulsystem so lausig ist.

MP: Und die Zukunft der »New Evangelicals« Politik?

TC: Ich erwarte, dass der progressive Evangelikalismus siegen wird. Ich bin nicht sicher, ob das bedeutet, dass sie Demokraten sein werden, noch interessiert es mich. Aber ich weiß, dass ihre Positionen zu bestimmten sozialen Aspekten progressiv sein werden. McCain's Tochter repräsentiert sie. Sie ist evangelikal; sie ist, wo wir sind; sie ist eine Republikanerin, na und?

Larry Perry, Feuerwehrmann, Mississippi/Idaho

LP: Wir kommen aus dem Süden. Ich kam hierher, um Waldbrände zu löschen, bis meine Frau sagte: »Es reicht«. Ich habe dann ihr zuliebe angefangen, ehrenamtlich zu arbeiten – in der von der Kirche geführten Klinik. Wir kamen zu der Kirche, weil wir nach etwas anderem suchten. Ich bin mit der Pfingstbewegung groß geworden, mein Vater war dort Pfarrer. Dann hörte ich den Pastor hier über »authentisch reproduzierbare Christen« sprechen. Zu dieser Zeit habe ich mich über die »Christen der Sonntagsschule« ziemlich geärgert. Die sind sonntags gute Christen und dann am Montag, da geht dann alles wieder im gleichen Trott weiter, da kommen die gleichen Gemeinheiten.

Ich habe noch nie etwas gehört in dieser Kirche, was der Bibel widersprochen hätte. In vielen Kirchen nehmen sie das geschriebene Wort und drehen es dann so lang herum, bis es ihnen passt. Es heißt nicht, »Liebe deinen Nachbarn außer wenn du ihn nicht magst«. Ich kenne Leute, die aus Südamerika hierher geschwommen und nun illegal hier sind. Aber deshalb werde ich nicht aufhören, sie zu lieben, oder ihnen nichts mehr zum essen geben. Es gibt Illegale, die getötet haben, und es gibt Illegale, die Menschen gerettet haben. Ich denke sie, sollten abwarten, um auf dem richtigen Weg Bürger werden zu können, aber ich wünschte, sie könnten sich normal hier anmelden, so dass sie nicht ständig Angst vor der Polizei haben müssten. Als ich noch bei der Feuerwehr gearbeitet habe, hatte ich mein Prinzip: setze die Vorschrift durch, ändere die Vorschrift nach den Bedingungen oder befrei dich von der Vorschrift. Wir müssen genau das bei der Einwanderung tun.

Das ist die gleiche Auseinandersetzung, die wir unter der Regierung Reagans hatten. Er sagte, macht die Grenzen zu. Aber wenn wir das tun, dann müssen wir das finanzieren. Aber die Leute wollen keine Steuern zahlen, um das zu finanzieren. Wir hatten Treffen hier, wo es um Budgets ging, die waren der Öffentlichkeit zugänglich, und ein Typ meckerte herum, dass er viel zuviel zahlen würde. Zwei Monate später starb seine Frau an einem Herzinfarkt und er zeterte, dass es viel zu wenige Rettungsassistenten auf den Krankenwagen gebe – weil nicht genug Geld da war, sie zu bezahlen!

Diese unterfinanzierten Mandate der Regierung sind grauenhaft. Uns bei der Feuerwehr haben sie so viele Vorschriften gemacht, dass es unmöglich war sie einzuhalten. Der Kongress sollte alle fünf Jahre einmal tagen, aber dann die Stadt verlassen, weil sie die Dinge nur schlechter machen. Aber sie sollten das finanzieren, was sie verabschiedet haben. Es gibt Menschen, die fordern weniger Staat, weniger Öffentlichkeit, weil sie keine Steuern zahlen wollen. Aber wehe, wenn ausgerechnet die mit ihrem Auto in ein Schlagloch fahren, weil der Bezirk, in dem das Schlagloch ist, es sich nicht leisten kann, die Straße auszubessern!

MP: Sollte die Kirche in diesen sozialen Belangen mit der Regierung zusammenarbeiten?

LP: Jesus sagte: Regel Nummer 1: Liebe Gott mit deinem ganzen Herzen, deiner Seele, all deiner Macht. Regel Nummer 2: Liebe deinen Nächsten wie dich selbst. Das ist die Aufgabe der Kirche. Die Bibel spricht davon, sich um die Witwen und Waisen zu kümmern. In der Kirche versuchen wir, sie da rauszuholen – mit Essen, Beratung, medizinischer Hilfe. Und wir möchten ihnen auch geistig, spirituell helfen und das kann man nur tun, wenn man die Menschen auch liebt. Ich habe einen Neffen mit einem dunklen Hautton; sein Bruder hat einen weißen Hautton, blonde Haare und blaue Augen. Der dunklere ist im Baugewerbe – der hat

Aufträge im Wert von 40 Millionen Dollar von New Orleans bis Jackson, Mississippi – und das bei der derzeitigen Wirtschaftslage. Na, und wer ist jetzt hier pfiffig? Rasse war noch nie ein guter Indikator für Intelligenz.

Wir versuchen alles zu tun, was wir können innerhalb der gesetzlichen Grenzen. Und es gibt eine Trennung von Staat und Kirche. Jesus sagte:»Gebt dem Kaiser, was des Kaisers ist und gebt Gott, was Gottes ist.« Wie kann man ein Christ sein und das Gesetz brechen? Das Gesetz wurde geschaffen, damit die Menschen besser miteinander leben können, also zur Verbesserung der Gesellschaft.

MP: Was sollte man tun, wenn man ein Gesetz ablehnt, zum Beispiel das der legalen Abtreibung?

LP: Wenn man einen Arzt erschießt, weil er eine Abtreibung vorgenommen hat – also, dann braucht der Arzt das Gebet, keine Kugel. Jesus hat nicht gesagt:»Erschieß die Leute, die nicht deiner Meinung sind.« Er sagte:»Bete für sie«. Ich bin nicht für Abtreibung, aber ich würde auch kein junges Mädchen niedermachen, was mal eine Abtreibung machen lassen hat. Sie macht das doch, weil da etwas total Beängstigendes in ihrem Leben ist. Ich kann mir die Situation, in der man sich zu einer Abtreibung entscheidet, nicht vorstellen, aber ich war auch noch nie in der Situation. Einige Mädchen haben solche Angst vor ihren Vätern – »wenn Papa das herausfindet, dann wird er mich umbringen, und meinen Freund auch«. Angst ist nach wirtschaftlicher Notlage der zweithäufigste Grund für eine Abtreibung. Ich bin nicht für ein Recht auf Abtreibung; ich bin kein Abtreibungsgegner. Ich werde für jemanden, der in dieser Situation ist, beten – in Gottes Sinne.

Wir haben eine Frau, die arbeitet in einer Klinik für Frauen, die während der Schwangerschaft eine psychische Krise haben – sie wurde schon auf der ganzen Welt verhaftet, weil sie gegen die legale Abtreibung protestiert hat. Ihre übergreifende Strategie ist, die Welt auf dieses Problem auf-

merksam zu machen. Das finde ich gut. Aber sie ist ultra-
konservativ und ich mag ihre Taktik nicht. Deshalb werde
ich aber nicht mit dem Finger auf sie zeigen, ich finde, sie
hat Unrecht, mit dem was sie tut, und wie sie es tut. Wenn
du in ein fremdes Land gehst, dann musst du dich an die
dort herrschenden Gesetze halten. Wenn du dort hingehst
und dich nicht an die Gesetze hältst, wie zum Beispiel gegen Abtreibung zu demonstrieren, dann zeigt man denen
im Grunde, dass man Christen nicht trauen kann. Warum
sollten sie Christen in ihrem Land dulden? Ich wüsste nicht,
was ich tun würde, wenn ich in einem totalitären Staat leben würde, wo es mir per Gesetz verboten ist zu beten.
Wenn ich mich dazwischen entscheiden müsste, entweder
mein Leben oder meine Seele zu verlieren, ich glaube, ich
würde meine Seele retten.

Mein Vater war ein Südstaatler, konservativer Demokrat
rechts von Rush Limbaugh. Meine Mutter war Republikanerin. Ich bin moderat. Ich denke, »Demokraten« und »Republikaner« sollte man abschaffen. Wenn ein Demokrat eine
Idee hat, wird sie von einem Republikaner sofort schlecht
gemacht, und das nur, weil sie von einem Demokraten ist.
Und wenn ein Republikaner eine Idee hat, dann wird sie
von den Demokraten niedergemacht. Ich versuche, immer
beide Seiten einer Sache zu sehen. Wenn Leute gebildet und
an einer Sache interessiert sind, könnten sie mal versuchen
zu sehen, was gut für das Land ist, anstatt zu polarisieren.
Aber ich bin ja bloß ein dummer Junge aus Missisippi.

Northland Church, Longwood, Florida

Northland, »eine dezentralisierte Kirche,« ist in meh-
ren Orten in der Mitte Floridas anzutreffen, die
eine weit zerstreute Gemeinde betreut. Dazu werden mehrere Pastoren gebraucht, die zusammen arbeiten, unter ihnen der leise sprechende amerikanisch-indianische Pastor
Verne Rainwater, der nach seiner Militärzeit einen Abschluss
in Sozialarbeit machte, dann seine protestantische Ordina-
tion bekam, bevor er 1990 zu Northland stieß.

Die Hauptkirche »ist nicht das beste Stück einer Stadt«,
erklärt Robert Andrescik, Direktor für Public Relations.
»Aber das bedeutet, wenn wir mit Obdachlosen arbeiten,
dass dann hunderte Menschen vorbeischauen.« Die Kirche
wurde ursprünglich in einer alten Rollschuhbahn errichtet,
die laut Andrescik »echt heruntergekommen« war. Das An-
wachsen der Gemeinde erlaubte es dann, dass nebenan ein
neues Gebäude entstehen konnte mit luftigen Fluren, Büros,
Klassen- und Konferenzzimmern, einem Café, einem Buch-
geschäft und einem Chorraum mit einer Bühne, die größer ist als ein Theater am Broadway. Der Chorraum hat 3100
Plätze; rund 2500 davon sind jeweils während der drei Gottesdienste am Sonntag besetzt, zuzüglich der tausenden, die
dem Gottesdienst online beiwohnen. Die Predigt des Pastors wird auf mehreren Bildschirmen in der ganzen Kirche
übertragen. Die Texte der Lieder, die die traditionellen pro-
testanischen Hymnen ersetzen, werden auf den Bildschirmen eingeblendet – eine Art von »Kirchen-Karaoke«. Dazu
begleitet die Gemeinde ein zwölfstimmiger Chor und eine
achtköpfige Band. Am Samstag- und Montagabend werden
zusätzliche Gottesdienste angeboten, die von jeweils rund
1000 Gemeindemitgliedern besucht werden. Dazu kom-

men viele Gläubige, die in Floridas Touristikindustrie arbeiten und aus beruflichen Gründen nicht an dem traditionellen Sonntagsgottesdienst teilnehmen können.

An dem Sonntag nach dem 11. September 2001 hat Northland einen Gemeinschaftsgottesdienst mit einer Kirche in Ägypten gehalten, als Zeichen gegen eine Polarisierung zwischen Amerikanern und Arabern. Die Kirche stellte muslimischen Frauen ehrenamtliche Helfer zur Seite, die sie in die Stadt begleiteten, um sie vor anti-muslimischen Angriffen zu schützen.

2009 trat Becky Hunter, die Ehefrau des Pfarrers, von der Präsidentschaft des weltweiten Netzwerkes der Pastorenfrauen zurück. »Im Netzwerk,« sagt sie, »hatten wir alles, vom Sprachtraining für Frauen, um in der Öffentlichkeit besser auftreten zu können, bis zu muslimischen Frauen, die zum Christentum konvertiert sind und nun wissen mussten, was sie lernen sollten − und das schnell«. Sie erklärt, dass »niemand gezwungen ist eine bestimmte Konfession zu haben, zu beten oder ein Mitglied bei Northland zu werden. Aber wenn du dazukommst, dann solltest du dich einsetzen und dich aktiv beteiligen, ein Amt übernehmen, Dinge in deinem Leben gestalten. Hier kann man nicht nur unbeteiligt an der Kirchenbank kleben.«

Northland hat kirchliche Dienste: zum Thema Eheberatung, Scheidung, Trauer, Drogenmissbrauch, Krebs, der Anwendung von biblischen Werten im Geschäftsleben, Waisen, Adoptivkinder, Obdachlose, Essens- und Kleidervergabe, ältere Menschen, Gehörlose, und »Menschen, die mit ihrer Homosexualität kämpfen.« Ihr kirchlicher Dienst im Gefängnis bietet von Andachtsgottesdiensten bis hin zur Hilfestellung für die Gefangenen, Pläne zu entwickeln für die Zeit nach der Haft. Die Kirche hat ein Dienstleistungsnetzwerk, mehrere Männergruppen, »urteilsfreie« Gruppen für Männer und Frauen nach einer Abtreibung und Diskussionsgruppen über Glauben und Wissenschaft. »One Heart«, eine Partnervereinigung von Northland, arbeitet mit Agenturen zusammen, die für die Städte und Kommunen tätig sind. Sie sorgen dafür, dass die Häuser der armen Leute dieser Gegend repariert werden. Die Kirche hat einen Bowling-Club, einen Motorradclub, organisiert Fußballturniere und bietet diverse Kurse für Kinder an, zum Beispiel einen Sprachkurs in Mandarin.

In Übersee arbeitet die Kirche mit nationalen und internationalen Organisationen zusammen, so in Kairo, der Ukraine, in Südafrika, Brasilien, Sri Lanka, Argentinien und auch in China. Was ist der Reiz des Evangelikalismus für katholische oder orthodoxe Ukrainer? Nach Einschätzung des Northland Pastors, Dan Laicich, ist es der evangelische Sinn für Hoffnung und Optimismus. »Die Ukrainer, die ich getroffen habe, sehen die orthodoxe Kirche als defätistisch; sie hielt während der Zeit der Sowjetunion durch – nach dem Motto: ›eher igeln wir uns ein und versuchen uns damit zu arrangieren‹«.

In Südafrika bauten Northland Partner mit der reformierten niederländischen Vredlust-Kirche eine Schule und bildeten eine Gemeinde in einer kleinen Stadt in Swaziland. Das Projekt wird von Leuten geleitet, »die«, so erklärt Laicich, »ihren Urlaub lieber in Swaziland verbringen, als sich an irgendeinen Strand zu legen. Was einst mit zwei Feuerstellen und einem Kessel begann, ist nun zu mehreren Gebäuden mit Unterrichtsräumen und einer Klinik herangewachsen – außerdem vergeben wir Mikrokredite für Existenzgründer.« Die Finanzierung kommt zu einem großen Teil von einem jungen Ehepaar aus Vredlust, das nur das Geld, was es zum Leben benötigt, behält und alles andere auf ein Treuhandkonto einzahlt und spendet. Northland hat im Jahre 2009 eine Zuzahlung von 30–40.000 Dollar beigesteuert, und hat rund 1,5 Millionen Dollar über die Jahre in Projekte für soziale Gerechtigkeit gesteckt, etwa 20% der kirchlichen Einnahmen.

»Wir sagen keiner Gemeinde,« bemerkt Pfarrer Rainwater, »was sie für Probleme hat und wie man sie lösen kann. Wir versuchen herauszufinden, welche Perspektive die Gemeinde hat, und dabei lernen wir oft mehr als sie.« *Compassion International*, ein anderer Northland Partner, begann nach dem Korea Krieg 1952 den verwaisten Kindern Essen, Kleidung und Bildung zu bringen; heute unterstützen sie Kinder überall in der Dritten Welt. Ein anderer Partner, *With This Ring*, nutzt Kapital, dass aus dem Verkauf von Schmuck (und anderen Produkten) stammt, um den Bau von Brunnen in Afrika zu finanzieren. Die Organisation schätzt, dass es »180.000 Dollar kostet, um das Leben von 30.000 Menschen in Yendi zu retten. Das sind 6 Dollar für ein Leben – also etwa soviel wie ein Milchkaffee und ein Keks kostet.«

Robert Andrescik, Direktor für Public Relations, Northland Church

A ndrescik ist ein großer, redegewandter Mittdrei-
ßiger, auf dessen Autoaufkleber »Frieden, Liebe
und Zwillinge« steht. Seine Zwillinge waren, als wir uns
im Mai 2009 trafen, 3 ½ Jahre alt. Nach seinem Journalis-
tikstudium in Minnesota an »einer winzigen christlich liberalen Hochschule, die kein Mensch kennt«, wurde er in
Florida Redakteur des christlichen Männermagazins »New
Man«. Sein Verleger aber war »zu konservativ, zu sehr fokus-
siert«, und Andrescik »wollte nicht wieder und wieder die
gleiche konservative Geschichte erzählen.« Bereits Mitglied
in der Northland Kirche mit ihrem »New Evangelicals«-An-
satz, fragte er, ob er die Leitung der Kommunikationsabtei-
lung übernehmen könnte, was er bis heute tut.

Andrescik holte mich vom Flughafen ab, repa-
rierte erst einmal meinen Laptop. Er hat zwei super moderne Computer auf seinem Schreibtisch stehen, einen mit
einem Bildschirmschoner von Captain Kirk aus der Origi-
nal »Star Trek«-Fernsehserie. (»Ich bin ein Fan – haben Sie
den neuen »Star Trek«-Film gesehen? Großartig!«). An der
Wand, wo man eher ein Kruzifix erwartet, hängen gerahmte
alte Science Fiction Magazine und ein Portrait von Barack
Obama. Seine Frau ist Triathletin.

MP: Ist sie immer noch?

RA: Ja. Gerade gestern ist sie wieder gestartet. Ich weiß
nicht, wie sie es macht, Frauen sind einfach wacher. Sie sind
einfach schneller. Bei ihnen gibt es viel mehr Verbindungen
zwischen der linken und rechten Hirnhemisphäre des Groß-
hirns durch das Corpus Callosum. Sie wissen ja, dass Gott

Adam zuerst schuf. Die Leute denken, dass Adam besser war, aber Eva war die zweite – und alles, was man nach den ersten herstellt, ist ein 2.0. Adam war noch 1.0. Bei Frauen ist also der Prozessor schneller.

MP: War Ihre Familie so?

RA: Meine Familie kommt aus der typisch konservativen, evangelikalen Ecke. Also, eigentlich aus der arminianischen Tradition, wo das Individuum verantwortlich ist für das, was im Leben geschieht, und dass man sich für Jesus entschieden hat. Natürlich hat der Mensch nicht alles allein gemacht – nur Gott macht das. Wie auch immer, als ich an die Hochschule ging, war ich sehr konservativ. Wir durften keine Jeans tragen oder Videorecorder benutzen. Aber die Lehrer waren exzellent. Ich studierte zum ersten Mal richtig Theologie und die Bibel, und bewegte mich vom Arminianismus zum Calvinismus, wo du Gott viel mehr wahrnehmen kannst. Guck in die Natur; guck dir die Naturwissenschaft an. So begann ich alles, was ich geglaubt hatte, textbezogen mit dem Evangelium zu vergleichen. Meine Eltern dachten nicht, dass man zu jemandem »eine Beziehung« haben könnte, ohne zu versuchen, ihn zu evangelisieren. Das ist nicht das, was Jesus getan hat. Er hing mit den Armen rum. Meine Familie war sehr wohlmeinend, aber die Theologie war schrecklich. Was war Ihre Frage? Ach ja, meine Mutter war schneller.

Eines Nachts, als ich an der Hochschule zurück in meinen Schlafsaal kam, sagte ich: »Gott, ich weiß, dass du mich gerade von allem, was ich je geglaubt habe, entfernst, aber bitte tu mir den Gefallen und mach es langsam, denn es ist echt schwer einzusehen, dass alles, was man bislang getan hat, Mist war.« Ich habe eingesehen, dass wir keine Gerechtigkeit in die Welt bringen, wenn wir die »richtigen Leute«, die Republikaner, an die Regierung bringen. Meine Familie stimmte für Pat Robertson [einen Pastor der Religiösen Rechten], als er sich 1988 zum Präsidentschaftskandidaten aufstellen ließ. Wir dachten, wir hätten gewonnen, wenn wir Bush wählen würden. Aber das haben wir nicht. Für die Welt endete das ja nicht so gut. Fragen Sie mich nicht, weshalb wir dachten, wir hätten gewonnen... Wie auch immer, als ich anfing Joel [Hunter] zu lesen, dachte ich, dass er Recht hatte, wenn er davon sprach, wieder soziale Gerechtigkeit ins Christentum zu bringen.

Nehmen wir beispielsweise das Thema Abtreibung. Ist schreien und sich gegenseitig die Schuld zuweisen christlich? Nein, ist es nicht. Wenn wir zusammenarbeiten würden, könnten wir viel mehr erreichen, um die Zahl der Abtreibungen zu reduzieren – indem wir die Frauen finanziell unterstützen, ihnen medizinische Hilfe anbieten und all das. Joel Hunter ist ein guter Freund von Rachel [Laser] bei *Third Way* [einer progressiven Denkfabrik in Washington DC].[3] Sie umarmen sich, wenn sie sich sehen. Stellen Sie sich das mal vor: ein evangelischer Pastor, der gegen Abtreibung ist, und eine Feministin und Anwältin, die das Recht auf Abtreibung unterstützt, arbeiten zusammen, weil sie die Zahl der Abtreibungen reduzieren wollen. Das ist nur ein Beispiel, und daran sollten wir uns ein Beispiel nehmen.

Shane Claiborne, »The Simple Way«, Pennsylvania

SC: Zweifellos gibt es eine Neugestaltung des Evangelikalismus im postreligiösen rechten Amerika. Sie haben noch keine neuen charismatischen Führer hervorgebracht und die jungen Evangelikalen wissen auch, dass die Welt fragil ist. Gott kümmert sich darum, wie wir in dieser Welt leben. Leute fragen: sollten geschäftsführende Vorstandsmitglieder wirklich 500 Mal mehr verdienen als ihre Arbeiter? Das heißt nicht, dass die Leute sich nicht mit Themen wie Abtreibung oder Homosexualität beschäftigen, aber die Leute sind gegenüber der Arroganz sowohl der Linken als auch Rechten misstrauisch. Wir sehen Christen, die sich nach einer widerspruchsfreien Moral in der Gesellschaft sehnen.

Es ist nicht nur ein Generationswechsel. Ein gutes Beispiel dafür ist das Projekt Two Futures, das sich für den Abbau von nuklearen Waffen einsetzt. Während Leute unter 40 Jahren, wie Rob Bell und ich, das Projekt leiten, geben Leute wie George Schultz, Außenminister unter der Präsidentschaft Reagans, Lynn und Bill Hybels von der Organisation Willow Creek, und Chuck Colson [Gründer der Gefängnisseelsorge, nachdem er seine Haftstrafe wegen Behinderung der Justiz im Watergate Skandal verbüßt hatte] ihre Stimme. Viele Evangelikale – und zwar jeden Alters – glauben, dass schlechte Theologie Menschen umbringt, von Hitler über den KKK bis hin zu Fred Phelps, der behauptet, dass »Gott Schwule hasst«. Die gängige Theologie heute lehrt uns, dass Jesus predigte, lebte und lehrte, dass das Reich Gottes auf Erden ist. Viele Leute denken missionarisch: als Arzt, Krankenschwester, Anwalt, wie kann ich Jesus' Werk in mein Leben integrieren?

MP: Warum denken Sie, findet dieser Wechsel statt?

SC: Für einige Strategen der Religiösen Rechten ging es darum, in Blöcken zu wählen. So begannen die Leute in der Schrift zu sehen, was auch immer sie sehen wollten, in der Absicht, ihre Politik zu rechtfertigen. Was nun aber passiert, ist das eigentlich Gefährliche, wenn Menschen die Bibel lesen. Es bringt sie in einen Konflikt mit den Dingen, die eigentlich das evangelikale Christentum charakterisiert haben. Sie sehen, als Jesus aufgefordert wird, die Todesstrafe einer Frau durch Steinigung zu unterstützen, dass er sagt: »Nur derjenige, der ohne Sünde ist, werfe den ersten Stein.«

So haben sich einige Ältere ein Lebensmuster gekauft, dass ihnen kein Leben gebracht hat. Es ist konsumorientiert; radikaler Individualismus hat sie der Gemeinde und der Lebensfreude beraubt. Es ist kein Zufall, dass Amerika eines der reichsten Länder der Welt ist, aber die höchste Rate an Depressionen, Einsamkeit und Medikamentenmissbrauch hat. Vielleicht ist Gottes Traum nicht der amerikanische Traum. Ich war in Los Angeles in einer der reichsten Gegenden des Landes, wo eine Gruppe von Familien aus der Vorstadt erzählten, dass nicht jeder von ihnen eine Waschmaschine und einen Trockner besitzt. So können beispielsweise die Taylors eine Waschmaschine haben. Wir erstellen dann einen Zeitplan, so dass alle sie nutzen können. Dafür haben dann die Cunninghams bestimmte Gartengeräte ...

MP: Welche Rolle spielt die Kirche in diesem Wechsel?

SC: Vieles meiner Ekklesiologie kommt aus der Tradition der Wiedertäufer. In den frühesten Zeiten des Christentums hatte man eher das Gefühl, eine gegensätzliche Gesellschaft zu sein. Wir gehören zu *Jubilee*, decken Ungleichheit auf und kümmern uns besonders um Randständige und Fremde. Wir haben eine prophetische Funktion – mit der Regierung zu reden, ins Gefängnis zu gehen, wenn Dinge falsch sind, zusammen zu arbeiten, um Dinge zu stoppen, die Leben zerstören, beispielsweise dafür zu sorgen, dass es keine Waffen in der Nachbarschaft gibt.

Während die Kirche Gottes erstes Instrument ist, um Gottes Herrschaft auf die Erde zu bringen, müssen wir auch gute Kollaborateure sein. Jesus fordert uns heraus zu sehen, wo Gott am Werk ist − überall, wie in dem Beispiel des barmherzigen Samariters.

MP: Woran arbeiten Sie mit?

SC: Als ich mit dem Friedensstifter-Team in den Irak reiste, war das eine vielfältig religiöse bis gar nicht religiöse Gruppe. Die christlichen Friedensstifter-Teams, mit denen wir zusammengearbeitet haben, arbeiteten auch mit muslimischen Friedensstifter-Teams zusammen. Stellenweise gibt es Verbindungen zwischen den religiösen und den nicht-religiösen Leuten. Wir sind sehr umsichtig damit, Gemeinden zu bilden, aus denen heraus ähnliche Werte wachsen, doch das erlaubt uns, mit anderen zu arbeiten. Es ist ein Teil der Sprache des »neuen Mönchtums«, wo innerhalb unserer Gruppe Werte geteilt werden, aber wir auch an anderen Projekten und mit anderen Menschen zusammenarbeiten, auch wenn wir mit denen nicht einer Meinung sind.

MP: Arbeiten Sie mit dem Staat zusammen?

SC: Ich habe sehr bescheidene Erwartungen an das, was Könige oder Präsidenten tun können. Die Bibel verlangt von allen in der Welt sich an Gottes Reich auszurichten. Das heißt auch, denen in der Regierung mal die Wahrheit zu sagen. Aber wir geben nicht vor, Gottes Reich in jeder Person oder Partei zu verkörpern. Das ist der Punkt, an dem die Religiöse Rechte falsch liegt. Der Rahmen, in dem sie Jesus sahen, war politisch. Ich bin der erste, der ein Transparent mit Obamas Bild und dem Wort »Hoffnung« darauf kritisiert. Hoffnung zu haben ist okay − auch die Hoffnung, dass einige Dinge, die er tut, uns näher zu dem bringt, was Gott will. Doch unsere letzte Hoffnung steckt doch bitte nicht in einer Person oder in einer Partei! Tony Campolo sagt, »wenn wir Kirche und die Regierung heiraten lassen, dann ist es, als ob wir Eiscreme mit Pferdemist vermischen. Für den Pferdemist ist es nicht so schlimm, aber die Eiscreme ist dadurch wirklich hinüber.« Ich sehe es nicht, besonders nicht in jungen christlichen Zirkeln, dass wir uns an eine Partei oder irgend eine andere Plattform binden würden. Jesus ist der Rahmen, den wir nutzen. [Der amerikanische Theologe William] Stringfellow sagt, »Ich versuche nicht, die Bibel auf amerikanische Weise zu lesen, aber Amerika auf biblische Weise.«

Wir arbeiten mit der Regierung zusammen, ohne Geld von ihr dafür zu nehmen. Wir wurden kritisiert und erst recht von anarchistischen Gruppen, die behaupten, dass unser Status der Steuerfreiheit eine Form von staatlicher Unterstützung ist. Aber wir sehen Dinge, die die Stadt gut macht, beispielsweise bezahlbare Wohnungen zu bauen. Das wohl kreativste Projekt, mit dem wir verbunden sind, ist das Projekt »Urban Homeworks«. Sie schaffen bezahlbaren Wohnraum für Familien mit niedrigem Einkommen, indem Gemeindemitglieder Neubauten bezuschussen, und man so sowohl mit der Gemeinde als auch mit dem Pfarrer verbunden ist. Es ist eben nicht nur Aufgabe der Kirche, sich um das Seelenheil und um die Gemeinde zu kümmern, sondern auch auf die Lebensverhältnisse zu achten und diese gegebenenfalls zu verbessern

MP: Was könnte diese Zusammenarbeit stören?

SC: [lacht] Vermutlich wir, indem wir uns erlauben derselben Versuchung nachzugeben, wie Jesus es tat? Die Versuchung, Leute mit unserer Leistungsfähigkeit in Erstaunen zu versetzen, aus Steinen Brot machen oder die Kräfte dieser Welt zu nutzen? Wir haben bewusste Schritte unternommen zu versuchen, uns vor uns selbst zu schützen. Um nur eine Sache zu nennen: mit den Älteren verbunden zu sein – Tony Campolo, John Perkins und Schwester Margaret, sind Leute, die bereits 70, 80 Jahre alt sind. Außerdem sind wir gute

Mitarbeiter bei Projekten, die bereits bestehen. Die Bewegung ist jetzt kommunaler, und stützt sich nicht so sehr auf charismatische Führer, was auch bedeutet, dass mehr geprüft und geschaut wird, was so passiert.

Eine der Kritiken an der Jesus-Bewegung der frühen 1970er-Jahre ist, dass sie sich anmaßte zu sagen: »Wir brauchen den Rest der Kirche nicht.« Ich bin vorsichtig mit der Sprache der »neu entstandenen Kirche«, weil es so klingt, als ob wir es für uns allein tun. Doch genau das tun wir nicht. Unsere Unzufriedenheit, unser Missfallen ist der Grund, weshalb wir uns engagieren. Wie Gandhi sagte, »sei selbst die Veränderung, die du dir wünschst für diese Welt.« Sei selbst die Veränderung, die du dir wünschst für diese Welt, meint aber auch *innerhalb* der Kirche — heile Herzen, heile Straßen, heile Sucht, die Lebensumstände, Obdachlosigkeit, die Leere und die Einsamkeit des Wohlstands und des Individualismus, heile die Welt, schaffe Frieden. Das bedeutet gärtnern, mit Kindern Blumen pflanzen, Kindern aus der Nachbarschaft bei den Hausaufgaben zu helfen, Kindern beizubringen, sich gegenseitig nicht zu schlagen, und diese Lektion einer Welt, die Gewalt weiterhin gebraucht, gegenüberzustellen. Auf breiterer Ebene, schreiben und sprechen, Leute verbinden. Wir haben eine Website, »Community of Communities« und wir geben ein Magazin heraus, in dem Leute ihre Geschichte erzählen können. Ich schreibe gerade an einem Liturgiebuch, das verschiedene Dinge kombiniert; Psalme, alte geistige Lieder, Lieder über die Freiheit, Hymnen, aber auch neue Dinge.

MP: Und wie schaffen Sie das, all diese Sachen zu machen?

SC: Das ist die Gemeinschaft, die Gemeinde. Ich mache bloß einen kleinen Teil.

David Gushee, Professor,
Präsident der Organisation
»Evangelicals for Human Rights«, Georgia

David Gushee ist Professor für christliche Ethik an
der *Mercer Universität* in Georgia und Präsident der
Organisation »Evangelicals for Human Rights«. Bevor er
an die *Mercer Universität* ging, arbeitete Gushee 11 Jahre lang
als Professor für Moralphilosophie an der *Union Universität* in
Jackson, Tennessee. 2008 wurde er vom *US Holocaust Memorial Museum* berufen, Mitglied des Komitees für Kirchenbeziehungen und Holocaust zu werden. Er ist Kolumnist der
»*Associated Baptist Press*«, freier Redakteur der »*Christianity Today*«, und arbeitet in der christlichen Ethik-Kommission der
»*Baptist World Alliance*«.

DG: In den 60er-/70er-Jahren, als die Demokraten sich mit
den Veränderungen identifizierten, die aus der amerikanischen Bürgerrechtsbewegung, der Frauenbewegung, der
Friedens- und der Homosexuellenbewegung hervorgegangen waren, entschieden sich die Republikaner, die Partei der
Beständigkeit, des Widerstands zu sein, die Partei der benachteiligten weißen Südstaatler. Es war eine Strategie, die
kulturell Konservative begeisterte, von denen ein großer Teil
religiös konservativ ist. In gewisser Hinsicht war die Heirat
der christlichen Rechten mit den Republikanern eine Hochzeit der Überzeugungen, der Weltanschauung; sie waren gegen die gesellschaftlichen Veränderungen der 60er-Jahre.
Doch schließlich wurde es eine Ehe, die auf gegenseitiger
Vorteilsnahme basierte. Die Republikaner konnten Wahlen
gewinnen, indem sie die »Kultur-Karte« ausspielten, und
die Führer der Religiösen Rechten konnten eine enorme

Wahrnehmung auf nationaler Ebene erlangen, Geld verdienen und Gemeinden bilden.

Doch hier endet die Geschichte. Zorn und Verbitterung machten sich breit. Die christliche Rechte entwickelte eine rhetorische Strategie der polemischen, öffentlichen Beschimpfung des Feindes. Das funktionierte eine Weile ganz gut, mobilisierte die Basis und brachte Geld ein. Kommunale und bundesweite Wahlen wurden gewonnen. Aber das Bild eines wütenden, rotgesichtigen, schreienden weißen Mannes, dem zuzuhören schrecklich war, war auch nicht in Einklang mit dem Geist Jesus zu bringen. Da ist nun ein Gefühl der Verlegenheit innerhalb der evangelikalen Gemeinde zu spüren, besonders unter den Hochschulabsolventen, den jungen, den eher städtischen Gläubigen – ein Gefühl, dass die Religiöse Rechte nicht für sie spricht. Sie verletzt die Aufgabe der Kirche, sie macht Gottes Namen für andere hassenswert und löst einen neuen Atheismus aus. Doch es sind nicht nur die jungen und die städtischen Gläubigen, es ist mehr als das, es vollzieht sich ein weiter gefasster kultureller Wandel. Die Konservativen der 70er haben in allen Punkten verloren: Rasse, Geschlecht, Scheidung, Abtreibung. Homosexualität ist ihre letzte Bastion.

MP: Die Evangelikalen dieses »weiter gefassten kulturellen Wandels«, was sind deren politische Ansichten und Ziele?

DG: Die christliche Rechte hat eine exzeptionelle Sicht auf Amerikas gottgegebene Freiheiten und ihre besonderen religiösen Grundvoraussetzungen. Sie glaubt auch, dass das Christentum selbst in Amerika eine außergewöhnliche Rolle spielt, dass das Christentum sozusagen die etablierte Religion Amerikas war. Was die Religiöse Rechte fürchtet, angefangen mit der Entscheidung des obersten Gerichtshofs, die Andacht an den öffentlichen Schulen abzuschaffen, ist die Tatsache, dass sie längst nicht mehr die kulturell etablierte Religion ist. Heute, so glauben viele der christlichen Rechten, ist der Staat ihnen gegenüber feindlich gesinnt. Und diese Ängste werden absichtlich von der Rechten geschürt, denn das ist alles, was sie momentan haben. Die Religiöse Rechte, die 12–13 % der Bevölkerung ausmacht, fühlt immer mehr Wut und hat Angst vor dem Untergang Amerikas und ist deshalb zunehmend bereit, die haarsträubendsten Dinge über Obama zu glauben. Aber das ist nur eine gewaltige Überreaktion.

Was ich bei der evangelikalen Mitte und der Linken feststelle, ist die Bereitschaft, eine kulturelle Trennung vom Christentum zu akzeptieren und mögliche Vorteile darin zu sehen. Es ist schwieriger, Amerika und die Kirche zu verwechseln, und einfacher, sich auf ein eher biblisches Verständnis der Kirche zu berufen, sozusagen als gegenkulturelle Gemeinde, die sich um Christus sammelt und sich als internationale, interrassische und interchronologische Gemeinschaft versteht. Niemand, der im ersten Jahrhundert von »wir« gesprochen hat, hätte damit nur das römische Reich gemeint. Doch ein »wir« steht hier schon für ein amerikanisches Empire mit der Kirche als eine Art religiöser Sanktionierer. Dies zeigt sich so offensichtlich in der großen Mitgliedschaft von Evangelikalen beim Militär. Und es fällt uns schwer, eine prophetische Distanz gegenüber unserem Land, unserer Regierung und unserer Wirtschaft einzunehmen. Es ist auch schwierig anzunehmen, was Jesus über Gewalt sagt, im Zusammenhang mit der militärischen Rolle, die Amerika in der Welt einnimmt.

Moderate Evangelikale helfen anderen, sich mit der Welt, in der wir leben, zu arrangieren, mit einem pluralistischeren Amerika, in dem wir nicht alles beherrschen. Moderate Evangelikale sind bereit zu sagen: wir haben einen Platz an dem Tisch, wie jeder andere auch, wenn wir in der Lage sind, gut mit anderen umzugehen. Ich habe das miterlebt im Umgang mit der Obama Administration. Ich war auf einem Meeting, auf dem 25 Leute über die Ab-

senkung der Abtreibungsrate diskutierten: amerikanische,
katholische Bischöfe, die NOW, die nationale Organisation
für Frauen, die nationale Liga für ein Recht auf Abtreibung,
Führer der hispanischen Evangelikalen, die Führungsspitze
des nationalen Kirchenrats und viele andere. Wir [Evange-
likale] hatten Plätze an dem Tisch; jeder bekommt ein Mitspracherecht und der Einfluss, den man nehmen kann, ist
abhängig von der Fähigkeit, seine Position überzeugend
darzustellen.

Unsere Aufgabe als Christen ist, gewissenhaft Zeugnis
abzulegen, zu unseren liebgewonnenen Werten zu stehen
und unsere Hausaufgaben zu machen, zu begreifen welche Aufgaben am wichtigsten sind, um sie in die Öffentlichkeit zu bringen, wie sie zu planen sind und wie wir
mit unterschiedlichen Meinungen umgehen. Nicht alles,
was in der Bibel steht, wird zum Gesetz in den USA werden und das sollte es auch gar nicht. Doch es gibt Themen
und Prinzipien, die wichtig sind. Und man sollte zusammenarbeiten, wo man kann, auch wenn man die Meinung
zu einigen Themen überhaupt nicht teilt. Die nationale Liga
für ein Recht auf Abtreibung und die katholischen Bischöfe
stimmen bei dem Thema Legalisierung von Abtreibungen
überhaupt nicht überein, aber man ist sich einig, dass 1,2
Millionen Abtreibungen pro Jahr nicht gut sind. Wir würden es begrüßen, wenn wir die Zahl der Abtreibungen reduzieren könnten, indem wir die Dinge benennen, die dazu
geführt haben, dass sich die Abtreibungsrate erhöht hat. Unter all den Themen, die diskutiert wurden, waren: Adoptionen, das Gesundheitswesen, finanzielle Unterstützungen,
Verhütung und Aufklärungsunterricht. Die Vorannahme ist,
dass wenn wir darüber sprechen, was im Interesse der Gesellschaft zu tun ist, dann findet man schon heraus, was
funktioniert. Die Leute aus dem Weißen Haus haben gesagt:
»Also, wir möchten erst einmal datengestützte Vorschläge,
die das Problem richtig angehen. Was hast du?«

MP: Was könnte diese Art von Gespräch vermasseln?

DG: Wenn die Demokraten über ihr Ziel hinausschießen und Richter ernennen oder Gesetze verabschieden, die als grundlegend feindlich gegenüber der existierenden Rolle des Christentums angesehen werden. Oder Gesetze, die uns einengen, wie: »dies oder jenes darf nicht von der Kanzel kommen« oder »ihr solltet homosexuelle Pfarrer einstellen.«

MP: Die Regierung hat kein Mitspracherecht bei der Einstellung von Pfarrern, aber sie könnte ein Mitspracherecht in Anspruch nehmen bei öffentlich geförderten Sozialfürsorgeagenturen.

DG: Bei konfessionellen Anstellungen sehe ich eine tiefrote Linie. Jede religiöse Gemeinde sollte in der Lage sein Leute anzustellen, deren Verhalten und Überzeugungen mit den religiösen Werten der Gemeinde übereinstimmen. Doch es könnte sich für eine Gesellschaft, die unehelichen Sex akzeptiert, Beischlaf und homosexuelle Beziehungen toleriert, als unmöglich herausstellen, eine kleine religiöse Gemeinde, die eben all dies nicht akzepiert, finanziell zu unterstützen. Ich sage eine finanzielle Loslösung zwischen Staat und Kirche voraus, wie vielleicht schon häufig angeregt von der religiöse Seite.

Traditionelle Eheschließungen zwischen Mann und Frau nehmen ab und es gibt immer häufiger nur noch Beziehungen. Ich tue, was ich kann, um das Thema Ehe zu stärken, eben dort, wo ich es kann, nämlich in der Kirche. Aber uns gehen die Argumente aus, auch innerhalb der Kirche. Der Umgang mit Homosexualität ist nur eine Veränderung. Wir sollten anfangen, unser Denken zu verfeinern, zu verändern. Es gibt einen Bereich, der nennt sich seelsorgerisches Entgegenkommen. Hier muss man nicht die Struktur seines Glaubens ändern, sondern man erfasst realistisch die Dinge, die um einen herum passieren und man kann so wirklich Leuten helfen, die einem begegnen.

Tim McFarlane, Motorradfahrer, Bauarbeiter, Laienpastor für Missionen in Übersee, California/Idaho

TMcF: Ich habe eine bewegte Vergangenheit – Motorradfahrer, Drogenkonsument, Krimineller. Dann war ich auf dem Bau. Meine Frau und ich trennten uns, und in dieser Zeit fand meine Frau zu Gott. Sie gab mich nicht auf, und allmählich verliebte ich mich in die Kirche. Ich war gerettet. Früher waren meine Frau und ich niemals irgendwo Mitglied, denn es war einfach nicht »cool«. Die Vineyard Bewegung passte zu uns – keine Kirchenbänke, dafür Rockmusik. Ein bisschen später wurde ich gefragt, ob ich nicht Missions-Chef werden wollte, und nach 1½ Jahren war ich amtlich als Pastor zugelassen. Ich hatte keine formelle Ausbildung. Alle Mitarbeiter hier sind innerhalb der Kirche ausgebildet worden.

Es gibt so um die 600 Vineyard Kirchen in den USA und weitere 1000 im Ausland. Mein Job ist es Partnerschaften zwischen den amerikanischen und den ausländischen Vineyard Kirchen herzustellen. Missionsarbeit ist teuer und die kleineren Kirchen, die es sich nicht erlauben können allein Missionsarbeit zu leisten, können in einer Gruppe arbeiten. Wir gründen die Kirchen und Gemeinden nicht, damit sie wie wir werden, sie sollen ihre eigene Identität entwickeln. Wir versuchen die Kultur zu verstehen und bringen sie in einen Zusammenhang mit der Vineyard Bewegung, das heißt, was kann die Vineyard Bewegung ihnen bringen? Die Musik ist beispielsweise weltweit bekannt. Der Gründer der Vineyard Bewegung war Saxophonist bei den »Righteous Brothers«. In Kenia ist der Gottesdienst komplett anders, aber unsere Grundwerte und Ansichten sind gleich – wir müssen etwas für die Armen und Obdachlosen tun und Gott danken für das, was er getan hat.

Wir sind in Gebieten tätig, die einen Barmherzigkeitsauftrag haben – bei medizinischen Versorgungstruppen, bei Ernährungsprogrammen, und das im Namen Gottes. Wir wenden uns allen zu, den Muslimen, den Juden. Ich will keine Seelen gewinnen, das macht Gott. Wir nötigen oder drängen nichts und niemanden, vielmehr versuchen wir durch unser Handeln unseren Glauben weiter zu tragen. Unser Einsatz dauert mindestens 10 Jahre, soviel Zeit braucht man. Unsere Vineyard Kirche hat fünf Partnerländer: Ecuador, die Philippinen, Zambia, Chile und Paraguay.

In vielen Fällen haben Christen mit ihrer Missionsarbeit viel Unheil angerichtet. Bei den Kreuzzügen beispielsweise, haben die Christen Menschen umgebracht im Namen Gottes. Ich bitte Sie!

Im Ausland wollen die Leute immer erst einmal wissen, weshalb wir gekommen sind, ob es ums Öl geht oder um Diamanten? Die Geschichte war nicht gut. Und du kannst auch nicht in ein Dorf gehen, wo ein Mann mehrere Frauen hat, und ihm sagen, dass das nicht sein kann. Das ist seine Kultur. Wir lassen Gott das machen, er soll sich darum kümmern. Ich will über niemanden urteilen. Meine Aufgabe ist, die Liebe, die Jesus gibt, zu zeigen.

Ich kann soviele »Reis Christen« kaufen, wie ich möchte. In der dritten Welt sagen die Leute alles für Reis oder Geld. Ich möchte aber, dass diejenigen, die zu uns kommen, es aus Überzeugung tun. Wir sind sehr vorsichtig, wir zahlen kein Gehalt für einen Pastor im Ausland, aber ich helfe ihm zum Beispiel bei seiner Ausbildung, oder helfe ihm, Stühle oder Bibeln für die Kirche zu kaufen. Wir haben in Zambia eine Ausbildungsstätte gebaut, weil ein Pastor uns sagte, dass »40 % der Einwohner in meinem Dorf unter 15 Jahre alt ist und die Kinder sich prostituieren, um das Essen für die Familien zu verdienen.« Wir sahen, dass wir Ausbildungsplätze schaffen konnten, mit einem kleinen Gebäude und ein paar handbetriebenen Nähmaschinen und Webstühlen. Wir bekamen das Geld dafür aus unserer Gemeide hier in den USA.

Ich weiß, welchen Auftrag Gott mir gegeben hat. Ich glaube daran, dass Christus, der einzige Sohn Gottes, am Kreuz für meine Sünden gestorben ist. Ich streite mich auch nicht mit Leuten, die anders darüber denken. Ich versuche sie zu lieben, so gut es eben geht. Der Denkansatz der Religiösen Rechten stößt mich ab, dieses »wenn du das nicht tust, dann wirst du nicht« – wenn du nicht so glaubst wie ich glaube, dann wirst du nicht in den Himmel kommen. Ich bin jetzt 60 Jahre alt und ich war länger auf der anderen Seite (als Motorradfahrer, als Drogenkonsument) als hier. Ich kam zur Kirche, weil ich nicht wirklich religiös bin. Ich richte mich nicht nach der Bibel.

MP: Arbeitet Ihre Mission mit der Regierung zusammen?

TMcF: Wir bekommen kein Geld von der Regierung – das ist mit zu vielen Auflagen verbunden. Und ich stimme mit der Regierung darin überein. Wenn wir nicht nach ihren Regeln handeln wollen, dann können wir kein Geld nehmen. Meine Auslandsmissionen werden von 3,5 % des Zehnten aus unserer Gemeinde bezahlt. Die Mildtätigkeitsämter (Essen, Krankenhäuser) bekommen 3,5 %, und das letzte Drittel geht an die Vereinigung der Vineyard-Kirchen. Die Vereinigung sagt uns nicht, was wir tun sollen, es ist eine Gruppe autonomer Kirchen, die zusammenarbeiten. Ich verlasse mich auf Gott; ich will mich nicht auf die Regierung verlassen müssen, jedenfalls nicht mehr, als ich es muss. Es gibt aber ein geistliches Amt in unserer Kirche, »Celebrate Recovery«, das staatliche Gelder bekommt. Unter Bush konnten wir einstellen, wen wir wollten, obwohl wir religiös sind. Ich weiß nicht, ob wir das je wieder bekommen.

Man macht sich hier Sorgen, dass Obama die Steuergesetze ändert. Die Leute können das, was sie der Kirche geben, steuerlich absetzen [von ihrem zu versteuernden Einkommen, so dass sie weniger Steuern zahlen müssen]. Wir zahlen keine Grundstückssteuer und versteuern auch nicht die Güter, die wir an die Bedürftigen geben. Wir sind sehr dankbar für unseren Steuerstatus. Ohne ihn wären wir höchstwahrscheinlich nicht in der Lage das zu leisten, was wir derzeit tun. Die Leute wären dann nicht mehr in der Lage, der Kirche viel zu spenden. Außerdem sorgt man sich darüber, dass Obama auch die Waffengesetze ändern könnte. Man hat Leute hier, die glauben, das Leiden sei hier, der Anti-Christ stehe vor der Tür. Bla bla. Er ist weder der Anti-Christ, noch ist er für mehr staatliche Kontrolle. Obama hat wichtigere Dinge zu tun. Er sagte das doch sehr passend: »Ich habe zwei Kriege auszufechten; ich habe eine Pandemie; ich habe eine Wirtschaftskrise. Ich muss wirklich keine Autofirma oder eine Bank führen. Ich möchte vielmehr, dass diese Unternehmen wieder auf die Beine kommen und wieder für sich allein sorgen können«.

MP: Haben Sie Demokraten und Republikaner in ihrer Kirchengemeinde?

TMcF: Klar haben wir Demokraten und Republikaner unter uns. Wir setzen uns für die Umwelt ein und das ist wirklich neu innerhalb des Christentums. Ich züchte zu Haus Biohühner, auch das ist eine echte Veränderung! Okay, von Zeit zu Zeit wird sich noch mal jemand durchsetzen, der eher von religiösem Geist beseelt ist und damit umzugehen ist schwierig, denn dann sagt dir jemand: »Gott hat mir dies und jenes erzählt, und das und das sagt die Bibel dazu.« Hör mir auf. Geh doch, liebe deinen Nächsten.

Ich habe Gottes Hand gesehen, ich habe gesehen, wie sich das Leben von Menschen verändert hat, ich habe es in unserem Garten gesehen, bei der Essensausgabe mit den Obdachlosen. Ich habe einen guten Draht zu den Jungs, sie kennen meine Vergangenheit, sie sehen meine Tattoos. Ich predige denen nichts.

Ich glaube nicht, dass Vineyard die einzige Kirche ist, die dich in den Himmel bringt. Mormonentum, Buddhismus, Hinduismus – Gott hat Gnade für jeden. Es gibt eine Menge Dinge, die ich nicht weiß. Was passiert zum Beispiel mit Menschen, die Selbstmord begehen oder Buddhisten sind? Ich hoffe, dass sie in den Himmel kommen. Und es ist ja auch ganz gut, dass wir nicht alles wissen. Ich habe 30 Fuß tiefe Brunnen gegraben mit Typen, die nicht glauben, was ich glaube, und ich mag die Typen. Wenn Gott mich dazu benutzen möchte, dass die Typen ihren Glauben ändern, dann ist das okay. Und wenn nicht, dann graben wir eben nur einen Brunnen.

Heather Gonzales, Verbandsgeschäftsführerin im Landesverband der Evangelikalen (*National Association of Evangelicals*), Washington D.C.

HG: Der Aktivismus der Evangelikalen hat sich in den letzten Jahren schon verändert. Evangelikalismus war aber schon immer verbunden mit einem umfassendem Programm, mit Armenfürsorge und einer Entwicklung im Ausland. Die könnte in der Vergangenheit ein bisschen mit missionarischen Bemühungen verbunden gewesen sein, was aber nicht notwendigerweise so ist. Von 1970 bis 1990 fokussierten sich die Medien auf zwei, drei Leute wie zum Beispiel Jerry Falwell oder Pat Robertson. Heute aber haben die Evangelikalen ein breiteres Programm und wurden dadurch auch auf ganzer Linie verständlicher.

MP: Warum?

HG: Weil führende Mitglieder sich für dieses Programm einsetzen. Richard [Cizik, ehemaliger Vizepräsident des NAE für Regierungsangelegenheiten], Sam Rodriguez, mit der *National Hispanic Leadership Conference*, Joel Hunter, Jim Wallis. Es geht um die tatkräftige Leitung und darum, dass man sich um bestimmte Themen kümmert. Wir glauben auch, dass es hilfreich ist, Menschen auf einem Graswurzellevel einzubinden. Unsere Mitglieder kommen eher aus der politischen Mitte oder dem konservativem Lager, mit ein paar Ausnahmen wie: der Heilsarmee, der christlich reformierten Kirche und der Vineyard-Bewegung.

MP: Und welche Vorstellungen hat die *National Association of Evangelicals*, wie Kirchen mit anderen Gruppen in America zusammenarbeiten sollten?

HG: Darüber herrscht Uneinigkeit. Einige evangelikale Gruppen sehen ihre Aufgabe darin, die Gläubigen zu den

»christlichen Wurzeln« zurückzuführen. Die »National Association of Evangelicals« hat nie daran gearbeitet. Richard [Cizik] sprach immer von einen prinzipientreuen Pluralismus. Die NAE war immer der Anwalt für die religiöse Freiheit für jeden. Wir haben mit Buddhisten und allen anderen Religionen zusammengearbeitet. Unsere politischen Meinungen sind durch die Bibel beeinflusst, aber eben nicht nur durch die Bibel. Sie sollten dem Gemeinwohl dienen. Zum Beispiel die Reform der Einwanderungsbestimmungen: es gibt Gründe, die auf die Bibel zurückgehen, warum die Bestimmungen wichtig sind, aber es gibt auch andere, soziale Gründe – Familien werden getrennt und so weiter.

Die Kirchen sollten in die Staatstätigkeit eingebunden werden, ohne dass sie dabei eine bevorzugte Stellung einnehmen. Sie sollten sich positionieren und an der Debatte beteiligen dürfen. Was wir geneigt sind für das Allgemeinwohl vorzuschlagen, ist vielleicht nicht das, was andere vorschlagen. Wir würden das Thema Abtreibung abschaffen. Aber wir sehen auch, dass das mit der neuen Regierung wahrscheinlich nicht möglich ist und müssen deshalb andere Wege finden, dieses Thema anzusprechen.

MP: Werden Sie bei dem Thema Reduzierung der Abtreibungsrate mit anderen Gruppen zusammenarbeiten?

HG: Unser Grundsatz lautet: »Kooperation ohne Kompromiss.« Wir haben unsere Prinzipien, aber vor mehr als 60 Jahren haben wir erkannt, dass es besser ist zu kooperieren, um bestimmte Dinge durchzusetzen.

MP: Viele Nicht-Evangelikale sind besorgt, dass die Evangelikalen hinarbeiten auf …

HG: … eine christliche Regierung? Ich bin mir sicher, dass es ein paar Evangelikale gibt, denen das ganz recht sein würde, aber die Evangelikalen der NAE sind es nicht. Die Medien greifen gern den einen oder anderen Evangelikalen heraus, der Dinge sagt, die provozieren, das macht sich halt gut in den Nachrichten. Aber wir wussten immer, dass die Kirche eine Ergänzung zur Regierung ist.

MP: Aber zerstören nicht diejenigen, die provokante Dinge sagen, den Evangelikalen die Möglichkeit, ihre Prioritäten durchzusetzen und ernst genommen zu werden?

HG: Im Glauben der NAE würde ich die Religiöse Rechte nicht überkritisieren, denn es gibt einen Nutzen, in dem was sie tun. Aber ich würde behaupten, dass sich die Religiöse Rechte einige Chancen mit potentiellen Partnern verspielt hat. Sie bilden Koalitionen, deren Spielraum sehr, sehr eng ist. Unsere Taktik ist mehr die kooperative, mit Partnern, die man so erst einmal gar nicht erwartet. Ich kann mir nicht vorstellen, dass viele der Religiösen Rechten eine Partnerschaft mit Harvard eingegangen wären, so wie wir es getan haben. Aber wir vermeiden öffentliche Kritik an Andersgläubigen.

Es gibt Zeiten, da werden wir von ihnen attackiert. Richard [Cizik] hält es mit der Taktik, »die andere Wange auch hinzuhalten«. Ihre Kritik ist fast schon ein Kompliment, denn wenn wir tatsächlich so bedeutungs- und nutzlos sind, wie sie es annehmen, dann würden sie nicht so viel darauf verwenden, uns bedeutungs- und nutzlos zu finden.

Offen gesagt halten wir uns von der Religiösen Rechten fern. In der Zeit, als die Religiöse Rechte einflussreich war, konnten sie uns und unsere Standpunkte nicht ausstehen. Gleichermaßen halten wir eine Distanz zur religiösen Linken. Wir alle sind Schwestern und Brüder in Christus. Aber wir stimmen in vielen Dingen und Ansichten nicht überein. Die NAE hatte eigentlich immer viele Möglichkeiten, zum Teil weil wir eben für uns standen, also abseits der großen Gruppenströmungen. Und vieles ist einfach Taktik. Die NAE hat sich nie einer aufrührerischen Rhetorik bedient, das ist nicht unsere Art. Wir glauben nicht an die gleichgeschlechtliche Ehe als Institution, aber wir sind nicht in so eine aufgeheizte Rhetorik verfallen. Wir unterstützen keine legalen Abtreibungen, aber wir stellen uns auch nicht vor die Kliniken und die Familienplanungszentren und demonstrieren. Ich weiß nicht, ob es genügt sich hinzustellen und zu sagen, dass alles, was wir tun müssen, ist, die Zahl der Abtreibungen zu reduzieren. Das ist wichtig, aber wir versuchen, einen Mittelweg zu gestalten.

MP: Wie ist ihre Einstellung zu gleichgeschlechtlichen Lebenspartnerschaften?

HG: In »*For the Health of the Nation*« aus dem Jahr 2004 steht, dass wir gleichgeschlechtliche Lebenspartnerschaften nicht unterstützen und wir haben seitdem unsere Politik nicht geändert. Die ganze Geschichte mit Richards Rücktritt [weil er öffentlich gesagt hat, dass er gleichgeschlechtliche Lebenspartnerschaften unterstützt] veranlasste einige Leute zu sagen, dass sich die NAE nun in die »richtige Richtung« bewegt. Das ist nicht richtig. Die NAE ist, was sie ist, und sie hat sich nicht drastisch verändert.

MP: Wie ist der Standpunkt der NAE zum Thema: Anwerben und Einstellen von Glaubensgenossen?

HG: Die NAE ist sehr gut darin, Leute aus Glaubensgründen einzustellen für ihre religiöse Organisationen. Aber wir haben da keinen großen Plan oder so.

MP: Und zu Dienstverweigerung aus Gewissensgründen?

HG: Nein, wir haben uns noch nicht sehr darum gekümmert, wir tendieren, im Zweifel für die Gewissensfreiheit zu sein. Ich verstehe den Streit und sehe beide Seiten. Aber wenn du Christ bist, dann solltest du nicht gezwungen werden, etwas zu tun, was sich mit deinem Gewissen nicht vereinbaren lässt, du nicht und andere auch nicht.

Wir bemühen uns beispielsweise um Visa für sogenannte religiöse Arbeiter. Das sind Menschen, die für religiöse Organisationen arbeiten, und die mit Hilfe eines Visums in die USA einreisen und hier dann als Religionslehrer oder Pfarrer arbeiten dürfen. Es sollten dann (von der Regierung) Vorschriften erlassen werden, die diese Visavergabe deutlich eingeschränkt hätten. Ehrlich gesagt weiß ich nicht, ob Evangelikale nun wirklich einen Nutzen davon haben. Aber Muslime und Buddhisten holen Leute ins Land, die Altarräume bauen oder religiöse Riten ausüben. Wir waren in einer konfessionsübergreifenden Gruppe tätig, die solche Visa unterstützte. Es hilft uns vielleicht nur ein wenig, aber den anderen Gruppen wird es mehr helfen. Das Prinzip ist wichtig, auch wenn es nicht zu unserem eigenen Nutzen ist.

MP: Welche Einstellung hat die NAE zu »Intelligent Design« oder Kreationismus?

HG: Wir haben uns mit diesen Themen noch nicht wirklich befasst. Da ist eine generelle theologische Vielfältigkeit in uns, besonders dahingehend, wie sich die Schöpfung in der Wissenschaft umsetzt.

MP: Und wie ist die Haltung der NAE zu religiösen Symbolen auf öffentlichen Plätzen und in öffentlichen Gebäuden?

HG: Wir vertreten eher die Auffassung zugunsten eines religiösen Ausdrucks und haben auch schon einige Klagen eingereicht, doch damit beschäftigen wir uns nur am Rande.

MP: Schweigeminuten in Schulen?

HG: Damit haben wir nichts zu tun.

[In einem gesonderten Interview mit Carl Esbeck, dem Rechtsbeistand des NAE-Büros für Regierungsangelegenheiten, bestätigt: Dienstverweigerung aus Gewissensgründen? »Auf dem Gebiet arbeiten wir nicht.« Schweigeminuten? »Nein, das ist ein alter Hut.« Konfessioneller Zugang? »Es wurde nicht angesprochen, obwohl wir das Thema mit dem CCCU (Rat für christliche Colleges und Universitäten) dort erörtert haben, wo wir Übereinstimmungen in den Einstellungsrechten für Personal und den Einstellungsrechten der Fakultäten sehen.«]

HG: Die Tatsache, dass wir uns um diese Sachen nicht sonderlich kümmern, könnte einen zu der Ansicht bringen, dass es eine Veränderung darstellt. Wir kümmern uns intensiver um Einwanderungsbedingungen, um *creation care* (Pflege der Schöpfung) und um neue Wege über Abtreibung nachzudenken. Einige evangelikale Organisationen sind geradezu darauf spezialisiert, sich ein Problem herauszunehmen und dieses dann so lange zu bearbeiten, bis man schließlich nicht mehr darüber spricht. Das ist nicht die NAE.

MP: Wieviel Zeit verbringen Sie damit, in anderen Gruppen zu arbeiten?

HG: Vieles was wir tun, machen wir gemeinschaftlich.

MP: Arbeiten Sie auch mit nicht-evangelikalen oder nicht-kirchlichen Gruppen zusammen?

HG: Oh ja. Die evangelisch-methodistische Kirche hat beispielsweise eine konfessionsübergreifende Gruppe ins Leben gerufen, die an einer Strafjustizreform arbeitet und wir sind daran beteiligt. Zum Thema »creation care« haben wir ein gemeinsames Projekt mit dem *Harvard Center Health and Global Environment*. Wir arbeiten in vielen Koalitionen, aber wir treffen selbstverständlich unsere eigenen Entscheidungen.

Ich bin ein bisschen skeptisch gegenüber diesen sogenannten Veränderungen. Ich habe jede kleine Zeitungsmeldung zum Thema Veränderung der NAE gelesen. ... Dinge verändern sich, aber unsere Positionen sind unverändert gegenüber dem, was wir schon immer gesagt und getan haben. Als Antwort auf Artikel, die in der *Newsweek* und im *Christian Science Monitor* über das Scheitern des Evangelikalismus erschienen sind, schrieb Leith [Anderson, Präsident des NAE], dass sicherlich einige Kirchen aufgeben und schließen müssen, so wie auch Geschäfte, Vereine und andere Organisationen, die sich nicht tragen, schließen müssen. Aber gleichzeitig werden auch neue Kirchen gegründet. Das ist das Leben. Das ist der Lauf des Lebens.

**Jim Wallis, Autor »Sojourners online newsletter«,
Sojomail, sample blog Woodland Hills Kirche,
Minnesota**

Der folgende Text ist dem »*Sojourners* online Newsletter« entnommen, der sich in seiner Ausgabe
mit der Debatte über die US-Gesundheitsreform im Jahre
2009 beschäftigt. Der Autor, Jim Wallis, hebt darin drei
Punkte hervor: die Aufklärung der Öffentlichkeit, das Pro
und Kontra dieses Problems (»*Sojourners in the news*-Artikel
sind die letztverfügbaren Nachrichten im Netz, die Sojourners in irgendeiner Form erwähnen, ob nun zustimmend
oder ablehnend.«); die Wichtigkeit, dass man seinen Abgeordneten im Kongress kontaktieren kann; und die Destruk-
tivität und die Taktik des Totschweigens, sowohl von der
Rechten, als auch von der Linken. »Wir haben eine Krise
der Demokratie,« schreibt Wallis. »Lautstarke Wortgefechte
der Linken und Rechten und konfrontative Taktiken werden nicht den öffentlichen Diskurs schaffen, den wir brauchen ...«

Gläubige Menschen und die Gesundheitsreform

Das, was mich heute veranlasst, diese persönliche Ko-
lumne zu schreiben, ist das moralische Drama, das sich
rund um das Thema Gesundheitsreform abspielt ... Das Ge-
sundheitssystem der USA ist schlecht und marode. 46 Millionen Kinder Gottes haben keine Krankenversicherung, und
14.000 weitere verlieren täglich ihren Versicherungsschutz.
Ohne einen Wechsel werden die Kosten im Gesundheitswe-

sen weiter steigen, wir werden alle für Gesundheit immer mehr zahlen müssen – ohne Reform.

Präsident Obama hat die Gesundheitsreform zu seinem wichtigsten innenpolitischen Ziel erklärt und der Kongress bewegt sich langsam dahin, diesen Plan umzusetzen. Während aber die Mitglieder des Repräsentantenhauses und des Senats sich in die Ferien verabschiedet haben, ist die Opposition zum Angriff übergegangen und drängt darauf, die Reformen voranzutreiben.

Wir haben eine Krise der Demokratie mit rechtsstehenden Kräften, die mit ihren »Pöbelherrschaft«-Kampagnen versuchen, eine öffentliche Debatte zu verhindern. Angefeuert durch rechtsstehende Talkshowmoderatoren und finanziert von einzelnen Interessensgruppen aus dem Gesundheitswesen, die Angst haben, Gewinneinbußen zu verzeichnen, sollten sich die Reformen durchsetzen, sorgen bösartige Kampagnen dafür, die Reformbestrebungen bereits im Keim zu ersticken. Die »Sturmtruppen« der politischen Demagogen wie Rush Limbaugh, Sean Hannity und Glenn Beck haben ihre Anhänger mobilisiert, Stadtversammlungen zu stören und umfassende Neugestaltungen zu verhindern, indem sie lauter schreien als alle anderen. Die Taktik hinter diesen Kampagnen basiert auf Lügen, Einschüchterungen, Rufmord und Beschimpfungen. Und man schreckt nicht davor zurück, rüpelhaft gegen Kongressabgeordnete vorzugehen, die versuchen, ihrer Pflicht nachzukommen, an den Versammlungen zu diesem Thema teilzunehmen. Manchmal ist Gewalt tatsächlich ausgebrochen, in anderen Fällen ist es kurz davor. Ihr Lösungsansatz besteht darin, Leute zu verunsichern und zu ängstigen, Reformer niederzubrüllen und Stadtversammlungen zu sprengen, um eine ernsthafte, ehrliche und öffentlich geführte Diskussion über die Erneuerung eines maroden Systems zu verhindern.

Es gibt aber auch Berichte über links stehende Gruppen, die sich organisieren, um diesen Störungen gegenüberzutreten. Lautstarke Wortgefechte der Linken und Rechten und konfrontative Taktiken werden nicht den öffentlichen Diskurs schaffen, den wir brauchen, und sie werden letztendlich die Gesundheitsreform sabotieren ...

Einfach gesagt, wir müssen sie davon abhalten, das zu tun. Die Gemeinschaft der Gläubigen muss den nationalen öffentlichen Diskurs vor der deutlichen Gefahr der Demagogie schützen. Das Land braucht eine gute, ehrliche und gesunde Debatte darüber, wie unser Gesundheits- und Versicherungssystem reformiert werden kann und zwar so, dass es alle einschließt, auch diejenigen, die bislang noch außen vor sind.

Es ist Zeit für die Gemeinschaft der Gläubigen, sich für den moralischen Imperativ der Gesundheitsreform zusammenzuschließen, das Verletzlichste daran zu schützen und das moralische Gewissen zu unterstützen, für eine umfassende Reform des Gesundheitssystems.

Es ist Zeit für die Gemeinschaft der Gläubigen, sich den Verzerrungen und Lügen, die verbreitet werden, gegenüberzustellen. Es ist Zeit für die Geistlichkeit der »Wahrheits-Verkünder«, die landesweite Diskussion über die Gesundheitsreform einzubetten in die inbrünstigen Gebete.

Es ist Zeit für die Gemeinschaft der Gläubigen, gewaltfreie Taktiken zur Schlichtung zu entwickeln und Widerstand zu üben gegenüber jenen, die die öffentliche Debatte mit Einschüchterungen, Angst und der Androhung von Gewalt verhindern wollen.

Es ist Zeit für die Gemeinschaft der Gläubigen, ein hörbares Zeichen zu setzen – ein lautes und deutliches Zeichen.

Deshalb möchte ich an dieser Stelle jeden von euch persönlich bitten, einige wichtige Dinge zu tun:

1. Sprechen Sie im August mit Ihrem Abgeordneten, Ihrem Senator oder jemandem aus dem Stab. Sagen Sie ihm oder ihnen, dass Sie als gläubiger Mensch eine ernste und

umfassende Gesundheitsreform wollen und zwar eine, die jeden in der Gesellschaft abdeckt. Die Politiker müssen von Ihnen hören, Sie wahrnehmen!

2. Schreiben Sie Briefe, die die Gesundheitsreform unterstützen und schicken Sie diese an den Herausgeber Ihrer Tageszeitung oder schreiben Sie Leserbriefe zu dem Thema.

3. Planen Sie in Ihrer Gemeinde Lern-, Gebets-, oder Bibelgruppen zum Thema Gesundheitswesen im September. Nutzen Sie in Ihrer Gemeinde die Kategorie »new resource« auf unserer Internetseite, die wir mitgestaltet haben.

4. Ermuntern Sie Ihren Pastor, Rabbi oder Iman am letzten Sonntag im August eine Moralpredigt zu halten, die sich mit dem Thema Heilen und Gesundheitswesen auseinandersetzt. Dazu gibt es Hilfsmittel auf unserer Gesundheitsreform-Website.

5. Beten Sie ohne Unterlass, dass die Nation ihre Seele nicht verliert in diesen kritischen Momenten.

Die gläubige Gemeinde hat eine wichtige Rolle in dieser sich ausweitenden Debatte – im Namen der Wahrheit, der Fairness und der sozialen Gerechtigkeit. Lasst uns unsere Stimme erheben in dieser grundlegenden ethischen Frage.

Woodland Hills Kirche, Minnesota

Die Woodland Hills Kirche befindet sich in einem ehemaligen, renovierten K-Mart-Supermarkt auf einem riesigen Parkplatz am Stadtrand von St. Paul, Minnesota. Seit 1990 ist die Kirchengemeinde von circa 300 auf über 3000 Gottesdienstbesucher angewachsen, die jeden Sonntag zu den beiden Großgottesdiensten kommen. Eine achtköpfige Band, die auf einer theatergroßen Bühne steht, spielt nicht die traditionellen Hymnen, sondern Songs, die von Gottes Liebe und Gnade erzählen. Die Liedtexte werden, ebenso wie Nahaufnahmen von der Band, auf eine große Leinwand projiziert, so dass die Gemeinde mitsingen kann. Die Gesamtbesucherzahl pro Woche liegt bei 10.000 Besuchern. Einzelpersonen, Gruppen und sogenannte »Haus-Kirchen« verfolgen den Gottesdienst via Fernsehen und Internet, sogar bis nach Qatar. In der St. Pauls Kirche beginnt der Gottesdienst für die Einwanderer der Hmong Gemeinde um 14.00 Uhr, für die Einwanderer lateinamerikanischer Herkunft um 16.00 Uhr. Der Gottesdienst wird in spanischer Sprache abgehalten, von Leuten aus Puerto Rico und Peru.

Greg Boyd, der leitende Pastor, war in den 1990er-Jahren Professor in Bethel, einer christlichen Universität in St. Paul. Ihm wurde zugesagt, Gemeindepfarrer zu werden, mit dem Versprechen, dass keine Verwaltungstätigkeiten auf ihn zukämen – ein Versprechen, so bemerkt er humorvoll, das nicht ganz einzuhalten war. Seine Frau hatte mehr Bedenken bei ihrem Wechsel in die Rolle der Pastorengattin. »Shelly sieht mit einem Haarknoten einfach nicht gut aus,« scherzt Boyd, »und außerdem kann sie nicht Orgel spielen.«

Woodland Hills begann nominell unter den Baptisten. Doch seit Mai 2009, so erfahren wir aus dem »Lerne über

Woodland Hills«-Einführungskurs, kamen immer mehr Menschen unterschiedlicher Konfession hinzu, so dass eine Erklärung benötigt wurde. Die Frau eines gemischtrassischen katholischen Paares fragte: »Ich habe noch nie etwas über diese Kirche und ihre Konfessionsgemeinschaft gehört – hat sie eine?« Ein befreundeter Pastor drehte sich zu einem Kollegen um und fragte: »Gehören wir eigentlich immer noch zu dem [baptistischen] Konventkram? Mmh. ... Das ist etwas, worum wir uns ... mmh nicht wirklich kümmern. Wir sind lose mit den Baptisten verbunden, aber für die meisten Leute ist es ein Schock, dass wir Baptisten sind.«

Bei der Eröffnung von Woodland Hills hatte Boyd die Vision einer Kirche, die sozio-ökonomische Klassen, Rassen und ethnische Gruppen überbrücken kann. Und er war selbst ein bisschen überrascht, dass einer der ersten Besucher ein Mann war, der gerade eine Geschlechtsumwandlung hatte machen lassen. »Nun ja, er war jetzt ein Mann,« erklärt Boyd. Egal wie neu das für die Gemeindmitglieder gewesen sein muss, es gab keinen Zweifel daran, dass dieser Mann sich der Kirche anschließen würde. Diese Anekdote wird auf dem »Willkommensvideo« erzählt, so dass diejenigen, die überlegen der Kirche beizutreten, wissen, dass niemand ausgeschlossen oder ausgegrenzt wird.

Während der transsexuelle Mann auf wenig Ablehnung stieß, tat dies aber Boyds Predigtserie zum Thema »Das Reich Gottes/Das Reich der Welt«. Geschrieben wurde sie als Antwort auf den Druck, der auf Pastoren ausgeübt wurde, die ihre Gemeindmitglieder davon überzeugen sollten, Bush zu wählen, und sie macht Boyds Widerstand deutlich, politische Siege nicht mit der Haltung Jesus' zu verwechseln. Die Predigt-Serie kostete die Kirche nicht nur cirka 1000 Mitglieder, sondern auch Geld; viele Geldmittel blieben aus. Der Verlust zwang alle, noch einmal kritisch alles zu überdenken, und man stellte fest, so Boyd, dass »wir uns de facto schon zu einer weißen Kirche gewandelt haben, und es warf uns zurück auf unsere Grundsätze von einst, nämlich Brücken bauen zu wollen über die rassischen und sozio-ökonomischen Grenzen hinweg.« Neben der Selbstkritik waren es vor allem die Themen »Akzeptanz« und »Priestertum«, die als Grund von den Gemeindemitgliedern für ihr Engagement in Woodland Hills angegeben wurden. Drei Frauen aus Nigeria betonen: »Wir sind hier, weil es gut für die Jugend und gut für die Kinder ist. Hier werden sie nicht von anderen Kindern diskriminiert – so wie sie es ja leider an anderen Orten erleben.« Eine Frau erzählt: »Die Gegend in Nigeria, aus der ich komme, war geprägt durch eine enge Nachbarschaft zwischen den Muslimen und den Christen. Ich bin Christin. Und wenn ich hier mit all den unterschiedlichen Leuten bete, dann erinnert mich das immer an zu Haus.«

Ji-hye und Hank, beide in der Immobilienbranche tätig, Wisconsin

Ji-hye ist Koreanerin, Anfang fünfzig, mit eigener Immobilienfirma in Wisconsin. Das Einbezogensein war ihr wichtigster Grund, der sie zu Woodland Hills brachte. Sie wuchs mit einer katholischen Kirche auf und besuchte in der Nähe ihres Hauses auch eine andere katholische Schule. »In anderen Kirchen gibt es auch Menschen unterschiedlicher Herkunft, aber dort separieren sie sich, es gibt mehr Gruppenbildungen und jede Gruppe steht dort mehr für sich. Hier mischt sich alles. Als meine Tochter so etwa zwölf Jahre alt war, wurde sie in der Schule von ein paar Jungen gehänselt, weil sie Koreanerin ist. Die Kinder haben so etwas von ihren Eltern. Meine Tochter kam weinend nach Hause und sagte: ›Es gibt keinen Gott, und wenn es einen gibt, dann hasst er mich.‹«

Ein weiterer Grund für Ji Hyes Interesse an Woodland Hills sind Boyds Predigten und das Interesse am Lesen der Bibel. »Ich dachte gerade, dass ich mal nach Hause fahren und all die Bibelstellen aufschreiben werde, die sie [in der katholischen Kirche] in diesem Jahr lesen werden. Ich möchte mal überprüfen, ob sie wirklich alle Bücher lesen. Ich glaube nämlich vielmehr, dass sie nur die Stellen lesen, die gut ins Konzept passen und andere einfach auslassen. Daran glaube ich nicht.«

Hank, Ji-hyes amerikanischer Partner, ist 66 Jahre alt, arbeitet hauptberuflich im Handelsimmobiliengeschäft und unterhält seit den 1980er-Jahren nebenberuflich ein Geschäft für medizinische Daten. Er schätzt an Woodland Hills, dass es nicht konfessionsgebunden ist und dass Menschen dort nicht ausgegrenzt werden. Er glaubt, dass in Kommunikation über multikulturelle Grenzen hinweg der Schlüssel für die Zukunft liegt. Im Gegensatz zur katholischen Schule, mit der er groß wurde und in der er immer das Gefühl hatte, es handele sich um ein Geschäft. »Diese Kirche macht Missionsarbeit; sie macht die grundlegenden Dinge, die Kirche tun sollte, wofür sie geschaffen wurde. … Wir haben die Möglichkeit, das nächste wirtschaftliche Spiel mitzugestalten, so dass es nachhaltiger wird, mit weniger Gaunerei, weniger Lügen, ohne Betrug und Diebstahl. Wenn du 47.500 Dollar pro Jahr verdienst, dann gehörst du bereits zu der Spitze von einem Prozent der Verdiener weltweit. Das wirft die Frage auf: wieviel ist genug? Schau auf die, die nur 400 Dollar im Jahr verdienen. Warum würden sie sich über uns ärgern und glauben, dass wir arrogant sind, denken, dass wir nicht genug tun, um Armut zu beseitigen. Warum würde da nicht ein Konflikt sein? Dann hol noch raus, dass Gott der Größte ist, und schon haben wir den größtmöglichen Ärger geschaffen. Was wird den Menschen helfen, ein ewiges Leben mit Gott und ein glücklicheres Leben auf Erden zu haben? Was wir brauchen, ist die Fähigkeit einfühlsam zu sein − weniger ›ich‹ und ›meine Interessensgruppe‹. Welche Verhaltensregeln, welche ethischen Standards brauchen wir für ein gemeinsames Leben? Versuche erst, anderen zu helfen!«

Das ist nach Ji-hyes Ansicht die Rolle, die Kirche übernehmen sollte. »Die Kirche sollte uns ein besseres Verhalten beibringen, eines nahe bei Gott. Die Leute kommen in die Kirche und stimmen dem zu, was der Pastor predigt und was die Bibel sagt − nur wenn sie die Kirche verlassen, dann ist es oft auch schon wieder vergessen. Die Ausrede ist so etwas wie ›Geschäft ist Geschäft‹; als ob ›Geschäft‹ selbstverständlich aus Lügen und Betrug besteht. Oder auch der Spruch: ›Das geht mich nichts an‹, stimmt nicht, denn das tut es wohl.«

Bundesverband der Evangelikalen, Einwanderungsbeschluss vom 08. Oktober 2009

Der beträchtliche Anstieg von Einwanderern und die wachsende Schärfe in der bundesweiten Debatte um Einwanderung zwang den Bundesverband der Evangelikalen sich mutig und bibelbezogen zu diesem schwierigen Thema zu äußern. Die Komplexität der Fragen zum Thema Einwanderung bietet eine Möglichkeit, die Bibel als Leitfaden zu Rate zu ziehen. Die biblisch kundige Position ist die Plattform für die NAE, einen Beitrag in der Öffentlichkeit zu leisten, der deutlich christlich ist. Aus dem Bekenntnis zur Bibel und dem Wissen um die Realität zum Thema Einwanderung kommt die deutliche Aufforderung zum Handeln.

Biblische Grundlagen

Die Diskussion über Einwanderung und die staatliche Einwanderungspolitik muss mit der Wahrheit, dass jeder Mensch nach dem Abbild Gottes geschaffen wurde, beginnen. (Genesis 1:26-28). Einwanderer sind auch nach dem Abbild Gottes geschaffen und sie haben einen großen Wert, denn sie haben die Möglichkeit, einen großen gesellschaftlichen Beitrag zu leisten. Jesus fordert Respekt gegenüber anderen, die anders im Umgang mit den Samaritern sind. (Lukas 10:30-37; Johannes 4:1-42).

Die Bibel enthält viele Geschichten über Menschen, die gezwungen waren auszuwandern, weil sie Hunger litten, weil Krieg herrschte oder persönliche Umstände sie zwangen. Abraham, Isaak, Jakob und die Familien seiner Söhne gingen auf der Suche nach Nahrung nach Ägypten. Joseph, Naomi, Ruth, Daniel und seine Freunde, Ezekiel, Ezra, Nehemiah und Esther lebten alle in einem fremden Land. Im neuen Testament flohen Maria und Joseph vor Herodes Zorn und wurden so zu Flüchtlingen in Ägypten. Petrus nennt die Empfänger seines ersten Briefes »Fremdlinge« und »Ausländer«, was vielleicht darauf verweist, dass sie Emigranten waren innerhalb des römischen Reiches. Diese Beispiele aus dem Alten und dem Neuen Testament lassen Gottes führende Hand bei den Wanderungen der Menschen erkennen und sie illustrieren auch den Glauben an Gott in schwierigen Situationen.

Migration war in der Antike weit verbreitet. Außenstehende waren besonders gefährdet, denn sie waren nicht eingebunden in das Blutverwandtschaftssystem, das die Erbschaft von Eigentum regelte. Auch besaßen sie keine weitere Verwandschaft, die sich in Notzeiten kümmern konnte. Das Gesetz erkannte ihre Hilflosigkeit und legte Maßnahmen fest, die als Sicherheitsnetz dienten. Die Motivation hinter diesen großzügigen Gedanken war, dass Gottes Volk nicht vergessen hatte, dass sie einst Fremde in Ägypten waren (Exodus 22:21; Leviticus 19:33-34) und dass Gott die Ausländer liebte (Deut. 10:18-19). Das Neue Testament fügt hinzu, dass alle Gläubigen geistige Besucher auf Erden sind. (Phil. 3:20; 1 Peter 2:11). Christen sollten gegenüber den Außenstehenden Mitgefühl zeigen und ihnen Gastfreundschaft entgegenbringen. (Röm. 12:13; Hebr. 13:2).

Die Bibel bietet keine Blaupause für eine moderne Gesetzgebung, aber sie kann moralischer Kompass sein und bei denen, die an Gott glauben, Standpunkte ausbilden. Eine Anerkennung der Verbreitung von Migration in der Bibel muss die Tendenz, die Diskussionen über Einwanderung zu Römer 13 zu begrenzen und sich hinter dem Begriff der »Rechtsstaatlichkeit« zu verstecken, neu beleben. Gott hat die Völker geschaffen (Deut. 32:8; Acts 17:26), und ihre Gesetze sollten geachtet werden. Dennoch muss die Politik neu bewertet werden, man muss darüber nachdenken, dass auch Einwanderer nach dem Bild Gottes geschaffen sind, und den Ausländern gegenüber biblische Gnade zeigen.

Nationale Gegebenheiten

Zuwanderung ist ein weltweites Phänomen. Menschen wandern aufgrund der wirtschaftlichen Globalisierung, aufgrund von bewaffneten Konflikten oder aufgrund des Wunsches aus, ihre Familie zu unterstützen. Die Vereinigten Staaten von Amerika wurden von Einwandern gegründet. Die Geschichte des Landes ist geprägt von Einwanderungswellen aus verschiedenen Teilen der Welt. Zuwanderer werden auch weiterhin ein wesentlicher Bestandteil dessen sein, was Amerika ausmacht. Unsere Reaktion auf Zuwanderung muss ein Verständnis für eben diese Zuwanderungsgeschichte beinhalten, sowie ein Bewusstsein schaffen für die positive Beeinflussung durch die unterschiedlichen Kulturen auf das nationale Leben der letzten 250 Jahre. Die Herausforderung besteht heute darin zu bestimmen, wie die Integrität der nationalen Grenzen einzuhalten sind, sich mit der Situation von Millionen Zuwanderern, die keine Papiere haben, zu befassen, ein realistisches Programm für den Arbeitsmarkt zu entwickeln und den humanitären Geist zu zeigen, der das Land seit seiner Gründung geprägt hat.

Aufgrund der begrenzten Anzahl der Visa sind Millionen Menschen gänzlich ohne ordentliche Papiere in die Vereinigten Staaten eingereist oder sind länger geblieben, als es das Visum erlaubte. Während diese Taten gegen bestehende Gesetze verstoßen, tragen sozioökonomische, politische und rechtliche Gegebenheiten zum problematischen

Umgang mit der Zuwanderung bei. Die Gesellschaft hat die Existenz illegaler Arbeitskräfte ignoriert, weil die billige Arbeitskraft der Einwanderer ökonomische Vorteile brachte. Einwanderer können von ihren Arbeitgebern schlecht behandelt und bezahlt werden, weil die Einwanderer keinen gültigen Rechtsstatus besitzen und sich nicht trauen würden, Misshandlungen anzuzeigen. Die Abschiebung dieser Arbeitnehmer hat viele Familien auseinander gerissen und ihre Situation verkompliziert. Die meisten illegalen Einwanderer würden gern ihren Rechtsstatus ändern und zu legalen Einwanderern werden, aber der Weg zu Assimilation und Staatsangehörigkeit wird blockiert durch lokale, staatliche und bundesstaatliche Gesetze. All das hat eine »Untergrundindustrie« für Menschenschmuggel und den Handel mit gefälschten Papieren hervorgebracht.

Dieses Dilemma bietet der Kirche neue Möglichkeiten. Einwanderergemeinden bieten ein neues, lebhaftes Feld für Evangelismus, Kirchengründungen und die Geistlichkeit. Glaubensgemeinschaften haben sich bemüht, den »Neuankömmlingen« das Evangelium zu bringen, haben Kirchengemeinden gegründet und Führungspersonal für die eingewanderten Gläubigen ausgebildet. Millionen Einwanderer haben einen christlichen Background. Diese Glaubensbrüder und -schwestern beleben die Kirchen im ganzen Land, gründen Gemeinden und predigen das Evangelium. Ihre Gegenwart ist Gottes Segen. Diese religiösen Realitäten sollten die Evangelikalen mahnen, dass eine Beurteilung der gegenwärtigen Einwanderung nicht auf ökonomische und nationale Sicherheitsbedenken reduziert werden kann.

Aufruf zum Handeln

Durch den Wunsch motiviert, einen konstruktiven und durch die Bibel geleiteten Beitrag zur komplizierten Einwanderungsdebatte zu leisten, fordert der Bundesverband der Evangelikalen eine Reform bei den Zuwanderungsbestimmungen. Wir glauben, dass die Einwanderungspolitik Rücksicht nehmen sollte auf die Einwanderer, die bereits hier sind, und die, die zukünftig kommen werden, und dass ihre Maßnahmen die nationale Sicherheit und das Allgemeinwohl in geeigneter Weise fördern. Mit unserem Aufruf »Für die Gesundheit der Nation – ein Aufruf der Evangelikalen zur staatsbürgerlichen Verantwortung« machen wir auf die biblische Offenbarung zum Thema Migration aufmerksam und appellieren an die Erhaltung der Werte: Gerechtigkeit und Mitgefühl, indem wir fordern, dass Einwanderer von den Kirchen mit Respekt behandelt werden und ihnen Mitleid entgegengebracht wird. Die vorbildliche Behandlung der Zuwanderer durch die Christen könnte als moralische Basis dienen, von der Regierung eine Haltung und Gesetzgebung zu fordern, die dieselben Werte reflektiert.

— Dass die Regierung Mechanismen und Strukturen entwickelt, die die nationalen Grenzen wirksam sichert und überwacht, aber auch Achtung vor der Menschenwürde hat.

— Dass die Regierung mehr legale Möglichkeiten für die jährliche Aufnahme einer begrenzten Zahl von Zuwanderen und deren Familien schafft.

— Dass die Regierung die zentrale Bedeutung der Familie in der Gesellschaft erkennt, indem sie bei der Familienzusammenführung die Anzahl und die Kategorien der Visa, die benötigt werden, erneut in Betracht zieht, dass mehr getan wird, um den Bearbeitungsrückstand bei laufenden Verfahren zu reduzieren, und dass eine Neubewertung der Auswirkungen einer Abschiebung auf die Familien erfolgt.

— Dass die Regierung ein vernünftiges und faires Verfahren einführt, um den Zuwanderen, die bislang illegal waren, die aber gern die Rechte und Pflichten, die eine Staatsbürgerschaft mit sich bringt, übernehmen wollen, ermöglicht.

— Dass die Regierung für jeden, der in den Vereinigten Staaten wohnt, faire Arbeitsbedingungen und die entsprechende bürgerliche Gesetzgebung schafft.

— Dass das Einwanderungsverfahren so durchgeführt wird, dass ein ordnungsgemäßes Verfahren erfolgt, die Unverletzlichkeit der Person gewährleistet ist und der unvergleichliche Wert der Familie Beachtung findet.

Joe Ingrao, selbstständiger Klempner, Laienpastor bei »Celebrate Recovery« (Drogenentzugsprogramm), Rochester, New York/California/Idaho

JI: Mein Vater ist Sizilianer und meine Mutter kam aus Neapel. Meine Familie hat britische Wurzeln, aber die Vorfahren zogen von England nach Italien, um dort im Bergbau zu arbeiten. Ich mache hier die geistliche Betreuung bei Hochzeiten und die Beratung allgemein, die geistliche Betreuung von Männern, von Inhaftierten, und betreue außerdem unser »Celebrate Recovery-Entzugsprogramm«. Es ist wie das 12-Punkte-Programm, das auch bei den anonymen Alkoholikern angewendet wird, bei uns aber eben mit Gott als »höhere Kraft«. Wir verknüpfen mit jedem einzelnen Punkt des Programms einen Bibelvers. Damit deckt das Progamm alles ab: Depressionen, Essstörungen, Drogen, sexuelle Belange, Kindererziehung und wie man gläubig ist. Bei der geistlichen Betreuung der Männer versuchen wir, sie mit Persönlichkeit auszustatten, aus ihnen gottesfürchtige Männer zu machen. Männer sind in einer Gruppe meist sehr reserviert. Wir versuchen die Schranken niederzureißen. Wir hoffen, dass sie anfangen zu begreifen, dass hier eine Beziehung entsteht, wo sie sagen können: »Ich vertraue Joe«. Ich war 35 Jahre lang sexsüchtig, süchtig nach Pornografie und Selbstbefriedigung. Die Sucht kontrollierte mein Leben. Ich bin ehrlich zu den Jungs, ich sage: »Ich hatte dieses Problem, aber ich war in der Lage, es vor 18 Jahren zu lösen.« In den späten 1980er-Jahren habe ich alles versucht, ich wollte mit 35 Jahren Millionär sein, ich wollte ein Strandhaus haben, aber nichts von alldem, was ich wollte, erfüllte sich. Ich hasste meine Süchte so sehr, aber ich war gefangen in ihnen. Dann sprach Gott zu mir und sagte »Lass es uns für ein paar Jahre auf meine Art probieren.« Ich sagte: »Gott, ich will nicht einfach nur von dir gerettet werden, ich möchte, dass du Gott mein Gebieter bist.« 1992 hörte ich auf Pornos zu schauen, das war nicht einfach. Aber wenn ich das geschafft habe, dann schafft es auch jeder andere. Das ist der Grund, weshalb ich heute Pastor bin. Ich habe keine Ausbildung, aber nach sieben Jahren gemeinsamer Arbeit mit Celebrate Recovery, sagte der Pastor, dass er glaubt, dass ich genügend Qualifikationen erworben habe, ein solches Programm zu begleiten. Stell dir das vor, ein Typ wie ich, einer der gerade mal einen Hauptschulabschluss hat! Die Predigten hier sagen dir nicht, dass du ein Sünder bist, nein, du hast vielleicht Fehler gemacht, wie jeder andere auch. Wenn ich ins Gefängnis gehe, dann sage ich immer zu den Männern: »Der einzige Unterschied zwischen dir und mir ist nur, dass du geschnappt worden bist.« Wie oft bin ich betrunken Auto gefahren! Die Botschaft ist doch: Gott glaubt an dich. Wir können die Bibel oder zumindest einen Teil der Bibel als Unterricht in die Gefängnisse bringen, wir bieten Erziehungskurse an, unser Drogenentzugsprogramm, Kurse zum Thema Finanzen und so weiter. Wir versuchen, die Inhaftierten auf ein Leben nach dem Gefängnis vorzubereiten. Und wir schließen Freundschaften.

Wir arbeiten seit neustem auch mit zwei katholischen Kirchen zusammen, um ihnen Celebrate Recovery vorzustellen. Außerdem arbeiten wir mit den weltlichen, gemeinnützigen Healthy Families Network zusammen – in dem sind Katholiken, Protestanten, Mormonen und nicht gläubige Menschen. Wir sind nicht darauf aus, aus jedem einen Protestanten zu machen. Wenn jemand sagt: »Hey, du hast etwas Besonderes zu bieten, was ist es?«, dann erzählen wir ihm von Christus, aber den Rest, den überlassen wir Gott.

MP: Wird Ihre Begleitung staatlich bezuschusst?

JI: Ja, unter der Regierung von Bush hieß es *Access to Recovery initiative*. Einige Leute waren skeptisch und glaubten nicht daran, dass wir je die Worte »Gott« oder »Jesus« verwenden würden, und noch weniger, dass wir die Bibel überhaupt einsetzen würden. Wir haben aber dem Gouverneur vertraut, der sich für uns einsetzte und sagte, dass das nicht zutreffen würde. Ich glaube wir waren einer von 13 Staaten, die einen Zuschuss erhalten haben, von insgesamt 50 Staaten. Wir fühlten uns sehr geehrt.

MP: Wie haben Sie für dieses Programm Leute eingestellt?

JI: Das Geld, was an die Regierung geht, ist Geld aus Steuereinnahmen. Und sind nicht einige Steuerzahler auch gläubig? Sollte nicht ein Teil des Steuergeldes zurückfließen in die religiöse Arbeit? Das gilt ebenso für die religiöse Arbeit der Muslime, Sikh und Hindu. Ich war 17 Jahre lang im Geschäft. Einen Job zu bekommen, hat auch immer etwas mit Beziehungen zu tun, natürlich geht es auch um Qualifikation, aber auch, ob du mir wohlgesonnen bist. Hier ist es nicht anders. Wenn ich zwei gleich qualifizierte Bewerber habe, von denen einer Mitglied in der Kirche ist und der andere nicht, dann würde ich mich für das Kirchenmitglied entscheiden, denn wir haben auf dieser Ebene eine Beziehung. Wenn ich jemanden kennen würde, der jüdischen oder katholischen Glaubens ist und der auch qualifiziert ist, dann hätte ich zu demjenigen ja auch schon eine Beziehung, dann würde ich ihn einstellen.

Mein Ziel ist es, die Leute so zu akzeptieren wie sie sind. Ich kann weder die Fox Nachrichten [Fox ist der wichtigste konservative Fernsehsender] noch Sean Hannity [Moderator und rechts stehender Medien-Kommentator] leiden. Ich bin mir nicht sicher, ob sie nicht mehr Unheil anrichten, als Gutes zu tun. Wenn jemand zu mir kommt und mich etwas über Abtreibung oder Homosexualität fragt, dann kann ich ihm erzählen, was ich davon halte. Aber es ist nicht die Aufgabe eines Pastors, diese Menschen zu ändern, das ist ganz klar Gottes Job. Wir sollten nicht urteilen. Ich mag die Linken nicht und ich mag die Rechten auch nicht.

Die *Vineyard Church* setzt auf die »radikale Mitte«. Wir haben beispielsweise Schwule und Lesben hier. Wir stimmen ihrer Lebensform nicht zu und wir hoffen sehr, dass sie ihre Lebensführung ändern. Aber es ist ihre Sache, ihre Wahl. Ich urteile nicht.

National Community Church,
Washington, D.C.

Die *National Community Church* (NCC) begann 1996, Treffen in einer abbruchreifen Schule zu organisieren, die aus brandschutztechnischen Gründen geschlossen war. Heute hat die NCC vier Anlaufstellen in und um Washington D.C.. Eine davon befindet sich in der Nähe des Kapitols und wird meist von jungen Regierungsangestellten besucht. Eine weitere bietet spanischsprachigen Gottesdienst an. Die NCC verfügt weiterhin über 75 kleinere Gruppen, die die Gemeinde und die Bedürftigen in den Vereinigten Staaten und anderswo begleiten. Ihre Podcasts findet man unter: theaterchurch.com. 70 % ihrer Gemeindemitglieder hatten vorher keinen kirchlichen Bezug oder waren aus einer Kirche ausgetreten.

Der NCC Ort, den ich besuche, ist ein Kaffeehaus, das die Kirche in einem verlassenen Abrisshaus eingerichtet hat. Die Einnahmen aus dem Kaffeehaus fließen direkt in die kirchlichen Projekte. Ich traf mich mit zwei Pastorinnen, beide Mitte dreißig: Stephanie Modder, eine Laien-Mitarbeiterin, und Heather Zempel, Pastorin und nach eigenen Worten »ordiniert aber nicht in einer traditionellen Kirche.« Zempel begann ihre Karriere als Umwelttechnikerin und kam, nachdem sie fünf Jahre lang als rechtsberatende Assistentin für Umwelt- und Energiepolitik im US-Senat gearbeitet hatte, zur NCC. David Schmidgall, der in der National Community Church, das Mitgliederförderprogramm leitet, kam zu unserem Gespräch hinzu. Er ist erst vor kurzer Zeit aus Schottland in die USA zurückgekehrt, wo er an der Universität von Edinburgh seinen Abschluss in internationaler Politik gemacht hat.

Lokale kirchliche Programme erstrecken sich auf Tätigkeiten wie die Unterstützung des Baseballteams der Kinderliga bis hin zur Tafel für Obdachlose. In den letzten Jahren wurden Missionen ins Ausland geschickt z.B. nach Indien oder Kenia (man kümmerte sich um Brunnenbau, Waisen und Mikrokredite), Thailand (um Frauen zu helfen, die in der Sexindustrie des Landes arbeiten), Malawi (Zusammenarbeit mit Waisenhäusern und nicht christlichen Stammesführern), Dominikanische Republik (Bauwesen), Libanon (Förderung des muslimisch-christlichen Dialogs), Nordirland (katholisch-protestantische Aussöhnungsarbeit), Äthiopien (Arbeit in den Bergen von Entoto, wo über 3000 Menschen leben, die sich mit dem HI-Virus infiziert haben und aus der Gesellschaft ausgegrenzt werden) und in Uganda (Bau von Waisenhäusern).

MP: Gibt es eine direkte finanzielle Unterstützung von der Kirche für diese von der Gemeinde geleiteten Missionen?

SM: Nein. Wir machen Vorschläge, geben Tipps und erzählen wie wir es in der Vergangenheit gemacht haben. Aber die Gemeindemitglieder machen es.

HZ: Als wir nach Kenia gingen, gab uns die Kirche eine finanzielle Starthilfe von 2000 Dollar, aber das Projekt war weitaus teurer. Wir haben das Geld selber aufgebracht. Als wir in Uganda das Waisenhaus gebaut haben, bekamen wir von der Kirche 1000 Dollar, für den Bau benötigt wurden aber 40.000 Dollar.

SM: Wir haben in diesem Jahr eine Reise nach Kalkutta gemacht. Dort gibt es dieses unglaublichen Kirchenamt, das »Calcutta Mercy Ministries«, das vor über 50 Jahren von einem Paar, Freunde von Mutter Theresa, gegründet wurde. Sie gründeten ein Krankenhaus für die Armen und brauchten Hilfe bei der Vermessung und der Erstellung eines Notfallplans bei Feuer. Es ist nicht das, was man vielleicht von einer Missionsreise erwartet. Wir standen da nicht in der Ecke und haben unsere Bibeln herausgeholt, denn um Jesus zu dienen, müssen wir die Menschen lieben und das schließt auch ganz praktische Hilfen mit ein. Vielleicht sprechen wir am Ende über Jesus, obwohl wir mit dem Bau einer Hütte für die Großmutter beschäftigt waren – das kann passieren.

DS: Einige dieser Reisen haben ein wenig den Charakter, Leute zum Christentum bekehren zu wollen. Aber es gibt auch viele Christen, die genau das nicht wollen, die eben nicht dieses Stereotyp des bekehrenden Missionars aufrecht erhalten wollen.

MP: Ist das die neueste Entwicklung?

SM: Als ich in den 90er-Jahren zur Universität in Minnesota ging, war dort ein allgegenwärtiger, absolut fanatischer Bibelprediger, der mich erschaudern ließ. Ich wurde mit einer Kirche groß, die prototypisch aggressiv bekehrend war ... Aber Christ zu sein bedeutet eben, genau *das* nicht zu sein. Vielmehr geht es um Beziehungen, um Gnade, es geht darum, Gott zu lieben, mit aller Kraft und von ganzen Herzen – liebe deinen Nächsten wie dich selbst.

DS: Wir können über einige der neuesten politischen Veränderungen sprechen. Christentum ist keine Partei. Es geht über Politik hinaus. In unserer Kirche haben wir Menschen aus beiden politischen Lagern. Das mit der Religiösen Rechten: wir tendieren dazu sie darzustellen, als wäre sie nicht immer ehrlich. Oftmals haben Evangelikale oder die politische Rechte das Umstürzlerische aus dem Evangelium genommen. Sie haben sich auf den politischen Prozess als einen Raum für soziale Veränderungen verlassen, mehr als man ihm vertrauen sollte. Sie nahmen uns als Gruppe von Gläubigen die Verantwortung ab, es selber tun zu müssen. Das ist ein großer Fehler. Homosexualität, Abtreibung – wir haben diese Themen mit der Politik vermengt, wo wir einen ganz anderen Ansatz hätten haben sollen.

HZ: Ich war politisch aktiv. Wir sollten politisch aktiv sein. Für einige ist es nur eine Auszeichnung, aber als wir uns auf die Politik verließen, unseren Glauben umzusetzen, haben wir es verfehlt. Es ist Faulheit. Unsere Verantwortung als Kirche ist es nicht, nur einen Standpunkt zu bestimmten und politische Themen einzunehmen, sondern die Leute in unserer Gemeinde dahin zu bringen, wie Jesus zu leben.

DS: Es wäre doch ein Traum für die Regierung, zu uns zu kommen und zu sagen: »Hey, ihr macht etwas Großartiges. Wie macht ihr das?«

MP: Als eine Art Modell?

DS: Als nicht immer nur der reagierende Teil.

SM: Stellen Sie sich doch nur einmal vor, wie es wäre, wenn jede Kirche in der Gemeinde, in der sie steht, alle Menschen erreichen könnte. Wir würden viele soziale Angebote, die wir haben, nicht benötigen. Wir bräuchten auch die Regierung nicht einspringen lassen, weil wir es selbst tun könnten.

MP: Bei dem »selber tun« kooperiert ihre Kirche mit anderen Organisationen oder Regierungen, wenn es darum geht Bedürftigen zu helfen?

HZ: Wir sind verpartnert mit *Convoy of Hope* und dadurch bestehen ein paar Kontakte zum Büro des Bürgermeisters, aber nicht viele zur Regierung.

MP: Wie arbeiten Sie, wenn sie zwar Teil des politischen Prozesses sein wollen, gleichzeitig aber parteiunabhängig?

HZ: Ich möchte aus den Leuten, die im Kapitol arbeiten, Jünger machen. Sie sollen an jedem Tag, den sie zur Arbeit gehen, den Verstand und das Herz Christus spüren, das wird ihre Entscheidungen, die sie treffen, beeinflussen. Sie können auf beiden Seiten des Gangs stehen, in jeder Partei.

MP: »Christus Herz und Verstand zu haben« würde sie bewegen, mehr von oder weniger von was zu tun?

SM: Wenn du jemanden total anmachst, weil du eine völlig andere politische Meinung und Sicht auf uns hast, dann ist das nicht sonderlich christlich.

MP: Und politisch, was würde »Christus Herz und Verstand zu haben« da bedeuten?

HZ: Ich versuche Leute dahin zu bringen, integer zu sein, was im Kapitol schon mal eine Riesensache wäre. Leute, die ehrlich, liebevoll, froh, friedlich, geduldig und zuvorkommend sind.

SM: Leute mit Selbstbeherrschung.

DS: Homosexualität ist ein gutes Beispiel, um deutlich zu machen, wo Christen versucht haben, die Politik zu nutzen, um Leute auszugrenzen. 86 % der GLBT Gemeinde [gay, lesbian, bisexual, trans-gender] kamen laut Andrew Marins Buch »*Love is an Orientation*« aus kirchlichen Gemeinden. Aber die Kirche hat keinen sicheren Platz geschaffen, in dem diese Dinge diskutiert werden könnten.

SM: Ob oder ob nicht der homosexuellen Orientierung das Wort »Sünde« zugefügt wird, wenn wir glauben, was die Schrift sagt, dann haben wir alle gesündigt und uns verfehlt vor der Herrlichkeit Gottes. Wenn die Homosexuellen verbannt werden sollen, dann sollten die meisten Pastoren gleich mit verbannt werden. Wer weiß, was in deren Köpfen so vor sich geht.

HZ: Das, was gerade bei der Religiösen Rechten passiert, sorgt für eine wachsende Frustration unter den jungen Leuten. Die Lösung ist aber nicht eine religiöse Linke. Man sollte das Evangelium in der Mitte halten. Es geht um einen Gott, der erschaffen und der seine Schöpfung verloren hat. Gott, der in der waghalsigsten Rettungsmission der Geschichte kam und ihn erlöste. Das bedeutet es, wenn man sagt »Jesus ist die Wahrheit und das Licht und es gibt einen Himmel und eine Hölle.« Manchmal kann es das Schönste sein, was wir sagen. Könnte es heißen: sei mal ruhig, liebe und diene den Menschen? Ja.

Emily, Studentin, Illinois/Michigan

Als dieses Interview im April 2009 geführt wurde, war Emily Studentin mit dem Hauptfach Pädagogik am Trinity Christian College in Palos Heights, Illinois. Sie arbeitet bei dem Campusprojekt Acting on AIDS mit, das von World Vision, einer der größten christlichen Hilfsorganisationen ins Leben gerufen wurde. Acting on AIDS will ein Bewusstsein für AIDS an den Universitäten und in den örtlichen Gemeiden schaffen. Emily hat bereits in Sambia mit AIDS-Waisen und infizierten Kindern gearbeitet, ebenso mit Kindern auf Jamaica. Und sie lernt die amerikanische Gebärdensprache, weil sie in Guatemala mit gehörlosen Kindern gearbeitet hat. In den Sommerferien hat sie die Möglichkeit, nach Sambia zu gehen oder mit AIDS erkrankten Kindern in Tansania zu arbeiten. Für das Jahr 2010, wenn sie ihren Uniabschluss hat, hat sie bereits zwei Angebote. Das eine ist die Fortsetzung der Arbeit mit den Waisenkindern in Sambia, das andere, in einem neuen Waisenhaus in Angola anzufangen.

MP: Arbeiten Sie auch mit Kindern, die nicht christlich sind?

Emily: Die Kinder haben völlig unterschiedliche Backgrounds. Wir hatten Kinder, die glaubten an Hexerei – die sogenannten besessenen Kinder. Die Gemeinden, aus denen sie kamen, glaubten, dass der Teufel in die Kinder gedrungen sei. Als die Kinder das erste Mal von Jesus hörten und von der Liebe, die sie bekommen können – einige von ihnen hatten noch nie gehört, dass sie geliebt wurden. Ich arbeite in einer christlichen Organisation, Religion ist also ein Teil meines täglichen Lebens. Die älteren Kinder unterrichte ich in Englisch. Das ist das Wichtigste, um voranzukommen. Auch wenn sie zuvor noch niemals auf irgendeiner Schule waren, sie saugen es geradezu auf.

MP: Kooperiert Ihre Organisation mit anderen Organisationen?

Emily: Unsere Kirche sponsert 10 Missionare, die mit anderen Kirchen in Nigeria, Liberia, Ecuador und in den Vereinigten Staaten zusammenarbeiten.

MP: Wie sind Sie zu dieser Arbeit gekommen?

Emily: Seitdem ich sieben Jahre alt bin, haben meine Eltern mich mit der »Friendship Christian Reformed Kirche«, die in Michigan ihren Sitz hat, auf Missionsreisen mitgenommen. Innerhalb der USA reisten wir nach Virginia und nach West Virginia, um dort Häuser zu bauen und an anderen Hilfsprojekten für Arme zu arbeiten. Meine Familie macht das immer noch. Im letzten Frühjahr halfen sie nach der Flut. Als ich in der Schule in der Mittelstufe war, war ich das erste Mal in meinem Leben in Guatemala, mit meiner Jugendgruppe. Ich fand das toll und das war der Anfang – von da ab wusste ich, was ich tun wollte. Ich hab da meine Leidenschaft entdeckt. Ich spürte, dass das etwas war, was Gott mir zur Aufgabe gegeben hat. Ich hatte schon immer ein Herz für Kinder.

Dan and Barbara Laicich, Pastor und Lehrerin, Florida

Dan und Barbara Laicich leben in der Mitte Floridas, wo Barbara, die vorgehabt hatte, als Übersetzerin bei der UN zu arbeiten, nun Spanisch unterrichtet. Ihr jüngster Sohn studiert Mandarin, der mittlere Sohn beherrscht Arabisch und der älteste Sohn spricht fließend Deutsch und Spanisch. Dan ist Pastor an der *Northland Church* und studiert Afrikaans, was ihm bei seiner Arbeit in Südafrika hilft. Dan spricht darüber, was ihm in seinem Job auffällt: der Einfluss der kulturellen und sprachlichen Unterschiede und die damit verbundene Fähigkeit von Menschen und Gruppen, sich gegenseitig zu verstehen.

MP: Ist die Missionsarbeit, die ihre Kirche heute leistet, eine andere als früher?

DL: Die Social Gospel Bewegung entwickelte sich zum Ende des 19. Jahrhunderts. Dann kam es zu einer Teilung von zwei Dingen, die die Bibel nicht entzweit sehen wollte: die fürsorglichen Kirchenämter und die Verkündigung der Wahrheit. Jesus war sich schon klar darüber, dass Gott zu lieben und deinen Nachbarn zu lieben irgendwie zusammengehört. Wir nehmen das wieder auf, was einst verloren war.

MP: Warum ist es verloren gegangen?

DL: Aus Angst. Viele Christen wussten nicht, wie sie mit kulturellen Veränderungen und mit wissenschaftlichem Vorsprung umgehen sollten und verhielten sich eher kontraproduktiv. Die heutige Generation ist selbstsicherer, sie müssen sich nicht selbst auf die Probe stellen. Wenn wir unseren Glauben leben, macht das den entscheidenden Unterschied. Außerdem hat sich die Religiöse Rechte nicht besonders geschickt verhalten. Wir haben nicht nur nicht das bekommen, was wir haben wollten – was auch immer das war –, es hat auch den Eindruck hinterlassen, das Christen einfach nur zornige Menschen sind.

BL: Wer möchte das sein?

DL: Über die sogenannte post-christliche Ära gibt es viele Diskussionen. Das kulturelle Christentum geht verloren, wie der Tag, an dem du in die Kirche gegangen bist, weil jeder in die Kirche gegangen ist. Einige schließen fälschlicherweise daraus, dass das heißt, das Christentum verliert seinen Einfluss. Aber der Einfluss auf das Leben der Menschen wird größer, weil die Fassade nicht mehr da ist. Vor Konstantin dem Großen waren die Christen nicht mächtig genug, um großen Einfluss auf die Kultur zu nehmen, sie profitierten davon die »unbekannteren« zu sein. Als das Christentum noch weniger organisatorischen Einfluss hatte, also in der post-christlichen Ära, zeigte sich, was den Gläubigen im ersten Jahrhundert begegnete. Wie veränderten sie das römische Reich? Es hatte mit Fürsorge zu tun, damit, dass Christen ausgesetzte Babys bei sich aufgenommen haben, dass sie sich bei Seuchen um die Kranken gekümmert haben, auch wenn sie dabei selbst erkrankten und starben. Vielleicht wollten Menschen daran teilhaben. Auch wenn Eigennutz im Spiel ist – Menschen wollen umsorgt werden, wenn sie krank sind –, so sehen sie auch, was passiert, wenn sie die Pflegenden sind.

MP: Ist es also nicht gut für das Christentum, an der Macht zu sein?

DL: Ganz und gar nicht.

BL: Es erzeugt Faulheit, weil jeder annimmt, dass sich andere schon kümmern werden. Fast so wie im Sozialismus: die Regierung, der Gesetzgeber wird das schon machen, also muss ich mich nicht um meinen Nachbarn kümmern, muss mich da nicht einmischen. Ich beschreibe das mal als: »Ich möchte meiner Verantwortung für alle Menschen um mich herum entsagen. Ich möchte in meiner kleinen, schönen Welt leben, wo jeder zu mir nett und freundlich ist mit identischem Verhalten und identischer Moral.«

DL: Das heißt aber nicht, dass Christen nun Gesetzgeber sein sollten, aber wenn Christen in die Politik gehen, dann sollten sie sich um juristische Dinge, um Unterdrückung und Integrität kümmern und sich nicht damit beschäftigen, das Schulgebet wieder einzuführen.

BL: Ich wundere mich schon, warum jeder möchte, dass eine übergeordnete Organsation beispielsweise die Regeln in den Schulen bestimmt. Wir können doch nicht jedem beliebigen Gottesdienst zustimmen. Warum glauben wir, dass die Regierung die Antwort hat?

DL: Lassen Sie uns beim Gebet bleiben: der Fairness halber sollte dann doch jeder mal drankommen – dann hätten wir Montag den Baptistentag, am Dienstag wären die Presbyterianer dran, Mittwoch die Juden, Donnerstag die Hindus und am Freitag die Muslimen. Dann würden die Leute plötzlich feststellen, dass sie das nicht wollen. Wie wäre es dann also damit, dass wir nichts von dem tun und den Kindern beibringen, zu Hause zu beten?

Ich unterscheide zwischen Ländern, die von christlichen Werten beeinflusst wurden und denen, die das Christentum als Religion besitzen. Jesus sagte: »Ich bin nicht gekommen, um bedient zu werden, ich bin gekommen, um zu dienen. Nun tut es mir gleich«. Wenn du die Macht hast, dann ist es einfach, in die Versuchung zu geraten, sich bedienen zu lassen. Man muss doch nur mal die unglaubliche Gier der geistlichen Führer sehen, die millionenschwere Imperien haben.

Herrschaft ist Einflussnahme. Das soll aber eben nicht nur heißen, »ich krieg das Gesetz schon durch«, als vielmehr, dass ich etwas auslöse im Leben der Leute. Wenn man mit jemandem an einer Sache gemeinsam arbeitet und sich in dieser Sache einig ist, dann heißt das ja nicht, dass man auch in allen anderen Belangen mit ihm übereinstimmt. Für einige Christen ist das schwer zu begreifen. Wer weiß, vielleicht bewerten sie es neu, wenn man zusammen arbeitet und ihnen die Liebe Christus zeigt. Und dann sind da all die Dinge, die wir von ihnen lernen werden.

MP: Ist das neu, dass Sie mit anderen religiösen oder auch weltlichen Gruppen Partnerschaften schließen, obwohl Sie deren Ansichten nicht teilen?

DL: Beim Thema Abtreibung ist es so, dass wir überlegen, welchen Fortschritt erzielen wir, wenn wir zusammenarbeiten, um die Zahl der Abtreibungen zu reduzieren. Das heißt aber nicht, dass wir unser höchstes Ziel aufgeben. Bei unserer Projekten zur Armut und zur Obdachlosigkeit arbeiten wir mit der *Islamic Society of Central Florida* zusammen. Und wir bitten sie nicht darum, den Leuten etwas über Jesus zu erzählen, wir arbeiten zusammen, weil wir den Armen des Landes helfen wollen. Der Direktor der *Outreach for the Islamic Society* bat mich, an dem College, an dem er unterrichtet, in einem Seminar über Weltreligionen einen Kurs über das Christentum zu geben. Wir haben eine gute Beziehung zueinander. Die Studenten fragten mich, ob ich daran glaube, dass man an Jesus glauben muss, um in den Himmel zu kommen. Ich antwortete ihnen, dass das ein Teil ist, was mich zum Christen macht, und dass es genau dasselbe wie bei meinem Freund, ihrem Lehrer, ist, der daran glaubt, ein guter Moslem zu sein, weil er die islamischen Grundsätze einhält. Wir lachen, weil wir heimlich versuchen, uns zu bekehren, aber es ist eine tolle Beziehung, die wir haben, basierend auf Freundschaft und Vertrauen.

Die Anerkennung einer anderen Person ist grundlegender als das, was unsere Religionen ausmacht. Mein Freund und ich glauben daran, dass die Vorstellung, dass wir alle nach dem Ebenbild Gottes geschaffen sind und wie wir das Geschöpf behandeln, zeigt, was wir von dem Schöpfer halten. Wenn ich Gott ehre, dann muss ich auch meinen muslimischen Freund ehren, denn er ist uns gleich, er ist ebenfalls nach dem Ebenbild Gottes geschaffen. Das ist grundlegender, als sich mit Dingen zu befassen wie der Anbetung Gottes oder der Erlösung.

Warum Amerika niemals
eine christliche Nation war

Ein Blog von Dan Laicich, Pastor der »Distributed Sites«,
Northland Kirche, Florida, vom 13. November 2008
*http://provocativechristian.wordpress.com/2008/11/13/why-
america-was-never-a-christian-nation/*

In Folge der Präsidentschaftswahlen 2008, dem Medi-
enrummel und Getümmel zeigt sich in allen Debatten, dass viele Christen immer noch nicht verstehen, worum
es in Amerika überhaupt geht und wo darin unser Platz ist.
Ich habe viele Aufrufe gehört und gesehen, die forderten,
dass Amerika zurückkehrt und wieder eine christliche Nation wird. Leute, wir waren niemals eine christliche Nation!
Wurde dieses Land im größeren Maß vom Christentum beeinflusst? Ganz sicher! Aber es wurde genauso von der Philosophie und den politischen Theorien der europäischen
Aufklärung beeinflusst, die alles andere als christlich war.
Waren viele Gründungsväter christlich? Sicher. Aber viele
von ihnen waren auch nicht christlich. Und auch wenn jeder von ihnen ein glühender Anhänger von Jesus gewesen
wäre, ist es irrelevant für die Frage, ob Amerika eine christliche Nation ist oder nicht. Wichtig ist einzig, welche Regierung sie etabliert ... alle Religionen sind vor dem Gesetz
gleich. Wir sind ein Land, das gestaltet wurde, Verständnis
für Religionen zu zeigen, aber nicht um an ihr zu kleben
oder eine über andere zu erheben.

Tatsache ist, dass der christliche Glaube am besten prak-
tiziert wird, wenn das Christentum nicht an der Macht ist.
Es ist ein Glaube des Exils. Die ersten 300 Jahre, als unsere
Brüder und Schwestern noch unter römischer Herrschaft

lebten, waren sie gesellschaftliche Außenseiter. ... Und? Es funktionierte. Sie veränderten die römische Welt Stück für Stück. Unser Glaube braucht die Gegenkultur – wir können ein Licht in der Welt sein, das heißt, wir stehen daneben und zeigen einen anderen Weg auf.

Wenn wir an der Macht sind, haben wir die gleichen Tendenzen wie alle anderen Menschen auch. Wir lassen sie uns zu Kopf steigen und werden von der Macht vergiftet. Auch der kürzeste Blick in die Geschichte des Christentums zeigt, dass die Christen nach Erlangung der Macht, Menschen genötigt und bedroht haben zu konvertieren, und das auf eine Art und Weise, die es mit den meisten militanten Jihadisten aufnehmen kann. Das steht in einem starken Kontrast zu dem, was Jesus uns mit seinem dienenden Lebensstil versucht hat zu vermitteln...

Amerika ist keine christliche Nation. Aber es ist ein Land, in dem Christen eine größere Freiheit genießen und ihren Glauben voll und ganz leben können und zwar in der Form, wie sie es für angebracht halten und als es je irgendwer jemals zuvor konnte. Denn auch in den »christlichen« Nationen der Vergangenheit hatte immer nur eine bestimmte Form von Christentum diese Freiheit. Gehörte man der Staatskirche an, dann war man sicher, wenn nicht, dann konnte man Schlimmeres erleiden als Nicht-Christen im gleichen Land.

In der Realität sind Nationen nicht christlich. Nur Männer, Frauen und Kinder, die wirklich leben, sind christlich. Wir sollten lernen unsere Religion, unseren Glauben so zu leben wie Verbannte, unabhängig davon, welcher Regierung wir unterstehen. Wenn wir Gott und unseren Nächsten wie uns selbst, von ganzem Herzen und mit all unserem Verstand, allem Gefühl und aller Stärke lieben, dann werden noch mehr Menschen niederknien und ihn preisen, ob wir nun eine »christliche« Nation sind oder nicht. Warum? Weil unsere provozierende Lebensweise die Welt verändern wird.

Greg Boyd, Pastor, Woodland Hills Kirche, St. Paul, Minnesota

GB: Es gibt immer noch eine ziemlich große Identifikation zwischen den konservativen Christen und dem rechten Flügel in der Politik, aber es gab auch schon deutliche Veränderungen. Konservative Christen beginnen zu realisieren, dass es mehr als die zwei Punkte gibt, die sie zur Sünde erklären: Abtreibung und die gleichgeschlechtliche Ehe, worum Gott sich kümmert. Die Argumentation, der man bei der Wahl von Bush folgte, war darauf gerichtet, dass wenn dieser gottesfürchtige Mann die Wahl gewinnt, es ihnen möglich wäre, ein paar Konservative in den Obersten Gerichtshof zu bekommen, und dann könne man in Revision gegen Roe v. Wade [die Entscheidung des Obersten Gerichtshofs des erlaubten Schwangerschaftsabbruchs] gehen. Nichts von dem ist geschehen. Darüber hinaus ist der Schaden, den die Religiöse Rechte unter Bush verursacht hat, beachtlich. Sie haben der Durchschnittsbevölkerung Gründe gegeben sie zu hassen. Ich versuche die Leute teilhaben zu lassen an der Freude und dem Leben mit Jesus Christus. Dies wird aber zerstört, wenn Christus in Verbindung gebracht wird mit bestenfalls fragwürdigen, meist aber erschreckend schlimmen politischen Ansichten.

MP: Beurteilen Christen ihre Politik jetzt neu, weil Bushs Präsidentschaft sie dazu brachte, ihre Ziele noch einmal neu zu überdenken oder haben sie die gleichen Ziele wie immer, sind aber verärgert, weil die Regierung sie nicht erfüllt hat?

GB: Beides. Einige sind wütend, weil die Regierung nicht effektiv war. Andere wiederum beurteilen gerade die

Eignung einiger Glaubensbrüder neu, die auf politische Programme setzen.

MP: Warum ist die Religiöse Rechte 35 Jahre lang so gewachsen?

GB: Solange die Bewegung der Evangelikalen klein und unbedeutend war, machte sie, was sie tun sollte. Als aber in den 1950er- und 1960er-Jahren die evangelikale Bewegung rapide wuchs, kam man in den 1970er-Jahren darauf, dass wir auf eine Basis von Wählern bauen konnten. Wenn wir unsere Muskeln spielen lassen, könnten wir das Land wieder einnehmen – in Gottes Namen. Aber der Weg der Kirche ist Golgatha, nicht Cäsar.

MP: Wie ist der »Cäsar-Weg« entstanden?

GB: Da gibt es eine lange Tradition in Amerika, dass die Kirche sehr eng mit dem Staat verbunden ist – insbesondere bei der Unterstützung des Militärs. Ich habe gerade eine neue Bibel rezensiert, sie trägt den Titel *The American Patriot's Bible* [Thomas Nelson publishers, May, 2009]. Es ist erstaunlich, dass die beunruhigendste Schrift, die ich je gesehen habe, ausgerechnet aus einem christlichen Verlag kommt. Durch die ganze Bibel hindurch zieht sich eine revisionistische Deutung der amerikanischen Geschichte. Man versucht Parallelen zu ziehen zwischen amerikanischer Geschichte und der Beschreibung, wie Gott mit den Menschen umgeht. Es ist die götzendienerischste Sache der Welt, die staatliche Gewalt auf fast jeder Seite bejubelt. Man stößt überall auf Bombenflugzeuge, Soldaten und Flaggen. Um aber wie ein Christ zu leben, musst du deine sündigen Neigungen abtöten, so dass du dein Ding machen kannst, selbst verantwortlich bist. Das ist unsere systemimmanente Überheblichkeit, wir glauben, wir müssten die Welt beherrschen. Nichts hat in der Geschichte mehr Blutvergießen verursacht als das. Ein Anhänger Jesus zu sein, heißt diese niederen Instinkte zu »kreuzigen«.

MP: Sagen Sie damit, dass Ihre Glaubensgenossen, wie die bei Thomas Nelson, ihre sündigen Versuchungen »kreuzigen« sollten?

GB: Es ist nicht meine Aufgabe zu urteilen, aber ich fühle, dass es meine Pflicht ist, etwas zu sagen; dies ist das Reich Gottes und nichts anderes. Hier ist ein Zitat aus der Bibel der Patrioten: »Der Soldat im Feld repräsentiert die wohl prächtigste Entwicklung der Menschheit.« Ich weiß, dass der Autor damit nur amerikanische Soldaten meint. Jemand, der für sein Land mordet – man würde doch annehmen, dass es aus einer christlichen Perspektive die wohl dämonischste Entwicklung der Menschheit ist. Es ist christianisiertes amerikanisches Weltmachtsdenken. Wenn das die einzige Form des Christentums wäre, würde ich Buddhist werden, ehrlich.

MP: In den Jahren, als die Religiöse Rechte sehr stark wuchs, wie fanden Sie da zu ihrer doch sehr anderen Haltung?

GB: Das entwickelte sich. An der Universität, Mitte der 1980er-Jahre identifizierte ich mich mit den evangelischen Christen. Aber das Aufkommen des *Moral Majority Movement* sah weder aus wie Jesus, noch fühlte es sich so an. Das ist es, was dieses Programm in Gang setzte, alles im Lichte Gottes zu beurteilen. Er selbst scheint diesen ganzen Kram der Religiösen Rechten nicht gemacht zu haben. Als ich etwas über Kirchengeschichte lernte, entdeckte ich da ein Muster: immer wenn die Kirche sich mit einem politischen Regime ins Bett gelegt hatte und darauf baute, Macht über die Menschen statt Macht unter den Menschen zu erlangen, war es desaströs für die Gesellschaft und für das Ansehen Christi. Die Inquisition, die heiligen Kriege und all das. Gleichzeitig entwickelte ich ein wachsendes Bewusstsein dafür, wie sehr die fundamentalen Aspekte amerikanischer Kultur im Widerspruch stehen zu den Werten, die Jesus uns nahe brachte.

MP: Können Sie dafür ein Beispiel nennen?

GB: Jesus emphatische, entschiedene Lehre gegen Gewalt. Und nun hat das Pew-Forschungszentrum festgestellt, dass die Evangelikalen Folter befürworten. Das ist verrückt. Oder Gier. Die zweite große Sünde, neben der Idolatrie ist Gier. Unsere Kultur besteht aus Gier.

MP: Was sollte die Kirche tun?

GB: Der grundlegende Job der Kirche ist es, einen Kontext zu schaffen, in dem Menschen die Werte von Jesus Christus kennenlernen können – diese Werte zu leben, in der Gemeinde zu dienen und füreinander da zu sein. Wir haben bestimmte Verantwortungen, die wir der Regierung übergeben haben. Die Bibel spricht von solchen Dingen: beuge dich den Autoritäten, zahle Steuern usw. Wir machen all das, soweit es geht, wenn aber die Regierung etwas von uns fordert, was im Widerspruch zu unseren Verpflichtungen gegenüber Gott steht, dann rebellieren wir.

MP: Was bedeutet das?

GB: Das bedeutet jetzt nicht gewaltvoller Aufstand. Du gehorchst Gott und widersetzt dich dem System. Diejenigen, die die Gesetze zur Rassentrennung nicht befürworteten, repräsentierten deutlich das Reich Gottes. Und auch wenn das Verfolgung bedeutet hätte, wir wussten, dass uns das erwarten würde.

Es war schwierig in meinem Umfeld, die Menschen für die Komplexität des Problems zu sensibilisieren. Es kann jemand einen Kandidaten wählen, der zum Beispiel nicht für die Lebensrechtsbewegung Pro life ist, das heißt jemand, der sich nicht gegen Abtreibung ausspricht, der aber der Wirtschaft und den Armen helfen will. Diese Maßnahmen sind vielleicht der beste Weg, die Abtreibungsrate einzudämmen. Und genau aus diesem Grund kann ein Christ der »pro Leben« ist, jemanden wählen, der vielleicht nicht für die Bewegung Pro life ist.

MP: Arbeiten Sie mit weltlichen oder anderen Institutionen zusammen, um die Zahl der Abtreibungen zu reduzieren?

GB: Wir haben keine offiziellen Beziehungen zu Institutionen, die Frauen bei Abtreibungen beraten, aber wir haben Leute in der Kirchengemeinde, die mit solchen Organisationen zusammenarbeiten. Wir setzen uns sehr für Adoptionen ein. Einer unserer Kirchenleiter hat bereits acht Kinder adoptiert. Es ist den Leuten, die in diesem Kirchenamt arbeiten, eine Berufung. Meine Hauptaufgabe besteht darin, dabei zu helfen, es als einen Wert anzusehen, unkonventionell zu leben, und darüber hinaus, gemeinsam mit den Leuten herauszufinden, was ihre persönlichen Berufungen sind und wie man sie leben kann – sprich, welche Kirchenämter könnte man übernehmen, in welchen Projekten mitarbeiten.

MP: Ich habe gesehen, dass Sie eine Selbsthilfegruppe für Transgenderpersonen, Homo- und Bisexuelle (sogenannte GLBT-Gruppe [gay, lesbian, bi-sexual and transgender]) haben.

GB: Ja klar. Wenn wir einen älteren Pastor einstellen, wäre eine Transgenderperson als Kandidat der Gemeinde schwerer zu vermitteln. Aber unsere Sicht auf die Dinge ist so: wir betrachten die Bibel als Inspiration, und beim Lesen der Bibel erfahren wir, dass Gottes Ideal in heterosexuellen Beziehungen besteht. Es gibt ein paar Verse, die erotische homosexuelle Beziehungen als Sünde bezeichnen. Gleichzeitig, und verglichen mit Themen wie Gier, Völlerei und Götzendienst, sind die Lehren über Homosexualität geradezu unbedeutend. Mit Homosexualität und Transgenderpersonen nehmen wir dich an, wie du bist. Wenn du uns einlädst, an deinem Leben teilzuhaben, dann laden auch wir dich ein, an unserem Leben teilzuhaben, im Zusammenhang mit kleinen Gruppendiskussionen werden wir gemeinsam um diese Dinge ringen.

Rassische und ethnische Offenheit haben hier auch eine hohe Priorität, aber die Umsetzung ist immer eine Schwachstelle. Man muss den Fortschritt im Kleinen sehen. Allerdings hat sich in Minnesota die Diversität erhöht, wir sind der Staat, der sich am weitesten aufgespalten hat, und das liegt daran, dass die Gruppen untereinander nicht kommunizieren. Die Frage, die sich stellt, ist doch, ob Leute über rassische und sozio-ökonomische Grenzen hinweg Verbindungen aufbauen. Wir versuchen, dass sich möglichst jeder in kleinen Gemeindegruppen engagiert, das beinhaltet bereits eine Vielfalt. Dabei ist der Aspekt der Rasse beispielsweise unproblematischer als der sozio-ökonomische Aspekt. Sie können eine weiße und eine schwarze Person des Mittelstands aus einem Vorort nehmen und sie zusammenbringen – sie haben eine Menge gemeinsam und könnten über vieles sprechen. Aber nehmen sie beispielsweise eine Person aus einem Vorort und eine Person aus dem innerstädtischen Bereich, dann würden schon zwei Welten aufeinander stoßen. Mein Bauchgefühl sagt mir, dass junge Leute mit dem rassischen Aspekt weniger Schwierigkeiten haben. Wir haben eine ganze Menge Paare hier, von denen ein Partner weiß und der andere schwarz ist. Unser Gebetsanleiter (worship leader) ist ein Afroamerikaner und er ist mit einer Weißen verheiratet. Wir sind bekannt dafür, dass wir dazu stehen, und aus diesem Grund fühlen sich die Leute bei uns wohl und kommen zu uns.

MP: Können Sie alle gesellschaftlichen Probleme mit ihrem Credo angehen, die Menschen so zu lieben und anzunehmen wie sie sind?

GB: Ich habe kein Allheilmittel, das die strukturellen Probleme des Landes lösen kann. Ich glaube nicht, dass irgendein Christ es hat. Viele von ihnen glauben es zu haben, aber nur weil sie Jesus folgen, heißt das nicht, dass sie dadurch politisch besser werden. Es könnte einen sogar dümmer machen, denn manchmal verliert man die Fähigkeit mit Ambiguität umzugehen. Der Glaube tendiert immer zum Absoluten und man kann die Komplexität der Dinge nicht sehen. Unsere Aufgabe aber ist es, hingebungsvoll zu lieben.

Mark Batterson, Pastor, National Community Church, Washington DC

Auszüge von Internet-postings über die Themen
Kirche und Politik

Mark Batterson leitet eine Diskussions-Serie mit dem Titel: »Der Elefant in der Kirche − jeder denkt es, keiner sagt es.« Am 2. November 2008, also kurz vor der Präsidentschaftswahl, war das Thema Politik. Das Video war auf der Website der Kirche zu sehen, das nun Folgende ist eine gekürzte Version davon.

MB: Die meisten Menschen in unserer Kongregation essen, schlafen und trinken Politik. Einige von ihnen rauchen sie sogar − aber sie inhalieren nicht. Wir haben uns entschlossen, als Kirche unpolitisch zu sein. Wir unterstützen keine Kandidaten oder Parteien. Jesus kam nicht, um ein irdisches Königreich zu gründen. Er kam, um uns von unseren Sünden zu erlösen, um ein Königreich zu gründen, dass Politik, Kultur, Grenzen und Sprachen überwinden kann. »Und der Tag wird kommen, wenn alle Königreiche dieser Welt sein Reich werden. »Offenbarung-« und er wird herrschen für immer und ewig.«

Ich werde über fünf biblische Grundsätze sprechen. Der erste ist: Die Familie steht an erster Stelle. Ergebnis: Wir sind eine unglaublich breit gefächerte Gemeinde, mit vielen Leuten aus beiden politischen Lagern ... Aber, Galater 3: 26-29, »Denn ihr seid alle Söhne Gottes durch den Glauben in Jesus Christus ... Es gibt nicht mehr Juden noch Griechen, nicht mehr Sklaven noch Freie, nicht mehr männlich noch weiblich ...« Wir haben unsere Unterschiede, aber wir sind verpflichtet, einander zu lieben trotz der Unterschiede.

Der zweite Grundsatz: Wir sind in erster Linie Staats-
bürger eines spirituellen Königreiches. Ungerechtigkeit bekämpfen, den Hauptursachen der Armut entgegenwirken
oder sich für die Kranken und das Leben stark machen sind
keine politischen Programme. Sie sind Gottes Programme.
Wenn die Kirche ihren Job machen würde, wenn wir uns
kümmern und das wichtig nehmen würden, was auch Gott
für wichtig hält, dann bräuchten wir keine Regierung, die
das für uns tut. Donald Miller, der Autor des großartigen
Buches *Blue Like Jazz*, erzählt darin von einer Initiative seiner
Kirche in Portland, der *Advent Conspiracy*. Sie hatten genug von
der Kommerzialisierung des Weihnachtsfestes und forderten
die Leute auf, weniger Geld für sich auszugeben und lieber
Geld zu spenden. Sie haben dann einen Scheck in Höhe von
500.000 Dollar an den Bürgermeister übergeben können.
Wie cool ist das denn, bitte?

Ich glaube daran, dass Gott Menschen strategisch po-
sitioniert. Seit dem alten Testament gibt es Leute in politisch machtvollen Positionen, die etwas verändern: Joseph
in Ägypten, Daniel in Babylon und Esther in Persien. Aber es
geht hier nicht um das Königreich von McCain oder Obama.
Es geht um das Königreich Gottes, das hat Vorrang.

Grundsatz Nummer drei: Fälle kein Urteil in strittigen
Fragen. Ich kann vielleicht nicht allen politischen Ansichten,
die jemand hat, zustimmen, aber ich kann seine Leidenschaft
verstehen. Wir haben Grundwerte in unserer Kirche: Kon-
formismus ist nicht gleich Reife. Viertens: Wenn du nicht
wählen gehst, beschwere dich nicht. Gott sagt zu Moses und
Aaron: »Ich habe die Klagen über die mürrischen Israeliten
gehört.« Wir müssen aufhören, uns immer nur zu bekla-
gen, wir sollten Teil der Lösung werden. Letzter Grundsatz:
Respektiere die Obrigkeiten, also diejenigen, die in der Verantwortung stehen. Römer 13:1-7. »Wenn es die Steuer ist,
dann zahlt Steuern, wenn es um Respekt und Ehre geht,
dann erweist Respekt und Ehre«. Wir als Jünger Christus

müssen im Geist der Demut und der Versöhnung handeln. Es verändert den Umgangston, die Atmosphäre. Die Kirche sollte die Einheit und Vielfalt formen, das würde Dinge im amerikanischen Kongress bewegen können, auch überparteilich. Hiob 11:6: »Wahre Weisheit hat zwei Seiten«. Wenn wir uns das Beste, was beide Parteien zu bieten haben, herauspicken, dann wird es unser Land besser haben.

Tri Robinson, Pastor, *Vineyard Church*, Boise, Idaho

Boise, Idaho liegt am »Bananengürtel«, wie es die Einwohner nennen, einem Landstreifen, in dem es weniger schneit, als in den umliegenden Orten. Es war Farmland, und Platz und Freiheit sind hochgeschätzt. Die *Vineyard Church*, 8550 Quadratmeter (95.000 square feet) groß, steht auf einem fast 9 Hektar großen Grundstück, auf dem sich früher einmal der Flughafen von Boise befunden hat. Es ist umgeben von Wohnwagensiedlungen und Zuwanderern, legalen und illegalen, die meisten stammen aus Osteuropa, Mexiko und vom Balkan. Die meisten Gemeindemitglieder arbeiten und gehören zur unteren Mittelklasse. Einige von ihnen verdienen rund 50.000 Dollar im Jahr – das amerikanische Durchschnittseinkommen beträgt cirka 46.000 Dollar. Trotzdem ist das Spendenaufkommen erheblich. In einer Kollekte sammelte die Kirche 66.000 Dollar, um eine Ausbildungsstätte in Sambia bauen zu können, und noch einmal 100.000 Dollar, um die Kirchenämter zu finanzieren.

Eine kleine Gemeinde von Flüchtlingen aus Karen (ein südostasiatisches Bergvolk) hat ihren Weg von Südostasien nach Boise gefunden. Einige von ihnen sind Christen, die meisten aber sind Buddhisten. Die Kirche bietet ihnen Englischkurse, Kurse zum Erstellen von Bewerbungsunterlagen und Bewerbungstrainings an. Sie hält außerdem Sonntags einen Gottesdienst in Karen-Sprache ab.

Das Umweltschutzprogramm der *Vineyard Church* ist Vorbild für Kirchen in aller Welt. Eine andere kirchliche Einrichtung betreibt eine Tafel, die jährlich 15.000 Lebensmittelkisten ausgibt und eine sonntägliche Essensausgabe für die Obdachlosen eingerichtet hat. Das Missionswerk, das sich mit moderner Sklaverei befasst, bekämpft den Sexhandel inner- und außerhalb der Vereinigten Staaten und geht gegen die Ausbeutung der Arbeitskräfte vor. Die Männergruppe hofft, Scheidungen und Trennungen vom Ehepartner reduzieren zu können. Das Programm *Celebrate Recovery* befasst sich mit Drogenmissbrauch, und die Missionen in Übersee haben das Ziel, den Kirchen in den Entwicklungsländern bei der Umsetzung von all dem zu helfen, wie alle zuvor genannten Kirchen und Gruppen auch. Besonders stolz ist man in der *Vineyard Church* von Boise auf den Biogarten, der von 200 ehrenamtlichen Helfern angelegt wurde und über 25.000 Pfund Lebensmittel für mehr als 1130 Familien liefert. Sharmin Reynolds, eine der Helferinnen, die den Garten pflegt und betreut, lernt beispielsweise, welche Gemüsesorten für die Karen-Gemeinde wichtig zu pflanzen sind. Kirchliche Dienste werden von ehrenamtlichen Helfern oder Laienpastoren durchgeführt. Diese haben meist keine formelle Priesterausbildung, ihre Fachkenntnisse aber bei ihren Diensten in der Kirche erlernt. Ein Pastor ist Hebraist, seine Hebräischbücher sind über seinen Schreibtisch verstreut und überall in der Bibliothek zu finden. Die Mesusa, die traditionelle Schriftkapsel, hängt am Türpfosten seiner Bürotür, und zwei hebräischen Inschriften zieren seine Bürowand: »Du sollst deinen Nächsten lieben wie dich selbst« und »Höre, Oh Israel, der Herr ist unser Gott, der Herr allein.«

Die kirchliche Klinik wird ohne staatliche Zuschüsse betrieben und ist mit Ärzten ausgestattet, die ehrenamtlich arbeiten. Sie sind notwendigerweise nicht alle Kirchenmitglieder, aber die meisten sind es. Die Klinik bietet jährlich rund 1000 nicht krankenversicherten Patienten kostenlose medizinische Hilfe an und arrangiert kostenlose medizinische Behandlungen für die Fälle, die in der Klinik nicht behandelt werden können. Dabei spielt weder die Staatsangehörigkeit noch die Konfession eine Rolle bei der Versorgung; Gebete werden für die gesprochen, die es wünschen. Linda, die in der Klinik die Akten beaufsichtigt, sagt: »Wir können nicht sagen – Jesus liebt dich, ich hoffe, dass es Ihnen bald besser geht und auf Wiedersehen. Wir sind die Hände und Füße von Jesus und lieben die Menschen durch unser Handeln und Helfen. Grundsätzlich ist es toll, wenn jemand konvertiert, aber es geht hier in der Klinik nicht um Konversion.« Es gab, wenn überhaupt, nur wenige Fragen von Patienten, ob es nicht dem Gewissen der Ärzte oder der Politik der Klinik widerspreche: die Anfragen nach Rauschgift, nach Verhütungsmitteln für unverheiratete Paare oder Abtreibung. Eine zweite Klinik bietet Geburtsvorbereitung und andere unterstützende Dienste für werdende Mütter an. Gemeindemitglieder der Vineyard Kirche sind selbstbewusst, bestehen auf ihre Unabhängigkeit, besonders von der Regierung und stehen folglich für die Trennung von Kirche und Staat ein. In sozialen Fragen haben sie eher konservative Standpunkte, lehnen Abtreibungen, Ehebruch, vorehelichen Sex und Homosexualität ab. Aber ihr Glaube an die Eigenständigkeit wirkt ihrem Konservatismus entgegen, zeigt eine Grenze auf, denn es gilt: Jeder von uns muss seinen eigenen Weg mit Gott gehen.

TR: Jesaja 61 sagt: »Der Geist des allmächtigen Gott ist über mir, er hat mich gesalbt, um die gebrochenen Herzen zu heilen, den Armen das Evangelium zu predigen und die Gefangenen zu befreien«. Wir sehen, was wir hier tun, wie zum Beispiel Jesaja 61. Aber es sieht heute anders aus, weil die Welt heute anders ist. Abhängigkeit ist zum Beispiel nichts weiter als eine enorme Gefangenschaft. Jesus sagt: »Ich war durstig und du gabst mir etwas zu trinken«. Ich habe das nie verstanden, bis ich nach Sambia kam. Das Wasser dort bringt die Leute um. Ihnen ein Glas sauberes Wasser zu geben, ist wie Medizin. Da habe ich Verbindungen von Umwelt und Armut, Gesundheit und auch Menschenhandel zusammenbringen können. Wenn die Umwelt zerstört ist, wie zum Beispiel auf Haiti, wenn der fruchtbare Mutterboden ausgewaschen ist, dann kann man dort nichts mehr anbauen und ernten. Die Menschen verzweifeln und handeln aus Verzweiflung, wenn sie beispielsweise ihre Kinder in die Sklaverei verkaufen.

MP: Ändert das die kirchlichen Aktivitäten?

TR: Ich habe eine Theorie, was in den letzten 35 Jahren so geschehen ist. Die Jesus-Bewegung in den 1970er-Jahren brachte die Menschen weg von der Tradition und zurück zur Bibel. Eine Sache, die auftauchte, war die Eschatologie, durch die Offenbarung auf die heutige Welt zu schauen. Menschen sahen den Anstieg von Seuchen, Klimaveränderungen, Gewalt. Und so dachten sie, dass die wichtigste Sache der Welt sei, in den Himmel zu kommen, weil hier auf der Erde alles aus dem Ruder läuft. Daraus entwickelte sich die Religiöse Rechte, wo Leute denken, dass wenn wir unsere Politik kontrollieren können, unsere Nation rechtschaffen und bereit für das Ende sein würde. Aber das ist nicht unsere Aufgabe. Meine Aufgabe ist es, den Menschen etwas über das Reich Gottes zu erzählen und dass sie darin zurechtkommen. Jeder liebt diese Kirche, weil wir uns um die Armen kümmern, wir arbeiten mit vielen anderen Gruppen …

MP: Was für welche?

TR: Mit der *Rescue Mission* und mit *City Lights*, einem Frauenhaus. Das sind christliche Gruppen, aber wir arbeiten auch in den Gefängnissen und die sind staatlich. Und mit der örtlichen Umwelt- und Naturschutzlobby. Die waren unsere Kontrahenten, denn sie befürworten normalerweise Abtreibungen. Aber wir arbeiten beim Umweltschutz zusammen; im letzten Jahr haben sie mich als Sprecher zu ihrer Konferenz eingeladen. Ich war sauer auf die *ACLU* [American Civil Liberties Union; eine Non-profit-Organisation, die verfassungsmäßiges Recht schützt und als fortschrittlich bezeichnet wird], weil sie in einigen Dingen unlogisch sind. Aber ich habe auch den Chef der ACLU getroffen. Und wissen Sie, was eine Menge des Konflikts ausgemacht hat? Missverständnisse. Er fragte mich, ob wir Staatsgelder annehmen, was wir nicht tun. Er fragte mich auch, ob wir die Leute beten lassen, bevor wir ihnen etwas zu essen geben. Das nun ganz sicher nicht.

Dieses Land wurde im christlichen Glauben gegründet, wie der Glaube an die religiöse Freiheit. Aber wir sind ein säkularer Staat. Ich sage den Leuten immer, sie sollen als Amerikaner wählen, aber ich werde ihnen nicht sagen, wie. Ich werde sagen: »Steh zu deinen Werten«, aber ich werde ihnen nicht sagen, wie. Echte Demokraten kümmern sich schon darum, was die Kirche so macht. Sie wollen mehr Qualität, bessere Lebensumstände für die Armen. Wenn jemand Christ ist und gleichzeitig Klempner, dann ist er redlich und Diener für die anderen. Das bedeutet ja aber nicht, dass er versucht, andere zur Konversion zu überreden. Das ist vergleichbar damit, Christ in Amerika zu sein.

Wir wollen uns nicht aufdrängen. Ich möchte nur nicht meine Freiheit verlieren, so zu sein, wie ich bin. Es könnten uns mehr Rechte genommen werden. Ich befürchte, dass wir unseren Status der Gemeinnützigkeit bei der Steuer verlieren, weil die Leute Religion nicht mehr wertschätzen. Viele Kirchen verdienen diesen Status auch nicht, denn sie kümmern sich nicht um die Armen. Wir haben den Status der Gemeinnützigkeit in erster Linie bekommen, weil wir eine karitative Vereinigung sind. Und wir verdienen nicht daran. Wir bekommen unser Geld durch die Loyalität der Menschen. Eine Sache, die die Leute fürchten, ist dass, wenn man Geld von der Regierung annimmt, man gewisse Freiheiten verliert, also nehmen wir es nicht. Du kannst nicht für die Menschen beten. Aber die Leute hier sind Gottes wegen motiviert und sie möchten das teilen. Folglich machen wir alles, was wir tun, für uns selbst. Ich bekomme eine

Beihilfe von 80.000 Dollar im Jahr für »*Reform*«(Name der Partnerorganisation und des Kirchenamts, in dem Vineyard und Reform zusammenarbeiten), ein Kirchenamt, das sich um soziale Gerechtigkeit kümmert. Das Geld kommt aber von einer christlichen – nicht staatlichen – Organisation. Bei staatlichen Organisationen wird häufig viel verschwendet – bei uns nichts. Unser *Celebrate Recovery Programm* ist das effektivste Drogenentzugsprogramm in unserem ganzen Tal. Deshalb kommen sie zu uns, damit wir in die Gefängnisse gehen. Wir werden beurteilt anhand der Früchte, die wir ernten, und anhand dessen, was wir tun. Wir hatten das Recht verdient, unserer Gemeinde zu dienen.

MP: OK – Sie nehmen also keine staatlichen Gelder, so dass der religiöse Ansatz in den einzelnen Missionswerken erhalten bleibt. Gilt das auch bei der Einstellung von Glaubensbrüdern?

TR: Wenn wir Leute einstellen müssten, die nicht unsere Überzeugungen teilen, dann würde es nicht funktionieren. Wir machen unsere Sache im Auftrag des Herrn. Ohne das würden die Leute nicht motiviert sein.

MP: Und was ist, wenn jemand Ihre Überzeugungen teilt, aber nicht in der Kirche ist?

TR: Wir haben einen Lehrer in unserer Schule, der nicht in unserer Kirche ist. Unser Buchhalter ist es auch nicht. Sie sind Christen, aber nicht in unserer Kirche. Ich denke, wir sollten mit Juden zusammenarbeiten im Umweltschutz. Wir hatten Rabbiner, die Seder gehalten haben in der Kirche. Wir haben die Karen-Leute hier, wir bilden eine Gemeinde, wir unterrichten Englisch.

MP: Sie sagten, dass wenn wir nicht über Abtreibung sprechen …

TR: … wir uns auf andere Dinge fokussieren können. Abtreibung ist für mich ein entscheidender Punkt bei der Wahl. Aber ich sehe auch, dass die Umweltverschmutzung Menschen umbringt. Abtreibung ist ein Punkt in unseren kirchlichen Angeboten, aber nicht allein, es werden auch andere Angebote gemacht, es ist nicht der Schwerpunkt in unserer Kirche. Wir versuchen, an allen Fronten zu helfen. Es gibt sieben Punkte bei der Reform: Hunger, Gesundheit, Umweltschutz, Menschenhandel, soziale Ungerechtigkeit, Analphabetismus, spirituelle Leere. Ich habe versucht, zu jedem dieser Punkte ein Missionswerk einzurichten. Ich versuche, ein Modell zu entwickeln. Viele Kirchen wissen, dass Menschenhandel schlecht ist, aber sie wissen nicht, wie sie mit dem Thema umgehen und wo sie anfangen sollen. Viele Pastoren wollen nicht als Liberale gesehen werden und halten sich deshalb fern vom Thema Umweltschutz. Ich möchte zeigen, dass ich all die Sachen gemacht habe und meine Kirche ist wirklich gewachsen.

MP: Arbeiten Sie mit Gruppen zusammen, um die Zahl der Abtreibungen zu reduzieren?

TR: Man kann keinem schwangeren Mädchen, dass eine Riesenangst hat und ihren Eltern nichts von der Schwangerschaft sagen will, erzählen, dass sie nicht abtreiben lassen kann. Vielmehr musst du ihr sagen: »Ich werde dir beistehen.« Wir haben für Mädchen in solch einer Krise die *Stanton Health Care Clinic*. Dort erhalten die Mädchen Mutterschaftsvorsorge und finden Rat bei gleichaltrigen Mädchen, die sie durch den ganzen Prozess begleiten oder auch bei einer Adoption helfen, falls sie es wollen. Frauen, die mal abgetrieben haben, anzuschreien, ist nun wirklich nicht das, was Jesus getan hätte. Es wird so viel im Namen des Christentums gemacht, das so Anti-Jesus ist.

Es ist nicht mein Job antagonistisch zu sein. Und ich schäme mich, dass da andere in unserem Lager sind, die das nicht verstehen. Natürlich sollte jeder zu seinen Überzeugungen stehen, aber wir sollten vielmehr den Leuten die Früchte des Geistes beibringen: Liebe, Friede, Geduld, Freundlichkeit, Güte, Selbstbeherrschung – das ist das Ziel. Wenn du das nicht bist, dann müsste ich ernsthaft mit dir darüber sprechen, ob du überhaupt den Geist besitzt. Einige Leute sehen sich im Fernsehen Sean Hannity an oder hören im Radio Rush Limbaugh [beide Moderatoren zählen zum rechten politischen Lager] und denken, das ist Christentum, anstatt einmal raus zu gehen oder zu uns zu kommen und mal die Leute zu treffen, die wir betreuen. Ich kann diesen Antagonismus, diesen Hass, den die Jungs da verbreiten, nicht leiden. Leute zu beschimpfen ist keine christliche Methode, die Probleme zu lösen.

Ich würde es begrüßen, wenn sich eine neue Partei bilden würde. Sie sollte die guten Werte der Konservativen mit dem Herz der Linken für die Armen zusammenbringen. Mit der Homoehe ist es schwierig. Die Bibel ist dagegen. Aber Gott ist für alle Menschen da, also sagen wir auf etwas klischeehafte Weise »Hasse die Sünde, liebe den Sünder.«

MP: Was bedeutet das in der Praxis?

TR: Ich hasse Dinge, die Menschen in Unfreiheit bringen, Dinge, die ihr Leben ruinieren. Aber wir sind nicht da, um mit dem Finger auf sie zu zeigen. Gott liebt dich und wir lieben dich. Ich werde niemanden drängen etwas zu tun, was er oder sie nicht will. Und ich werde nicht versuchen, ihnen irgendwelche Vorschriften zu machen, dieses oder jenes nicht zu tun. Jesus sagte: »Lass uns das mit dem Herzen lösen«.

Dasselbe gilt für die Umwelt. Wir werden die Umwelt nicht retten können, wenn wir nicht unsere Herzen, also uns selbst ändern. Solange wir es nicht schaffen, die Menschen dahin zu bringen wie Christen zu handeln, das heißt, auch mal an andere Menschen zu denken, solange werden sie nicht an die nachfolgenden Generationen denken oder alternative Treibstoffe benutzen. Das Gleiche gilt für Obamas Konjunkturpaket. Es fesselt die nächsten Generationen [mit der Verpflichtung, das Defizit zurück zu zahlen]. Ich bin bereit, mich im großen Maße aufzuopfern, wenn ich denke, wir können damit die Zukunft sichern.

MP: Was würden Sie zu einem homosexuellen Paar in einer stabilen, liebenden Beziehung sagen?

TR: Eine homosexuelle Beziehung ist nicht das, was uns die Bibel vorgibt. Für mich ist das nicht in Ordnung. Aber für mich ist auch Ehebruch nicht in Ordnung. Ich würde ihnen sagen, dass es einen Gott gibt, der sie liebt. Ich bin überzeugt davon, dass sie ihr Leben ändern werden, wenn sie Gott begegnen. Ich muss mir darüber keine Gedanken machen. Es gibt so viel Schlimmes da draußen – Menschen bringen Menschen um, darüber muss ich mir Sorgen machen.

MP: OK – was ist mit Ablehnung von Schwangerschaftsabbrüchen aus Gewissensgründen?

TR: Es ist falsch, Ärzten nicht zu erlauben Abtreibungen abzulehnen. Aber wir sollten auch Hinduisten und Buddhisten erlauben, zu ihren Überzeugungen zu stehen.

MP: Und wie ist es mit dem Unterrichten von Kreationismus oder »Intelligent Design« an staatlichen Schulen?

TR: Ich war Naturkundelehrer in der Mittelstufe. Ich habe beides unterrichtet und es den Kindern überlassen, ihren eigenen Weg zu finden. Ich bin über Gott auf die Naturwissenschaften gekommen. Ich verstehe nicht, wie man auf die Wunder der Schöpfung schauen kann, ohne den Schöpfer zu beachten. Darwinismus ist eine Theorie. Die Bibel basiert auf Glauben. Wenn eine Theorie versucht, den Glauben abzukoppeln, ist das ein Problem. Je mehr wir darüber erfahren, wie die Welt funktioniert, umso eher können wir sehen, dass es das ist, was Gott gemacht hat.

MP: Schweigeminuten in der Schule?

TR: Das ist kein Thema, ebenso wie Gebete in der Schule. Die Familie sollte Verantwortung übernehmen, um ihre Werte zu vermitteln. Wenn ich mein Kind auf eine staatliche Schule schicke, dann aus dem Grund, dass ich mir eine staatliche Ausbildung erwarte. Ich kann von einem nichtchristlichen Lehrer nicht erwarten, dass er biblische Werte oder Gebete erklärt.

MP: Religiöse Symbole in der Öffentlichkeit?

TR: Das ist lächerlich, die zu entfernen. Die zehn Gebote in einem Gerichtssaal sagen doch nur darüber etwas aus, wie dieses Land gegründet wurde. Es ist ein historisches Dokument.

MP: Und was ist mit anderen Religionen, dürfen die auch ihre Symbole haben?

TR: Das würde mich überhaupt nicht stören. Sie abzunehmen ist Diskriminierung – und das ist nicht richtig. Es ist Sozialismus, das ist nicht richtig.

Joel Hunter, Obamas Advisory Council on Faith-based and Neighborhood Partnerships (2009–2010); Pastor, Northland Church, Longwood, Florida

Joel Hunter erinnert sich, dass er eines der Kinder war, dessen prägende religiöse Erfahrungen beinhalteten beim Klauen eines »Männermagzins« erwischt worden zu sein. Und dessen erste kirchliche »Fähigkeit« darin bestand, so laut »Amen« zu sagen, dass man das Knistern des Bonbonpapiers beim Öffnen nicht mehr hören konnte. An der Ohio Universität wurde er in der Bürgerrechtsbewegung aktiv und »vermutete, wie wir alle, dass wir nur die richtigen Leute an der Regierung bräuchten und alles wäre in Ordnung. Als Dr. King einem Attentat zum Opfer fiel, stürzte ich in eine Krise. Die Instabilität und die Polarisierung in dieser Zeit – wir hatten keine Studienabschlussfeier, weil derzeit 800 Soldaten der Nationalgarde auf dem Campus waren – konnte dich in Politik verstricken, ohne dass du wusstest, warum du dies oder jenes getan hast. Ich wollte eine stabilere Basis für politische Reformen, einen immer währenden Grund, eine tiefe Form der Gleichberechtigung, wo alle Kinder Gottes behütet werden würden, weil Gott sich um sie kümmert. So verpflichtete ich mich persönlich, Christus zu folgen. Ich dachte, ich besuche das Priesterseminar – obwohl ich mir sicher war, dass sie mich rausschmeißen würden, sobald sie mich durchschaut hätten. Ich war nicht gerade der religiöse Typ.« Hunter machte seinen Abschluss und promovierte mit der Arbeit »Culture and Personality in pastoral care«.

JH: Dr. King ist teilweise der Grund, weshalb ich mich mit Barack Obama identifiziere. King verband Glauben mit Sozialpolitik, so dass es denen, die schwach waren, zugute kam – was unsere Aufgabe ist. Das ist quasi Jesus Lesart seiner »Jobbeschreibung« in Jesaja 61. Meine Großeltern waren ständig pleite, weil sie immer ihr Geld weggaben. Andererseits lebte ich in einer durch und durch weißen Stadt. Meine Reise war also religiös und sozial, es war Teil meines Glaubens, das Gemeinwohl verstehen zu lernen.

In den nächsten 10 Jahren werden wir sehen können, dass es mehr Kooperationen mit denen, die öffentliche Politik gestalten, geben wird und zwar aus einer weltlichen und einer religiösen Perspektive. Das ist ein Teil der Reifung der evangelikalen Bewegung und so gehen wir gewissermaßen zurück zu unseren Wurzeln. Das Christentum begann als mitfühlende Bewegung. Sie wurde größer, weil sie den Epidemien und Katastrophen etwas entgegensetzen konnte. Wir waren für die Aufhebung der Sklaverei, die Einführung des Frauenwahlrechts und des Kinderarbeitsgesetzes. Im Alter definiert man sich darüber, für was man steht, darüber wie du mit Leuten kooperieren kannst, die anders sind als du selbst bist. Da ist eine neu entstehende Wählerschaft, die, trotzdem sie an alten Bedenken festhält, viel Energie in Themen wie Klimawandel, Armut, Justizangelegenheiten und Gesundheitsfragen steckt. Man sieht eine neue evangelikale Mündigkeit.

Die Iteration der 1970er-Jahre war eine besorgte, politische Reaktion auf den wahrnehmbaren Verfall in unserer Kultur, wie Abtreibung und Abschaffung des Gebets in den staatlichen Schulen. In den letzten beiden Jahrzehnten blieb die evangelikale Bewegung in der kämpferischen »Wir müssen gewinnen-Haltung« stecken. Da gab es Themen, zum Beispiel das Thema »pro-life«, bei denen ich dem Führer der Religiösen Rechten, Jerry Falwell, zustimmte, nur der Ton war abschreckend. Da war eine schweigende Mehrheit zur schweigenden Mehrheit. Da gab es eine Zeit, wo Leute anfingen kriecherisch zu werden. Das Thema AIDS beispiels-

weise – sollte man diesen Menschen nicht das größte Mitgefühl und Verständnis entgegenbringen? Jeden Tag sterben
25.000 Kinder an den Folgen der Armut. Was tun wir dagegen?

MP: Gibt es einen Generationswechsel?

JH: Junge Menschen sind da weniger ideologisch, sie
kümmern sich weniger darum, ob nun jemand Demokrat oder Republikaner ist. Sie wollen bloß, dass bestimmte
Dinge passieren. Aber da gibt es heute eine Menge Inspirie-
rendes, Idealistisches, was mich an die 1960er-Jahre erinnert. Ich habe eine lange Zeit gelebt, um zu sehen, dass dies
wieder passiert.

MP: Ist es eine Antwort auf die Bush-Jahre?

JH: Sagen wir mal die Bush-Cheney-Jahre. Anfangs
war Bush ein mitfühlender Konservativer – zumindest ist
es das, wofür einige von uns gestimmt haben. Aber ich bin
mir nicht sicher, ob er genügend Kapazitäten hatte, um all
diese Themen zu bearbeiten. Daher delegierte er an Cheney.
Es gibt eine Wahrnehmung unter den Evangelikalen, dass
wir nicht unabhängig denken, wir untersuchen oder analysieren nicht. Wir machten weiter mit dieser selbstschüt-
zenden Mentalität, die sagt: »Lass uns sie kriegen, bevor sie
uns kriegen«. Der 11. September hat das noch verstärkt, aber
es gab schon vorher eine ganze Menge Futter, das die Angst
nährte. Wir haben eine konsumorientierte, egozentrische
Kultur entwickelt. Das führte zu einem Präventiv-Krieg, weil
wir Angst vor dem »sie werden mir alles wegnehmen« haben. Oder »Regierungsprogramme nehmen mir mein hart
verdientes Geld«. Davon sind noch Reste übriggeblieben,
die in den Radiosendungen des rechten Flügels, wie die von
Limbaugh, Hannity, Michael Savage, als einfach schrecklich
bezeichnet werden.

Ich glaube, der Feind ist ein anderer, nämlich: der Lu-
xus, allzu simpel zu sein, nicht zu verstehen, wie komplex
die Probleme sind und wieviele Kooperationen es erfor-

dert, sie zu lösen. In einem bestimmten Zeitraum bildeten wir Evangelikalen nur homogene Interessensgruppen. Man hängt zusammen und glaubt, jeder andere ist der Feind. Ein Grund, weshalb ich mich über Obamas Präsidentschaft so freue, ist, dass er ein breites Spektrum von Perspektiven mag. Aus denen wird er die praktikabelste Lösung herausfinden, die für jeden gut ist. Er hat die intellektuelle Fähigkeit, dieses zu meistern.

MP: Ist Ihre Gemeinde eine Zweiparteiengemeinde?

JH: Wir sind tatsächlich so halb-halb.

MP: Wenn sie zur Gesellschaft beitragen wollen, sich aber nicht mit einer politischen Partei »verheiraten« wollen, wie machen Sie das?

JH: Wenn du ein Christ bist und in dieser Welt etwas verändern willst, dann fragst du: Was ist die biblische Basis für das, was ich mache? Was würde Jesus tun? Wir können uns nicht darauf verlassen, politische Schlachten zu gewinnen oder zu verlieren. Das ist nicht das, was das Reich Gottes ausmacht. Wir, die Menschen die wir sind, werden immer versucht sein, das geistige Vorwärtskommen durch die politischen Möglichkeiten voranzutreiben, das heißt, die Macht zu nutzen, um anderen unsere Werte und Sichtweisen aufzuzwingen. Christen sollten vorsichtig sein, wenn sie sagen, das, was wir glauben, ist richtig, und es einfach so stehen lassen. Hier leben 300 Millionen Leute in diesem Land. Und ich bin nur eine Stimme.

Was ich bei der Religiösen Rechten gesehen habe, war eine Menge religiöser Arroganz. Diejenigen, die Theokraten sind — die Rekonstruktionisten, die darauf beharren, dass das biblische Mandat das Gesetz für jeden zu sein hat, werden immer glauben zu verlieren, wenn man sie nicht ihren Weg gehen lässt. Wir glauben, wir gewinnen, wenn wir die Freiheit haben, unsere Meinung kundzutun, wie jeder andere auch. Wir müssen nicht unseren Weg haben. Gott fordert nicht von uns, erfolgreich zu sein, sondern gläubig.

MP: Wenn Sie sagen Sie sind nur eine Stimme, wie arbeiten Sie dann mit den anderen Stimmen zusammen?

JH: Wir haben vielfältige Partnerschaften bei unserer Arbeit zur Bekämpfung der Armut, bei medizinischer Versorgung, AIDS und Unterkünften. Wir arbeiten mit verschiedenen Regierungen in aller Welt zusammen. Vereinzelt, wenn wir Versammlungen abhalten zum Thema Folter oder dem Schutz der Schöpfung und Armut, dann bitte ich um weitere Unterstützung, frage den Bischof der katholischen Kirche, den Vorsitzenden der islamischen Gemeinde oder einen Rabbiner dabei zu sein. Ich bitte sie dann, aus der Perspektive ihrer Schrift zu erklären, warum die Sache wichtig ist. Und dann versteht jeder, dass ihre Werte auch meine sind, und dass das Problem einfach zu groß ist, um nur von einer Gruppe gelöst zu werden.

Ich war im Ausschuss für Job-Partnerschaften in Zentral Florida. Die Staatsregierung stellte die Finanzen zur Verfügung, um die Arbeitslosen auszubilden. Einzelne Kirchenleute wurden dann ehrenamtliche Unterstützer für jede arbeitslose Person. Die Unterstützer sagten: »Wenn dein Kind krank wird, dann bringen wir es zu einem Arzt. Wenn dein Auto kaputt geht, dann bringen wir dich zu deiner Arbeitsstelle und reparieren es.« Die Geschäftswelt wurde darin ausgebildet, ihren Arbeitnehmern Sicherheiten zu bieten, damit verpflichteten sie sich, die Trainees in Jobs zu bringen, in denen sie bessere Aufstiegsmöglichkeiten haben und besser bezahlt werden. Die Geschäftsleute bekamen, was sie brauchten. Die Kirchenleute waren in der Lage zu lieben, als ob sie liebesbedürftig sind. Die Regierung schaffte es, Leute aus der Sozialhilfe wieder in Jobs zu bringen.

Sicher, da gibt es noch viele Barrieren bei der Zusammenarbeit – keine bewussten, aber wir sind es so gewohnt, in unseren eigenen Bereichen zu arbeiten. Andererseits laden wir speziell die afroamerikanische Kirche zu allem ein, was wir tun. Mit ein paar dieser Kirchen arbeiten wir schon seit langer Zeit zusammen. Das Gleiche gilt für unsere Missionen in anderen Ländern. Wir wollen Partnerschaften bilden – langfristige, mit Leuten, die anders sind als wir. Weststaatler haben einen anderen Zugang zum Evangelium als Leute aus Südamerika, China oder Afrika. Wir brauchen diese gegenseitige Befruchtung.

MP: Wie gehen sie in den kooperativen Projekten mit den Finanzen um?

JH: Eine Kirche kann keine Staatsgelder in ihr normale Budget einfließen lassen. Wenn wir beispielsweise in Zusammenarbeit mit einem Land die Häuser der Armen renovieren wollen, dann kauft der Partner, in diesem Fall das andere Land, die notwendigen Materialien, und wir stellen die ehrenamtlichen Helfer. So bleibt es schön getrennt, sie kaufen die Materialien, und wir haben nichts mit dem Geld zu tun.

MP: Was könnte das Bild von Kooperationen zwischen Staat und Kirche sowie dieser gruppenübergreifenden Zusammenarbeit zerstören?

JH: Die Militanz einer starken Gruppe. Wenn eine Gruppe zuviel Macht bekommt, dann besteht immer die Tendenz, andere zu unterdrücken. Solange wir damit fortfahren, den unterschiedlichen Positionen ernsthaft zuzuhören, werden wir einander mehr und mehr vertrauen. Ich war im Gespräch mit Organisationen, mit denen unsere Regierung niemals sprechen könnte, wie der Hizbollah. Wenn man dem Feind nah kommt, dann ist er längst nicht mehr so bedrohlich und angsteinflößend.

Was den Dialog auch kaputtmacht, sind Strukturen, wo Stimmen ihr Anliegen den Regierungsvertretern vortragen, ohne zuvor mal andere dazu befragt oder gehört zu haben. Wenn sie einen Präsidenten haben, der sich immer nur auf eine Gruppe zur Zeit einlässt, diese dann ihren Fall vorbringen darf und wenn es dann nicht nach ihnen geht, diese

Gruppe wütend wird. Wenn aber alle Gruppen zusammen sitzen und hören dürfen, was andere Menschen zu sagen haben, dann fangen sie an zu verstehen, woher die anderen kommen.

MP: Was antworten Sie denen, die glauben, Kirche gehört nicht in die politische Diskussion?

JH: Wir können einige Bedenken zerstreuen, wenn wir Begriffe wie »Kooperation« benutzen statt »Religion gegen Säkularismus«. Wir müssen wegkommen von dem Nullsummenspiel, von diesem, wenn wir denen erlauben eine Stimme zu haben, dann wird es etwas von dem nehmen, was ich habe. Denke mehr in Begriffen wie Kooperationen bei Projekten, als in Kompromissen beim Glauben.

MP: Was antworten Sie denen, die sagen, dass sie keinen Dialog mit bestimmten religiösen Gruppen führen wollen, wie beispielsweise den Gruppen, bei denen es Ehrenmorde gibt?

JH: Destruktives Verhalten wird durch das Gesetz geahndet. Alles Recht basiert auf festgeschriebenen Werten. Jede Gesellschaft muss entscheiden, welchen Schutz sie ihren Mitgliedern zugesteht. Dennoch entrechtet man nicht eine ganze Glaubensgruppe wegen einiger Ausnahmen. Kennen Sie das Sprichwort »halte dir deine Freunde warm, deine Feinde wärmer«? Die kontraintuitive Weisheit hier ist, dass eben jene Leute, mit denen du am wenigsten reden möchtest, doch die sind, mit denen man am ehesten sprechen müsste. Man beginnt erst einmal damit zu sagen, dass das schwierig wird. Aber man macht keine Fortschritte, wenn man solchen Konversationen aus dem Weg geht. Zumindest schafft man so eine Beziehung und das erhöht die Wahrscheinlichkeit einen Konsens zu erreichen.

Es sollten noch wichtige Unterhaltungen mit den weltlichen Autoritäten folgen, warum Muslime beispielsweise nicht bestimmte Kleider oder Christen nicht ein Kreuz in einer bestimmten Größe tragen dürfen.

Der Dialog ist notwendig, egal wie schwer er zu führen ist. Grenzen sind nicht nur Trenn-, sondern auch Verbindungslinien. Sie sind nicht der Punkt, an dem die Konversation endet, sondern der, an dem sie beginnt.

Teil IV:
Zusammenfassende Bemerkungen

Die Wandlungsfähigkeit der Religion – eine empirisch basierte Argumentation gegen religiösen und säkularen Fundamentalismus

Welche religiösen Überzeugungen und politischen Praktiken befördern sowohl ein dynamisches religiöses Leben als auch die liberale Demokratie? Das ist die Fragestellung dieses Buches. In einer Fallstudie wurde der Nexus von Überzeugungen und politischer Fürsprache der amerikanischen *New Evangelicals* beschrieben. Diese Gläubigen haben sich von der Religiösen Rechten hinsichtlich ihrer Selbstidentifikation, ihrer politischen Ziele und Mittel, und vor allem hinsichtlich ihrer Bestrebungen, religiöse Ansichten vom Staat durchsetzen zu lassen, getrennt. Ihre Mission reicht über Themen wie Abtreibung und Homosexuellen-Ehe hinaus zu Aktivismus gegen Militarismus, Folter, Konsumismus und Engagement für den Schutz der Umwelt, das Institutionen der Gewalt (wie Regierungen, Polizei etc.) meidet und den Bedürftigen hilft.

Mir ist klar, dass im Hinblick auf die Beziehungen von Kirche und Staat nicht ein einzelnes Modell auf alle Umstände anwendbar ist, da sich jedes von ihnen aus einem spezifischen kulturellen, historischen und politischen Kontext heraus entwickelt hat. Dennoch kann jeder Fall anderen, die an diesem Thema arbeiten, etwas vermitteln, ob in entwickelten oder in noch jungen Demokratien. Die Ideen der *New Evangelicals* könnten debattiert, modifiziert oder als Ausgangspunkt genommen werden, da sie einem Diskurs entstammen, der gleichermaßen die Demokratie und die Haltung der Gläubigen zu Gesellschaft und Regierung wertschätzt.

Die wichtigsten Kennzeichen der Politik der *New Evangelicals* sind beispielsweise die Zustimmung zum Verfassungs-

recht und zur Trennung von Staat und Kirche, die Selbstidentifikation als zivilgesellschaftliche Akteure, die sich in der
Politik auf demokratische Mittel beschränken; und das Her-
anziehen von religiösen Werten, um Kritik an der Regierung
zu üben, so wie andere Werte von anderen Mitgliedern der
Zivilgesellschaft angewandt werden. Demokratien mit staatlich privilegierten Religionen mögen diese Betonung der
Zivilgesellschaft für unbrauchbar halten. Doch haben diese
Länder, Deutschland eingeschlossen, einige Gemeinsamkeiten mit den USA, so dass die Ideen der *New Evangelicals*
durchaus fruchtbar sein könnten. In diesen Ländern ist, wie
auch in den USA, Religion keine Grundlage für die konstitutionelle Regierung; eher ist es so, dass die staatlich privilegierten Religionen mit dem Staat kooperieren. Diese Situation hat eine Menge mit den *New Evangelicals* gemeinsam,
die auch eine tonangebende Konfession sind, die mit dem
Staat zusammenarbeitet. Die Fragen, die sich aus dieser Kooperation in den USA ergeben – zum Beispiel wie Kirchen
öffentliche Gelder verwenden –, können auch anderswo gestellt werden. Eine weitere Frage ist, wie die Beziehungen
zwischen dem liberalen, demokratischen Staat und nicht-
staatlich privilegierten Religionen strukturiert sein sollten.
Die Evangelikalen sind in den USA bedeutend, aber sie sind
keine staatlich privilegierte Religion. Daher könnten die
Ideen der *New Evangelicals* vielleicht für andere nicht-staatlich
privilegierte, religiöse Gruppen wie zum Beispiel die Muslime in Deutschland oder die Christen in Indonesien interessant sein. Schließlich, obwohl die US-Evangelikalen *de
jure* von Staat getrennt sind, hatten sie doch einen tiefgrei-
fenden kulturellen Einfluss in den USA. Könnten die politischen Praktiken der *New Evangelicals* hilfreich sein für die
Bestimmung der politischen Mittel und Grenzen kulturell
dominanter Konfessionen?

Selbst wenn die *New Evangelicals* irgendwann weniger gut
mit dem liberalen demokratischen Staat zusammenarbeiten

sollten, bleiben die Praktiken dieser Periode doch wichtige Modelle für jene, die daran interessiert sind, die liberale Demokratie und den Reichtum religiösen Lebens und Denkens zu bewahren.

In diesem Buch bin ich durchweg Richard Cizik, ehemaliger Vizepräsident der National Association of Evangelicals, gefolgt, indem ich den Begriff »New Evangelicals« verwendet habe. Aber diese Bezeichnung ist, wie auch Cizik schnell hinzufügen würde, nicht richtig. Die amerikanischen New Evangelicals sind nicht »neu«, sondern kehren zurück zur politischen Vision und zum sozialen Engagement, das Evangelikale seit dem siebzehnten Jahrhundert bis ins frühe zwanzigste Jahrhundert ausgezeichnet hat. Kapitel 2 beschreibt die frühesten Visionen von religiöser Toleranz und der Trennung von Kirche und Staat, die die Gläubigen des sechzehnten und siebzehnten Jahrhunderts entwickelt hatten, um »Freidenker« zu schützen. Die sozialen Programme der New Evangelicals — Umweltschutz, Armutsbekämpfung — greifen auf das Engagement vor dem Krieg, das von Tocqueville so gelobt wurde, und auf das Social Gospel nach dem Krieg zurück. In der Tat verbanden die Evangelikalen durch und durch Glaube und Armutsbekämpfung, so dass einige von ihnen im neunzehnten Jahrhundert nicht nur Fromme, sondern auch Sozialisten waren.

Edward Bellamy, dessen Cousin die Orginalversion der Pledge of Allegiance geschrieben hatte, war einer von ihnen — Sozialist und Baptistenprediger. Seine utopische Novelle Looking Backward war 1887 ein Bestseller, der nur noch von dem 1896 erschienenen In His Steps: What would Jesus do? überflügelt wurde. In His Steps, geschrieben von dem kongregationalen Pastor Charles Sheldon, fordert, dass die wahren Nachfolger Jesu so leben sollten, wie er es tat: »Was würde Jesus in Sachen Reichtum tun? Wie würde er ihn verwenden? Welche Prinzipien würden seinen Umgang mit Geld bestimmen? ... Was würde Jesus für die große Armee der

Armen, Arbeitslosen und Verzweifelten tun? ... Würde Jesus sich nicht um sie kümmern?«[1] In *His Steps* war ein Bestseller bis in die fünfziger Jahre und 1947 schrieb das *Federal Council of Churches* (heute das *National Council of Churches*), in seinem *Report on the National Study Conference on the Church and Economic Life*: »Eigentum repräsentiert eine Treuhänderschaft unter Gott, und sollte den Bedürfnissen der Gemeinschaft dienen. ... Christen müssen eher vom Leitgedanken zu dienen, als von dem des Profits angetrieben sein.«[2]

Sogar die Reihe *Fundamentals*, geschrieben von 1910–1915 als eine Gegenreaktion auf den progressiven Evangelikalismus, enthielt ein Kapitel »*The Church and Socialism*«, in dem »die Weisheit vieler sozialistischer Vorschläge« anerkannt wurde. Der Autor, Charles Erdman (*Princeton Theological Seminary*), empfahl »staatliche Beteiligungen könnten auch auf die Eisenbahn, Minen, öffentliche Versorgungsunternehmen und Fabriken ausgeweitet werden« – eine Idee, die der heutigen politischen »Linken« in den USA fern liegt. In seiner Kritik am Sozialismus war Erdman nicht gegen staatliche Anstrengungen zur Armutsbekämpfung, sondern gegen Entwürfe, die die Lehren Jesu mit einer bestimmten politischen Ideologie vermischten. Diese Unterscheidung wurde von den *New Evangelicals* wieder aufgegriffen und ist in vielen Stimmen in diesem Buch wiederzuerkennen. Erdman schreibt: »Es ist unmöglich, Jesus Christus mit irgendeiner sozialen Theorie oder politischen Partei zu identifizieren. Seine Lehren sind von universaler Anwendbarkeit und ewiger Geltung.«[3] Heute hören wir das in ähnlicher Form von Frank Page, Präsident der konservativen *Southern Baptist Convention*: »Ich habe unsere Glaubensgemeinschaft ermahnt, sehr vorsichtig zu sein, dass es nicht so aussieht, als liefen wir im Gleichschritt mit irgendeiner politischen Partei.«[4] Und im *Evangelical Manifesto*[5] von 2008 heißt es: »Wir sehen es als unsere Pflicht an, uns politisch zu beteiligen, aber genauso ist es unsere Pflicht, zu allen Parteien, parteipolitischen Ideologien, ökonomischen Systemen oder Nationalitäten gleichen Abstand zu halten.«[6]

Es ist wichtig festzuhalten, dass der Aufruf der Evangelikalen zu ökonomischen Reformen weder die Befürwortung einer staatlich gelenkten Wirtschaft noch einer undemokratischen Regierung war. Viel eher erwuchs er aus einer anti-elitären und antiautoritären Sorge um jedes Individuum (dasselbe Prinzip liegt dem Aufruf der Evangelikalen für Toleranz und Trennung von Staat und Kirche zugrunde). Diese Art Individualismus verband Freiheit, Eigenverantwortung und Antiautoritarismus mit der Freiheit von großen kontrollierenden ökonomischen Kräften und reichen Eliten. Die Aufgabe der Regierung ist es, den Normalbürger vor der Tyrannei des Reichtums, der Konzerne und der Kartelle zu schützen. Deswegen war die *Social Gospel*-Bewegung dafür, dass die Regierung nicht »schwach« sein sollte – die Forderung der Religiösen Rechten heute – sondern stark genug, um dem kleinen Mann auf die Beine zu helfen. Die Politik, die aus dieser Sichtweise erwuchs, führte zur *Great Compression*, die die Einkommens- und Wohlstandsunterschiede zwischen Amerikas Armen und Reichen verkleinerte – zuerst in der progressiven Ära unter Teddy Roosevelt und später während der Depression und dem zweiten Weltkrieg unter seinem Neffen Franklin Roosevelt.

Diese Art des Individualismus wurde während des kalten Krieges der sechziger und siebziger Jahre in den Hintergrund gedrängt, als die Demokraten weder den kleinen Mann vor dem großen Geld, noch die Nation vor ihren Feinden zu beschützen schienen (Kap. 3). Sie verfehlten es, die Arbeiter- und die Mittelklasse zu beschützen, als US-Unternehmen in Niedriglohnländer abwanderten und Entwicklungsländer Produkte billiger anboten als die USA. Die Inflationsrate war zweistellig, teilweise auch aufgrund der Ölkrise von 1974. Die Demokraten versagten in Vietnam, bei den Verhandlungen mit der OPEC und bei der Geiselnahme im Iran. Angesichts dieser Bilanz der Demokraten konnte die »Neue Rechte« die Tradition des Individualismus erneut geltend machen, die lange vor und auch zwischen den beiden Roosevelts gediehen war. Dieser Tradition nach blühen Eigenverantwortung, Antiautoritarismus und persönliche Freiheit am besten in relativ unregulierten, offenen Märkten. Die Regierung ist nicht am besten »stark« genug um den Normalbürger vor Reichtum und Monopolen zu schützen, sondern besser »schwach«, so dass sie seine Chancen und Rechte nicht überregulieren und beschränken kann. Vor dem Hintergrund der Gegenkultur der Sechziger fand die Bekräftigung des Individualismus ein breites Publikum, weil die neuen »Sonderrechte« für Minderheiten und die ausgeweiteten Programme der Regierung für die Armen allesamt mit Nachgiebigkeit assoziiert wurden. Für viele Amerikaner – und vielleicht noch mehr für die disziplinierten, selbstverantwortlichen Evangelikalen – fühlte es sich an wie eine nüchterne Neuausrichtung des Landes, zurück zu den Werten des Individualismus und der Selbstverantwortung, die die Nation groß gemacht hatte. In den achtziger Jahren wurde die Weltsicht der Neuen Rechten sogar noch attraktiver, als die Mittelklasse, die Gewerkschaften und auch Pensionsprogramme anfingen, am Aktienmarkt zu investieren und Millionen ein Interesse an den Möglichkeiten unregulierter Märkte bekamen.

Es mag den Anschein haben, betrachtet man die Veränderungen evangelikaler Politik in den letzten beiden Jahrhunderten, als gäbe es zwei amerikanische oder zwei evangelikale Traditionen. In der eher sozialistischen und etatistischen Tradition (*Social Gospel* und evangelikale Linke), tritt die Regierung für den Schutz des kleinen Mannes ein, bevor sie Kontrolle ausübt und die reichen Eliten schützt. In der mehr kapitalistischen und unternehmerischen Tradition nimmt sich die Regierung zurück, damit die Menschen Geld verdienen können. Und doch wurzeln beide Traditi-

onen in derselben zugrundeliegenden Struktur: dem anti-
autoritativen, selbstverantwortlichen Individualismus, den
schon protestantische Dissidenten und amerikanische Siedler teilten. Von der Sorge um das Individuum ausgehend,
mögen die Menschen die Aufgabe der Regierung darin
sehen, den Mächtigen Grenzen zu setzen (dominierende
Kirchen, die Reichen und Konzerne), und paradoxerweise
mögen sie die Aufgabe der Regierung auch darin sehen,
sich selbst zu begrenzen (das unternehmerische »small government« Modell).

Diese gemeinsame Wurzel gibt vielleicht ein wenig
Aufschluss darüber, warum Amerika relativ einfach von einer Seite zur anderen wechseln kann. Mit einer recht stabilen Weltsicht als Grundlage konnten sich amerikanische
Evangelikale erst für den zivilgesellschaftlichen Unterneh-
mergeist der Vorkriegszeit begeistern, dann, eine Generation
später, für das Social Gospel, anderthalb Generationen später
für die republikanische Politik der »Neuen Rechten« und
nun, innerhalb der nächsten Generation, begeistern sie sich
für die Visionen und Prioritäten der New Evangelicals.

Dennoch unterstützen einige Weltanschauungen
pluralistische Toleranz und demokratische, konstitutionelle
Regierungen mehr als andere. Also ist es hilfreich zu verstehen, wodurch religionspolitische Veränderungen ausgelöst
werden. Der Generationenfaktor ist, angesichts der Neigung
der Moderne zum Wandel, einigermaßen berechenbar. Der
Wandel der evangelikalen Ethik ist aber komplexer. Was veranlasst Evangelikale jahrhundertelang zu denken, dass das
Individuum dann ethisch behandelt wird, wenn die Kirche
vom Staat getrennt ist – und dann später (1965–2005) zu
meinen, dass die Kirche mit dem Staat zusammenarbeiten
soll? Und was veranlasst Evangelikale jahrhundertelang zu
denken, dass das Individuum am ethischsten von einer Regierung behandelt wird, die den kleinen Mann schützt –
und später dann, von einer Regierung, die die Finanzbe-

reiche dereguliert und den Weg für die freimacht, die Geld verdienen wollen?

Die ökonomischen und politischen Rahmenbedingungen der jeweiligen Veränderungen können hier zum Verständnis hilfreich sein. Es ist wohl keine Überraschung, dass die Verfolgung von Dissidenten im sechzehnten und siebzehnten Jahrhundert die Evangelikalen die Trennung von Staat und Kirche hat befürworten lassen, damit Staaten in Gewissensfragen weder richten noch strafen können. Die Konfessionen waren am sichersten, wenn sie in der Zivilgesellschaft unbehelligt blieben. Die harten Bedingungen der Besiedlung Amerikas stärkten diese antiautoritative und unternehmerische Haltung, da es relativ »wenig« Staat gab, auf den man sich hätte verlassen können. Und der Staat, den es gab – die Briten –, wurde als Einschränkung für die neuen Siedler empfunden. Noch ist es überraschend, dass nach dem Krieg die erschreckende Armut, die die laissez-faire-Industrialisierung verursacht hatte, dazu führte, dass viele ethisch gestimmte Evangelikale zu denken begannen, dass das Individuum am besten durch staatliches Eingreifen geschützt werden kann. Exakt weil der Arm der Regierung in den USA relativ schwach war (viel schwächer als zum Beispiel in Deutschland zur Zeit Bismarcks), wurde die Abwesenheit einer dienlichen Regierung als ein größeres Problem angesehen, als eine überpräsente staatliche Regulierung – eine Sichtweise die sich auch während der Depression in den dreißiger Jahren hielt.

Während des Kalten Krieges, als die Bedrohung der politischen und ökonomischen Freiheit nicht aus Richtung einer Amok laufenden Wirtschaft, sondern aus Richtung der erstarkenden Sowjetunion erwartet wurde, betonten die Evangelikalen wenig überraschend die Ethik des unternehmerischen Liberalismus. Sie lässt dem Individuum Freiraum, indem die staatlichen Regulierungen reduziert werden, welche die Evangelikalen eineinhalb Generationen vorher noch befürwortet hatten. Im Kontext des kalten Krieges sahen die Evangelikalen die Bürgerrechtsgesetzgebung nicht als Hilfe für den kleinen (schwarzen) Mann, sondern als staatliche Auferlegung illiberaler »Sonderrechte« an. Sie sahen in der Hilfe für die Bedürftigen einen Mangel an Eigenverantwortung. Und sie forderten die Selbstverantwortung sexueller Rechtschaffenheit und eine »schwache Regierung«. Während das Problem der 1890er-Jahre eine eher schwache Regierung war, im Vergleich zu anderen industrialisierten Nationen, sahen sich die Evangelikalen der 1960er- und 1970er-Jahre einem stark ausgeweitetem Staat gegenüber, der aus der Depression, den ökonomischen Nöten und den militärischen Erfordernissen des zweiten Weltkrieges sowie denen des kalten Krieges resultierte. Als der Staat im Begriff war sich noch weiter auszubreiten, fühlten sich Evangelikale dazu gedrängt, das Individuum davor zu schützen – besonders angesichts des Schattens des sowjetischen Beispiels. In der Tat fühlten sie sich so gedrängt, den Staat zu limitieren, dass sie den etatistischen Schritt unternahmen, einer politischen Partei, die in die Regierung wollte, beizutreten, um die Regierung zu begrenzen.

Seit 2005 haben die Evangelikalen die Konsequenzen ihres Vertrauens in die Regierung und im Besonderen in die republikanische Regierung überdacht. Ein fragwürdiger Krieg im Irak, das Chaos nach der militärischen Invasion dort, der leichtfertige Umgang der Bush-Administration mit Folter und die ökonomische Krise 2008 – Folge der republikanischen Deregulierung der Märkte und einer »schwachen Regierung« – führte zur Desillusionierung hinsichtlich der republikanischen Ethik. Und noch tiefergehend führte es zur Desillusionierung bezüglich politischer Wahlerfolge *per se* – als Weg, Gott und seinen menschlichen Kindern zu dienen.

Betrachtet man die Geschichte der Evangelikalen und die aktuelle Wende der *New Evangelicals*, kommt diese Studie

zu dem Schluss, dass die *New Evangelicals* ihre traditionelle
Ethik nicht aufgegeben haben – die anti-elitäre, anti-auto-
ritäre Wertschätzung jedes Individuums. Sie haben sie wiederholt in ihrem vorurteilsfreien sozialen Engagement und
ihrer Selbstpositionierung in der Zivilgesellschaft. Und sie
werfen der Religiösen Rechten vor, diese Werte entehrt zu
haben, indem sie mit der republikanischen Regierung gemeinsame Sache gemacht hat.

Was sagen diese religionspolitischen Veränderungen
über Religion aus? Vielleicht, dass Religion ein Diskurs ist,
dessen Schicksal es ist, für die jeweils aktuellen, ökonomischen und politischen Interessen vereinnahmt zu werden.
Vielleicht aber deuten sie auch auf die unauffällige Huma-
nität der Religion. Wie jede andere menschliche Institution
reagiert auch Religion auf Umstände und Veränderungen
aus ihrer Perspektive und Einstellung. Sie ist anpassungsfä-
hig und korrumpierbar, wie politische und ökonomische
Systeme auch. Und diese Variabilität ist wichtig. Obwohl sie
auf den ersten Blick wie eine Schwäche aussehen mag, strei-
tet sie gegen Fundamentalismus sowohl von säkularer als
auch religiöser Seite. Jene, die der Meinung sind, dass Religion grundsätzlich fundamentalistisch ist – dass sie sich
nicht verändern kann und mit der liberalen Demokratie inkompatibel ist –, haben selber eine unveränderbare Sicht auf
Religion. Sie unterstützen einen säkularen Fundamentalismus, der die Variabilität der Religion leugnet. Auf der anderen Seite verfechten jene, die aus einer religiösen Perspektive der Meinung sind, dass Religion wahrhaft unwandelbar
und inkompatibel mit der modernen Demokratie ist, einen
religiösen Fundamentalismus – welcher die Variabilität der
Religion ebenso verkennt. Beide sind fundamentalistische
Einschätzungen von Religion, die eine menschliche Institution vergöttlichen – sie zum Teufel oder zum Retter machen. Doch haben beide die Geschichte und die in diesem
Buch präsentierte Fallstudie gegen sich.

Deswegen mag ein Blick auf die amerikanischen *New Evangelicals* aus zwei Gründen für die Debatten über das Verhältnis von Kirche und Staat hilfreich sein: wegen ihres Modells einer robusten Religion innerhalb einer liberalen Demokratie und wegen der Hervorhebung der antifundamentalistischen Tatsache religiöser Variabilität. Beide sind miteinander verbunden: es ist die Fähigkeit zum Wandel, die es religiösen Denkern erlaubt hat, ein dynamisches religiöses Leben in liberaldemokratische politische Verhältnisse einzubringen. In der Tat ist es die Ignoranz der Religiösen Rechten gegenüber der Tradition religiöser Variabilität, die die *New Evangelicals* so entsetzt. Die Religiöse Rechte versagte dabei, nicht nur säkulare Progressive, sondern auch ihre eigene Geschichte der Trennung von Staat und Kirche, der Toleranz und des sozialen Engagements zu integrieren. Das ist der fundamentalistische Kern der Religiösen Rechten: ihre eigene Vergangenheit und die vielfältigen Sichtweisen ihrer Glaubensgenossen zu ignorieren. Wenn die Erfahrungen der *New Evangelicals* etwas zu den Debatten über das Verhältnis von Kirche und Staat beitragen können, dann auch diesen Anti-Fundamentalismus.

Die pluralistische und liberaldemokratische Politik der *New Evangelicals* erlaubt es uns zu überdenken, wo genau im Verhältnis von Kirche und Staat die Bedrohung für die Demokratie liegt. Wenn ich mich auf die Pascalsche Wette beziehen darf, gibt es vier Möglichkeiten: Religion *per se*, ausschließlich illiberale Religion, staatliche Organe *per se*, und ausschließlich illiberale staatliche Organe. (Liberale, demokratische Religionen und Regierungen sind, per Definition keine Bedrohung für die Demokratie).

Die erste mögliche Bedrohung, Religion per se, wird von dieser Fallstudie nicht gestützt. Die Begeisterung der *New Evangelicals* für den liberalen, demokratischen und konstitutionellen Staat impliziert, dass Religion qua Religion nicht inkompatibel mit Demokratie ist. Vielleicht trifft die zweite

Möglichkeit zu, dass ausschließlich fundamentalistische, illiberale Religionen die Demokratie bedrohen. Aber auch das stimmt nicht. Fundamentalistische Religionen, die sich aus dem Bereich der Politik zurückziehen, wie die Pfingstkirchen oder die Amisch, akzeptieren eine demokratische Regierung und gebärden sich als eher ruhige zivilgesellschaftliche Akteure. Sie stellen nur eine geringe Gefahr für die Demokratie dar. Sie mögen illiberal ihren eigenen Mitgliedern gegenüber sein, aber die Aufgabe des liberalen Staates ist es, Individuen mit rechtlichem Schutz vor dem Zwang einer Gruppe auszustatten. Bis heute hat dies die liberale Demokratie nicht behindert.

Selbstverständlich gibt es auch fundamentalistische Religionen, die politisch aktiv sind. Wenn in diesem Fall die Regierung und andere zivilgesellschaftliche Akteure (die Presse, Interessengruppen) liberal und demokratisch bleiben, bleibt die liberale Demokratie erhalten. Die Herausforderung für liberale Demokratien ist es, illiberalen Religionen gegenüber weiterhin liberal zu agieren. Das heißt, so zu reagieren, dass der Redefreiheit, der Religionsfreiheit usw. nicht Gewalt angetan wird. Wenn der Staat dabei versagt, ist die liberale Demokratie in jedem Fall verloren. Aber Staaten stehen vor dieser Herausforderung nicht nur, wenn sie es mit illiberalen Religionen, sondern auch, wenn sie es mit irgendeiner anderen illiberalen, ökonomischen oder politischen Gruppierung zu tun haben. Religion nimmt hier keine Sonderstellung ein und nichts macht Religionen in besonderer Weise bedrohlich für liberale Demokratien.

Religionen an sich und Regierungen an sich sind keine Bedrohung für die liberale Demokratie. Aber eine illiberale Regierung ist eine schwerwiegende Bedrohung. Das Problem für die liberale Demokratie scheint dann die Verkopplung illiberaler Religion mit einem illiberalen Staatskörper zu sein. Aber da illiberale politische Einrichtungen zur Unterdrückung der Religion nicht bedürfen, stellen sie die notwendigen und hinreichenden Bedingungen dar, die es braucht, um die Demokratie zu Fall zu bringen. In diesem Sinne ist die Religion fein raus. Während illiberale Staaten Religion für undemokratische Zwecke instrumentalisieren mögen, und illiberale Religionen versuchen mögen, undemokratische staatliche Macht zu erlangen um Unterdrückung durchzusetzen, bleibt die undemokratische Staatsmacht in beiden Fällen der Schlüssel.

Die Klage in Zeiten der Aufklärung – besonders der französischen – gegen die Religion ist historisch verständlich, aber geht am Ziel vorbei. Die frühmodernen Vorkämpfer der Demokratisierung sahen sich einem illiberalen, monarchistischen Staat gegenüber, der mit einer illiberalen Kirche unter einer Decke steckte. Als Reaktion versuchten sie, den Staat von der illiberalen Kirche zu trennen, um einen liberalen Staat aufzubauen. Die Idee, die Kirche von dem illiberalen Staat zu trennen, um Staat und Kirche zu liberalisieren, war ihnen noch nicht gekommen. Aber sie ist eine Option, die religiöse Gruppen seit dem achtzehnten Jahrhundert als produktiv erlebt haben, unter ihnen die *New Evangelicals*.

Danksagung

Mein erster Dank für die Inspiration zum Schreiben dieses Buches geht an die Denker der frühen Neuzeit, die sich nicht nur ein Ende der Glaubensverfolgung vorstellen konnten, sondern, darüber hinaus, religiöse Freiheit. Im Laufe der Zeit entstand aus dieser Vision eine Form von antiautoritärem liberalen Schutz, der sowohl über das religiöse Gedeihen wacht, als auch über den Staat, der seine so vielfältig gläubigen Bürger fair und ohne Unterschied vor dem Gesetz behandelt. Und es ist tatsächlich ein Staat, der seinen Bürgern in jedweder Form erlaubt, die Regierung zu kritisieren, einschließlich zugrunde liegender religiöser Ethik.

In der Gegenwart möchte ich all denen danken, die ich für dieses Buch interviewen durfte – die Büroangestellten, die politischen Berater, Feuerwehrmänner, Pastoren, Studenten und Akademiker. In großzügiger Weise nahmen sie sich Zeit und waren mit vollem Herzen dabei. Ich habe viel gelernt und fühle mich geehrt. Ein paar von ihnen verdienen besonders erwähnt zu werden: Joel Hunter, Dan und Barbara Laicich, Robert Andrescik, Greg Boyd, Tri Robinson, Tim McFarlane, Joe Ingrao und Nan.

Großen Dank schulde ich nicht nur meinem Verleger Dr. Gottfried Honnefelder und seinem besonderen Gespür für Bücher, sondern auch allen Mitarbeitern bei Berlin University Press. Professor Dr. Dieter Grimm danke ich für seine außerordentlich wertvollen Anregungen, die geholfen haben, das Buch voran zu bringen und es nicht nur in einen allgemeinen, sondern auch in einen speziell deutschen Kontext zu setzen. Meinen Übersetzern Katja Guske, Jochen Kallenberger und Martin Scheiter möchte ich sehr herzlich danken, die mit vielen Ausdrücken und Redewendungen zu kämpfen hatten. Großer Dank geht auch an Kirsten Püttjer, die diese nicht nur gewandt bearbeitete, sondern sich auch den Unwägbarkeiten des Sprachrhythmus, des Humors und der Lesbarkeit stellte.

Der DFG hat dieses Buch im Rahmen meiner kooperativen Forschungsarbeit mit der Humboldt Universität zum Thema »Die politische Ethik der Evangelikalen. Ein transatlantischer Vergleich.« großzügig unterstützt.

Des Weiteren danke ich meinen Lehrern an der Solomon Schechter Schule. Sie vermittelten mir den Wert der Gemeinde, der Gewissensfreiheit und lehrten mich, kritisch und unabhängig zu denken. Mich dorthin zu schicken, war ein großes Geschenk meiner Eltern, Nettie Rose und Sidney Pally.

Für die Unterstützung, die ich in allen Arbeitsphasen beim Schreiben des Buches erhalten habe, möchte ich sowohl Petra Schwuchow und Gaby Sohl danken, als auch, wie immer Pamela Parker, die mir seit vielen Jahren viele Ideen und viel Lachen schenkt. Ein ganz besonderer Dank geht an Rolf Schieder, der so viel zur Übersetzung beigetragen hat, und mit seinem Wissen und seiner Leidenschaft, zu vielen anderen unschätzbaren Dingen.

Bibliografie

American Jewish Committee and the Feinstein Center for American Jewish History at Temple University. (2001). In good faith: Government funding of faith-based social services, reprinted in E.J. Dionne, & M. H Chen. (2001). (Eds.). Sacred places: Civic purposes: Should government help faith-based charity? Brooking Institution Press.

Andringa, R.. (2005, July 12). President's Self-evaluation for the Council for Christian Colleges & Universities Board.

Annals of the Southern Baptist Convention. (1971). Nashville, TN: Executive Committee.

Austin, J. (1803). Constitutional republicanism in opposing to fallacious federalism. Boston.

Austin, S. (2003). Faith matters: George and Providence. Political Research Associates. www.publiceye.org/apocalyptic/bush-2003/austin-providence.html

Bacevich, A. (2005). The new American militarism. New York: Oxford University Press.

Backus, I. (1773). An appeal to the public for religious liberty. http://oll.libertyfund.org/?option=com_staticxt&staticfile=show.php%3Ftitle=816&chapter=69242&layout=html&Itemid=27

Balmer, R. (2000). Blessed assurance: A history of evangelicalism in America. Boston: Beacon Press.

Balmer, R. (2006). Mine eyes have seen the glory: A journey into the evangelical subculture in America. New York: Oxford University Press.

Balmer, R. (2006) Thy Kingdom Come: How the Religious Right Distorts the Faith and Threatens America — an Evangelical's Lament. New York: Basic Books.

Balmer, R. (2009). God in the White House: A history: How faith shaped the presidency from John F. Kennedy to George W. Bush. New York: HarperOne.

Barna, G. (2006). Revolution: Finding Vibrant Faith Beyond the Walls of the Sanctuary. Wheaton, IL: Tyndale House Publishers.

Bebbington, D. (1989). Evangelicalism in modern Britain: A history from the 1730s to the 1980s. New York: Routledge.

Bebbington, D. (2005). The dominance of evangelicalism: The age of Spurgeon and Moody. Downers Grove, IL: InterVarsity Press.

Beisner, E.C. (1990). Prospects for growth: A Biblical view of population, resources, and the future. Wheaton, IL: Crossway Books.

Berger, M. (2008, Dec. 18). New health regulation permits »conscience« exceptions. *Religion News Service.* http://pewforum.org/news/display. php?NewsID=17186

Berger, P. (1999). *The desecularization of the world: Resurgent religion and world politics.* Grand Rapids, MI: Ethics and Public Policy Center

Berkhof, H. (1962). *Christ and the powers.* Scottdale, PA: Herald Press.

Black, E., & Black, M. (2002). *The rise of Southern Republicans.* Cambridge, MA: Harvard University Press.

Blumhofer, E. (1993). *Restoring the faith: The Assemblies of God, Pentecostalism, and American culture.* Urabana, IL: University if Illinois Press.

Boyd. G. (1997). *God at war: The Bible and spiritual conflict.* Downers Grove, IL: InterVarsity Press.

Boyd, G. (2004). *Repenting of religion: Turning from judgment to the love of God.* Grand Rapids, MI: Baker Books

Boyd, G. (2006). *The myth of a Christian nation: How the quest for power is destroying the church.* Grand Rapids, MI: Zondervan publishing.

Boyd. G. (2009). *The myth of a Christian religion: Losing your religion for the beauty of a revolution.* Grand Rapids, MI: Zondervan.

Boyd. G. & Eddy, P. (2009). *Across the spectrum: Understanding issues in evangelical theology.* Grand Rapids, MI: Baker Academic.

Boyd, R. (2009, Jan. 26). Evolution war still rages 200 years after Darwin's birth. McClatchy Newspapers. http://www.mcclatchydc. com/244/story/60746.html

Boyd, G. (2009, April 8). Don't Weep For the Demise of American Christianity. http://www.gregboyd.org/blog/dont-weep-for-the-demise-of-american-christianity/

Braml, J. (2004). The religious right in the United States: The base of the Bush administration. Stiftung Wisenschaft und Politik [German Institute for International and Security Affairs]. Nr. S 35. Berlin.

Braml, J. (2005). *Amerkias Gott und die Welt. George Bushs Außenpolitik auf Christlich-rechter Basis.* [America's God and the World: George Bush's Foreign Policy and its Christian-right basis]. Berlin: Matthes & Seitz.

Brekus, C. (1998). *Strangers and Pilgrims, 1740-1845: Female preaching in America.* Chapel Hill: University of North Carolina Press.

Boles, J. (1996). *The great revival: Beginnings of the Bible belt.* Lexington, KY: University of Kentucky Press.

Brocker, M. (2005). *God Bless America: Politik und Religion in den USA.* Darmstadt, Germany: Primus Verlag.

Burgess, S. & Van der Maas, E. (2002). (Eds.) *The new international dictionary of Pentecostal and charismatic movements.* Rev. ed. Grand Rapids, MI: Zondervan.

Butz, H. (1896, March). Conditions of authentic Biblical criticism. New York: *Methodist Review*.

Campolo, T. (1993). *20 hot potatoes Christians are afraid to touch*. Nashville, TN: Thomas Nelson publishing.

Campolo, T. (2005). *Speaking my mind: The radical evangelical prophet tackles the tough issues Christians are afraid to face*. Nashville, TN: Thomas Nelson.

Campolo. T. (2008). *Letters to a young evangelical*. New York: Basic Books.

Campolo, T. (2008). *Red letter Christians: A citizen's guide to faith and politics*. Ventura, CA: Regal books.

Campolo, T., & Aeschliman, G. (2006). *Everybody wants to change the world: Practical ideas for social justice*. Ventura, CA: Regal.

Capitol Square Review Board v. Pinette. (1995). http://www.oyez.org/cases/ 1990-1999/1994/1994_94_780/

Carney, J. (2006, July 23). The rise and fall of Ralph Reed. *Time* magazine. http://www.time.com/time/magazine/article/0,9171,1218060,00. html

Caron, C. (2007, Aug. 23). Evangelicals Go Green – Will Conservative Candidates Follow Suit?: Some Christians lead the charge in enivoronmenal policy. *ABC News*. http://abcnews.go.com/Technology/ GlobalWarming/story?id=3511781&page=1

Carpenter, J. (1984). From fundamentalism to the new evangelical coalition. In G. Marsden, (Ed.), *Evangelicalism in Modern America*. Grand Rapids, MI: Erdmans publishing.

Carpenter, J. (1997). *Revive us again: The reawakening of American fundamentalism*. New York: Oxford University Press.

Carwardine, R. (1985). Methodist ministers and the second party system. In R. Richey & K. Rowe (Eds.), *Rethinking Methodist history: A bicentennial historical consultation*. Nashville, TN: Kingswood Books, the United Methodist Publishing House.

Casanova, J. (1994). *Public religions in the modern world*. Chicago, Ill: University of Chicago Press.

Casanova, J. (2007, Sept. 1–3). The problem of religion and the anxieties of European secular democracy. Paper presented at the 25th Jubilee Conference on »Religion and European Democracy,« Jerusalem: Van Leer Institute.

Casanova, J. (2009). *Europas Angst vor der Religion*. Berlin/Cologne: Berlin University Press.

Castellio, S. (1554/1965). *Concerning Heretics and Whether They Should Be Persecuted, and How They Should be Treated*. R. Bainton (Ed. & Trans.) New York: Octagon Books.

Center for Religion, Ethics, and Social Policy. The rise of the religious right in the Republican party. (2005, Feb.) Ithaca, NY: Cornell University. http://www.theocracywatch.org/taking_over.htm.

Church, F. (Ed.) (2004). *The separation of church and state: Writings on a fundamental freedom by America's founders.* Boston: Beacon Press.

Claiborne, S. (2006). *Irresistible revolution: Living as an ordinary radical.* Grand Rapids, MI: Zondervan Press.

Clinton, H. (2005, January 19). Remarks by Senator Hillary Rodham Clinton to the Ten Point National Leadership Foundation, http:// clinton.senate.gov/speeches/2005125C01.html

Cnaan, R., Boddie, S. McGrew C., & Kang. J. (2006). *The other Philadelphia story: How local congregations support quality of life in urban America.* Philadelphia, PA: University of Pennsylvania Press.

County of Allegheny v. ACLU, (1989). http://www.oyez.org/cases/1980-1989/1988/1988_87_2050/

Cox. D. (2007, Sept. 28). Young White Evangelicals: Less Republican, Still Conservative. Pew Forum on Religion and Public Life. http:// pewforum.org/docs/?DocID=250

Crevecoeur, J. Hector St. John de. (1782/1981). *Letters of an American Farmer.* New York

Croft v Perry. (2008). http://www.nsba.org/cosa2/clips/docs/croft_v_ perry.pdf

Cutler, W., & Cutler, J. (1888). *Life, journals and correspondence of Rev. Manasseh Cutler,* 2 vols. Cincinnati: Ohio University Press.

Cunningham, S. (2006). *Dear Church: Letters from a Disillusioned Generation.* Grand Rapids, MI: Zondervan Press.

Dayton, D. (1987). *The theological roots of Pentecostalism.* Metuchen, NJ: Scarecrow press.

Dayton, D., & Johnston, R. (2001). *The variety of American evangelicalism.* Knoxville, TN: University of Tennessee Press.

Davie, G. (1999). Europe – the exception that proves the rule. In P. Berger (Ed.). *The desecularization of the world: Resurgent religion and world politics.* Grand Rapids, MI: Ethics and Public Policy Center, pp. 65–84.

De Young, C. P., Emerson, M. Yancey, G., Kim, K.C. (2004). *United by Faith: The Multiracial Congregation As an Answer to the Problem of Race.* New York: Oxford University Press.

DiIulio, J. (2007). *Godly republic: A centrist blueprint for America's faith-based future.* Berkeley and Los Angeles, CA: University of California Press.

Dionne, E.J. & Chen, M. H. (2001). (Eds.). *Sacred places: Civic purposes: Should government help faith-based charity?* Washington, DC: Brooking Institution Press.

Dreweke, J., & Wind, R. (2006, Aug. 16). Expanding access to contraception through Medicaid could prevent nearly 500,000 unwanted pregnancies, save $1.5 billion. Guttmacher Institute. http://guttmacher.org/media/nr/2006/08/16/index.html

Early, J. (2008). Readings in Baptist history: Four centuries of selected documents. Nashville, TN: B&H Publishing.

Economist, The. (2005, June 23). America's religious right. You ain't seen nothing yet. http://www.economist.com/displayStory.cfm?Story_ID=E1_QTDNNTN

Economist, The. (2009, July 16). Separated brothers: Latinos are changing the nature of American religion. http://www.economist.com/world/unitedstates/PrinterFriendly.cfm?story_id=14034841

Edgar, B. (2007). Middle Church: Reclaiming the Moral Values of the Faithful Majority from the Religious Right. New York: Simon & Schuster.

Edgell, P., Joseph G., and Douglas, H. (2006). Atheists as »Other«: Moral Boundaries and Cultural Membership in American Society. American Sociological Review 71 (2): 211-234,, http://www.soc.umn.edu/pdf/atheistAsOther.pdf

El-Faizy, M. (2006). God and country: How evangelicals become America's mainstream. New York: Bloomsbury.

Ellingsen, M. (2007). When did Jesus become Republican? Rescuing Christianity from the Right. Lanham, MD: Rowman & Littlefield.

Emerson, M., & Smith, C. (2000). Divided by race: Evangelical religion and the problem of race in America. New York: Oxford University Press.

Environmental Climate Initiative/Evangelical Call to Action on Climate Change. (2006). http://www.npr.org/documents/2006/feb/evangelical/calltoaction.pdf

Epperson v. Arkansas (1968). http://www.oyez.org/cases/1960-1969/1968/1968_7/

Erdman, C. (1917). The church and socialism. The Fundamentals, vol. 4.

Evangelical Environmental Network & Creation Care Magazin. (2004). What would Jesus Drive? http://www.whatwouldjesusdrive.org/

Evangelical Manifesto: A Declaration of Evangelical Identity and Public Commitment. (2008, May 7). Washington, D.C.: Evangelical Manifesto Steering Committee. http://www.anevangelicalmanifesto.com/docs/Evangelical_Manifesto.pdf

Evangelische Kirche in Deutschland, Christians in Germany 2006. http://www.ekd.de/english/4329-christians_in_germany.html

Evangelische Kirche in Deutschland, Congregational Life and Activities 2006. http://www.ekd.de/english/4329-congregational_life_and_activities.html

Evans, T. (1997). *What a way to live!* Nashville, TN: Nelsonword publishing.

Everson v. Board of Education. (1947). http://www.oyez.org/cases/1940-1949/1946/1946_52/

Falwell, J. (1980). *Listen, America!* New York: Bantam Books.

Farkas, S., Johnson J., & Foleno, T. (2001). *For goodness Sake: Why so many Americans want religion to play a greater role in American life.* New York: Public Agenda Foundation.

Feldman, G. (Ed.). (2005). *Politics and religion in the white South.* Lexington, KY: University Press of Kentucky.

Feldman, M. (2005). *Divided by God: America's Church-state problem – and what we should do about it.* New York: Farrar, Straus and Giroux.

Finke, R., & Stark, R. (1989, March). How the upstart sects won America: 1776–1850. *Journal for the scientific study of religion.*

Finney, C. (1851). *Lectures on systematic theology.* G. Redford (Ed.). London: William Tegg & Co.

Flast v. Cohen. (1968). http://www.oyez.org/cases/1960-1969/1967/1967_416/

Ford, N. (2008). We the Purple: Faith, Politics and the Independent Voter. Carol Stream, IL: Tyndale House Publisher.

Frost, J., & Sonfield, A., & Gold. R. (2006). Estimating the impact of expanding Medicaid eligibility for Family Planning Services. Occasional Report of the Guttmacher Institute, No. 28,

Gardiner, F. (1872, April). Darwinism. *Bibliotheca Sacra.*

Gardiner, F. (1878). The bearing of recent scientific thought upon theology. *Bibliotheca Sacra*

Gaustad, E. (1962). *Historical atlas of religion in America.* New York: Harper & Row.

Gaustad, E., & Barlow, P. (2001). *New historical atlas of religion in America.* New York: Oxford University Press.

Gehrke-White, D., Sampson, H., & Veciana-Suarez, A. (2007, Aug. 828). Coral Ridge Presbyterian puts politics aside for now. *Miami Herald* http://www.nacdweb.org/files/2007/Coral%20Ridge%20Presbyterian%20puts%20politics%20aside%20for%20now%20-%2008.pdf

Gerson, (2007). *Heroic Conservatism: Why Republicans Need to Embrace America's Ideals (And Why They Deserve to Fail If They Don't),* New York: HarperOne.

Gilgoff, D. (2009, June 23). Ralph Reed launches new values group: »Not Your Daddy's Christian Coalition.« *U.S. News & World Report,* http://www.usnews.com/blogs/god-and-country/2009/06/23/exclusive-ralph-reed-launches-new-values-group-not-your-daddys-christian-coalition.html

Glaser, J. (1996). *Race, campaign politics, and the re-alignment of the South.* New Haven, CT: Yale University Press.

Glaser, J. (2005). *The hand of the past in contemporary Southern politics.* New Haven, CT: Yale University Press .

Goldberg, M. (2006). *Kingdom coming: The rise of Christian nationalism.* New York: Norton.

Gomes, P. (1998). *The Good Book: Reading the Bible with mind and heart.* New York: Harper Perennial.

Gomes, P. (2008) *The Scandalous Gospel of Jesus: What's So Good About the Good News?* New York: HarperOne.

Goodstein, L. (2005, March 10). Evangelical Leaders Swing Influence Behind Effort to Combat Global Warming. *The New York Times.* http://www.nytimes.com/2005/03/10/national/10evangelical.html?_r=1&oref=slogin

Goodstein, L. (2009, March 15). Without a Pastor of His Own, Obama Turns to Five. *The New York Times,* http://www.nytimes.com/2009/03/15/us/politics/15pastor.html?scp=2&sq=obama%20wright&st=cse

Goodstein, L., & Kirkpatrick. D. (2005, May 22). On a Christian Mission to the Top. *The New York Times.*
http://www.nytimes.com/learning/teachers/featured_articles/20050523monday.html

Goss, C. (1866). *Statistical history of the first century of American Methodism.* New York: Carlton & Porter.

Graf, F.W. (2004). *Die widerkehr der Goetter: Religionen in der modernen Kultur.* Munich, Germany: Beck Verlag.

Grant, G. (1987) *The Changing of the Guard, Biblical Principles for Political Action.* Fort Worth, TX: Dominion Press.

Graves, R. (2005, May 20). A passion for mixing religion and politics. *The Houston Chronicle,* http://www.chron.com/

Green, J. (2004, Sept.). The American religious landscape and political attitudes: A baseline for 2004. Washington, D.C. Pew Forum on Religion and Public Life. http://pewforum.org/publications/surveys/green-full.pdf

Griffen, D. et al. (2006). *American empire and the commonwealth of God: A political, economic, and religious statement.* Louisville, KY: Westminster John Knox.

Grimm, D. (2009). Conflicts between general laws and religious norms. *Cardozo law review, 30,6.*

Griswold v. Connecticut. (1965). http://www.oyez.org/cases/1960-1969/1964/1964_496/

Gushee, D. (1999). *Toward a just and caring society: Christian responses to poverty in America.* Grand Rapids, MI: Baker Books.

Gushee, D. (2000). *Christians and politics beyond the culture wars: An agenda for engagement.* Grand Rapids, MI: Baker Books.

Gushee, D. (2003). *Righteous gentiles of the holocaust: Genocide and moral obligation.* St. Paul., MI: Paragon House.

Gushee, D. (2008). *The future of faith in American politics: The public witness of the evangelical center.* Waco, Texas: Baylor University Press.

Hammond, S., Hardwick, K., & Lubert, H. (2007). *Classics of American political and Constitutional thought: Origins through the civil war.* Indianapolis, IN: Hackett Publishing.

Harris, S. (2006). *Letter to a Christian nation.* New York: Knopf.

Hatch, N. (1989). *The democratization of American Christianity.* New Haven: Yale University Press.

Hein v. Freedom From Religion Foundation. (2007). http://www.oyez.org/cases/2000-2009/2006/2006_06_157/

Heineck, G. (2001, Oct.). The determinants of church attendance and religious human capital in Germany. Discussion paper no. 263. Berlin: Deutsches Institut fuer Wirtschaftsforschung.

Hertzke, A. (2004). *Freeing God's Children: The unlikely alliance for global human rights.* United Kingdom: Rowman & Littlefield.

Holmes, D. (2006). *The faiths of the founding fathers.* New York: Oxford University Press.

Hoskyns, E., & Davey, N. (1947/1957). *The riddle of the New Testament.* London: Faber & Faber.

Hout, M., & Greeley, A. (2004, Sept. 4). A hidden swing vote: Evangelicals. *The New York Times,* p. A 17.

Hunter, A. (1987). *Evangelicalism: The coming generation.* Chicago, Ill: University of Chicago Press.

Hunter, G. III. (2006). *Christian, evangelical, and ... Democrat?* Nashville, TN: Abington,

Hunter, J. (1988). *Prayer, politics & power: What really happens when religion and politics mix.* Carol Stream, IL: Tyndale House.

Hunter, J. (2006). *Right wing, wrong bird: Why the tactics of the religious right won't fly with most conservative Christians.* Longwood, FL: Distributed Church Press.

Hunter, J. (2008). *A new kind of conservative.* Ventura, CA: Gospel Light Publishing.

Israel, J. (2002). *Radical enlightenment: Philosophy and the making of modernity 1650–1750.* New York: Oxford University Press.

Jefferson, T. (1984). *Writings.* The library of America. New York: Literary Classics of the United States.

Jefferson, T. (1993). *The political writings of Thomas Jefferson.* M. Peterson (Ed.) Chapel Hill, NC: University of North Carolina Press.

Jensen (1997). (Ed.) *The documentary history of the ratification of the Constitution.* Vol. 18, J. Kaminski & G. Saladino, (Eds.). Commentaries on the Constitution, public and private: 10 May to 13 September 1788. Madison, WI: Madison State Historical Society of Wisconsin, vol. 18.

Jewett, R., & Lawrence, J. (2004). *Captain America and the crusade against evil: The dilemma of zealous nationalism.*
Grand Rapids, MI: Eerdmans publishing.

Johnson, B. (2001). *Objective hope: assessing the effectiveness of faith-based organizations: A review of the literature.* Center for Research on Religion and Urban Civil Society, Manhattan Institute and University of Pennsylvania.

Kennedy, J. (2008, Oct. 6). Preach and reach: Despite his liberal record, Obama is making a lot of evangelicals think twice. *Christianity Today,* http://www.christianitytoday.com/ct/2008/october/18.26.html

Kirkpatrick, D. (2007, October 28). The Evangelical Crackup. *The New York Times magazine.* http://www.nytimes.com/2007/10/28/magazine/28Evangelicals-t.html?th=&emc=th&pagewanted=print

Kindy, K. (2008, May 29). In Rebuking Minister, McCain May Have Alienated Evangelicals. *The Washington Post,* p. A 08, http://www.washingtonpost.com/wp-dyn/content/article/2008/05/28/AR2008052803037.html

King, M. L. Jr. (1968). Remaining awake through a great revolution. Washington National Cathedral Archives.

Kinnaman, D., & Lyons, G. (2007). *Unchristian: What a new generation really thinks about Christianity and why it matters.* Grand Rapids, MI: Baker Books.

Kirkpatrick, D. (2007, October 28). The Evangelical Crackup. *The New York Times magazine.* http://www.nytimes.com/2007/10/28/magazine/28Evangelicals-t.html?th=&emc=th&pagewanted=print

Kitzmiller v. Dover Area School District (2005). http://fl1.findlaw.com/news.findlaw.com/cnn/docs/religion/selmancobb11305ord.pdf

Kohut, A. et al. (2000). *The diminishing divide: Religion's changing role in American politics.* Washington, D.C., Brooking Institution Press.

Kosmin, B., & Keysar, A. (2009). *American Religious Identification Survey.* Hartford, CT: Trinity College. http://livinginliminality.files.wordpress.com/2009/03/aris_report_2008.pdf

Kramnick, I., & Moore, R.L. (2005). *The godless constitution: A moral defense of the secular state.* 2nd edition. New York: Norton.

Kuo, D. (2006). *Tempting faith: An inside story of political seduction.* New York: The Free Press.

Kyle, R. (2006). *Evangelicalism: An Americanized Christianity*. New Brunswick, NJ: Transaction Books.

Lambsdorff , O. (2005, June 22). Three corners of the world try to find their bearings. Religion and global politics International Herald Tribune. http://www.iht.com/articles/2005/06/21/opinion/edlambs.php

Lampman, J. (2008, March 26). Obama weighs patient rights vs. doctor's conscience. *Christian Science Monitor*. http://www.csmonitor.com/2009/0326/p01s03-ussc.html

Larson, E. (1998). *Summer for the Gods: The Scopes Trial and America's continuing debate over science and religion*. Cambridge, MA: Harvard University Press.

Lecler, J. (1960). *Toleration and the Reformation*. London: Longmans, Green & Co., *Chronica and Paradoxa ducenta octoginta* (1534).

Lemon v. Kurtzman. (1971). http://www.oyez.org/cases/1970-1979/1970/1970_89/

Lerner, M. (2007). *The Left Hand of God: Taking Back Our Country from the Religious Right*. New York: HarperOne .

Levin, J., & Koenig, H. (Eds.) (2005). *Faith, medicine and science: A Festschrift in honor of Dr. David B Larson*. Binghamton, NY: Haworth Pastoral Press.

Lindsay, D. M. (2007) *Faith in the Halls of Power: How Evangelicals Joined the American Elite*. New York: Oxford University Press.

Linn, J. (2006). *Big Christianity: What's right with the religious left*. Louisville, KY: Westminster John Knox.

Lippy, C., & Krapohl, R. (1999). *The evangelicals: A historical, thematic, and biographical guide*. Westport. CT: Greenwood press.

Locke, J. (1993). *The political writings of John Locke*. D. Wootton (Ed.). New York: Mentor.

Loveland, A. (1996). *American Evangelicals and the US Military 1942-1993*. Baton Rouge, LA: Louisiana State University Press.

Luckmann, T. (1967). *The invisible religion* New York: Macmillan.

Luhmann, N. (1987). *Soziale Systeme: Grundriss einer allgemienen Theorie*. Frankfurt, Germany: Suhrkamp Verlag

Madison, J. (1785). Memorial and remonstrance against religious assessments. http://religiousfreedom.lib.virginia.edu/sacred/madison_m&r_1785.html

Marin, A. (2009). *Love is an orientation*. Downers Grove, IL: Inter-Varsity Press.

Marsden, G. (1980). *Fundamentalism and American culture: The shaping of twentieth-century evangelicalism, 1870-1925*. New York: Oxford University Press.

Marsden, G. (1991). *Understanding fundamentalism and evangelicalism*. Grand Rapids, MI: Erdmans publishing.

Marsh, C. (2007). *Wayward Christian soldiers: Against the political captivity of the Gospel.* New York: Oxford University Press.

Marshall, C. (2002). *Crowned with glory and honor: Human rights in the Biblical tradition. Studies in peace and Scripture, v. 6.* Telford, PA: Cascadia Publishing House.

Martin, D. (1976). *A general theory of secularization.* Oxford: Blackwell.

Martin, W. (1996). *With God on our side: The rise of the religious right in America.* New York: Broadway Books.

Marty, M. (1970/1977). *Righteous empire: The Protestant experience in America.* New York: Harper Torchbooks.

Marty, M., & Appleby, R. S. (1994). *Fundamentalisms observed.* Chicago, IL: University of Chicago Press.

McCreary County v. ACLU. (2005). http://www.oyez.org/cases/2000-2009/2004/2004_03_1693/

McGraw, B. & Formicola, J. (Eds.) (2005). *Taking religious pluralism seriously: Spiritual politics on America's sacred ground.* Waco, Texas: Baylor University Press.

McKibben, B. (2008, Jan. 17). Taking the gospels seriously. *The New York Review of Books,* vol. 55, no. 1. http://www.nybooks.com/articles/20943

McKinley, Jr. J. (2009, Jan. 22). In Texas, a Line in the Curriculum Revives Evolution Debate. *The New York Times.* http://www.nytimes.com/2009/01/22/education/22texas.html?th&emc=th

McLaren, B. (2004). *A generous orthodoxy.* Grand Rapids, MI: Zondervan Press.

McLaren, B. (2007). *Everything must change.* Nashville, TN: Thomas Nelson publishing.

McLaren, B., & Campolo, T. (2006). *Adventures in missing the point: How the culture-controlled church neutered the gospel.* Grand Rapids, MI: Zondervan/Youth Specialities.

Meacham, J. (2006) *American Gospel: God, the Founding Fathers and the making of a nation.* New York: Random House.

Mead, W. (2006, Sept./Oct.). God's country? *Foreign affairs.* www.foreignaffairs.org/mead_reading.

Meckler, L. (2009, March 24). Obama Walks Religious Tightrope Spanning Faithful, Nonbelievers. *The Wall Steet Journal.* http://online.wsj.com/article/SB123785559998620329.html?mod=googlenews_wsj

Moore, D. (2005, Aug. 26). Public Favors Voluntary Prayer for Public Schools. But strongly supports moment of silence rather than spoken prayer. Princeton, NJ: Gallop. http://www.gallup.com/poll/18136/Public-Favors-Voluntary-Prayer-Public-Schools.aspx

Moorhead, J. (1991). Prophecy, millennialism, and Biblical interpretation in nineteenth-century America. In *Biblical Hermeneutics in Historical Perspective*. M. Burrows & P. Rorem (Eds.). Grand Rapids, MI: Eerdmans publishing.

Murphy, T. (2008, Aug. 13). *Evangelicals, Catholics applaud DNC's abortion language change*. Religion New Service. http://pewforum.org/news/display.php?NewsID=16249

New York Times Editorial (2008, May 24). Sen. McCain's Agents of Intolerance. http://www.nytimes.com/2008/05/24/opinion/24sat2.html?_r=1&th&emc=th&oref=slogin

National Association of Evangelicals (2004). *For the Health of the Nation: An evangelical call to civic responsibility*. Washington, D.C. http://www.nae.net/images/civic_responsibility2.pdf

Nelson A. Rockefeller Institute of Government, The. (2009, June 11). Taking Stock: The Bush Faith-Based Initiative and What Lies Ahead, the final report by the Roundtable on Religion and Social Welfare Policy. http://religionandsocialpolicy.org/final_report/exec_sum_060809.pdf

Niebuhr, R. (1932/1960). *Moral man & immoral society*. New York: Scribner's Sons/ Louisville, KY: Westminster John Knox Press.

Noll, M. (2002) *America's God: From Jonathan Edwards to Abraham Lincoln*. New York, Oxford University Press.

Noll, M. (2003). *The rise of evangelicalism:The age of Edwards,Whitefield and theWesleys*. Downers Grove, IL: InterVarsity Press.

Noll, M. (2008). *God and race in American politics*. Princeton, NJ: Princeton University Press.

Novack, M., & Novack, J. (2006). *Washington's God*. New York: Basic Books.

Ott, B. (2006, Aug. 25). School Prayer: Teen Support Hinges on Type: Least likely to support spoken prayer that mentions Jesus Christ. Princeton, NJ: Gallop.
http://www.gallup.com/poll/17494/School-Prayer-Teen-Support-Hinges-Type.aspx

Paley, W. (1794). *Evidences of Christianity*. http://www.gutenberg.org/etext/14780

Pavlischek, K. (2001, Nov. 21). Just war theory and terrorism: Applying the ancient doctrine to the current conundrum. *Family Research Council, Witherspoon Lectures*. www.frc.org/get.cfm?i=WT01K2

Pedreira v. Kentucky Baptist Homes for Children. (2008). http://www.aclu.org/pdfs/lgbt/pedreira_finalsignedappealbrief_7_17_08(2).pdf

Perry, D. (1998). *Breaking down barriers: A black evangelical explains the black church*. Grand Rapids, MI: Baker Publishing Group.

Pew Forum on Religion and Public Life. (2001, April 10). Faith-based Funding Backed, but Church-State Doubts Abound. http://pewforum.org/events/0410/report/execsum.php

Pew Forum on Religion and Public Life. (2002). Americans Struggle with Religion's Role at Home and Abroad. http://people-press.org/report/150/americans-struggle-with-religions-role-at-home-and-abroad

Pew Forum on Religion and Public Life. (2002). Lift Every Voice: A Report on Religion in American Public Life. http://pewforum.org/publications/reports/lifteveryvoice.pdf

Pew Forum on Religion and Public Life. (2006, August 24). Many Americans Uneasy with Mix of Religion and Politics. http://pewforum.org/docs/?DocID=153

Pew Forum on Religion and Public Life and the Pew Hispanic Center. (2007). Changing Faiths: Latinos and the transformation of American religion. http://pewforum.org/surveys/hispanic/

Pew Forum on Religion and Public Life. (2007, June). Religions Displays and the Courts. http://pewforum.org/assets/files/religious-displays.pdf

Pew Forum on Religion & Public Life. (2008, April, 19). U.S. Religious Landscape Survey. http://religions.pewforum.org/reports

Pew Forum on Religion and Public Life. (2008, April 24). Courts not silent on moments of silence. http://pewforum.org/docs/?DocID=300

Pew Forum on Religion and Public Life. (2008, May 6). American Evangelicalism: New Leaders, New Faces, New Issues. Key West, Florida. http://pewforum.org/events/?EventID=186

Pew Forum on Religion and Public Life. (2008, June 5). Assessing a More Prominent »Religious Left«. http://pewforum.org/events/?EventID=187

Pew Forum on Religion and Public Life (2008, Aug. 21). More Americans Question Religion's Role in Politics. http://pewforum.org/docs/?DocID=334

Pew Forum on Religions and Public Life. (2008, Sept. 9). Analyzing the Fall Campaign: Religion and the Presidential Election. Washington, D.C. http://pewforum.org/events/?EventID=197

Pew Forum on Religion and Public Life (2008, Sept. 23). John DiIulio Previews How Faith-Based Initiatives Would Change if Barack Obama Is Elected President, http://pewforum.org/events/?EventID=202

Pew Forum on Religion and Public Life. (2008, Oct. 1). Americans Wary of Church Involvement in Partisan Politics. http://pewforum.org/docs/?DocID=358

Pew Forum on Religion and Public Life. (2008, Dec. 8). A Post-Election Look at Religious Voters in the 2008 Election. http://pewforum. org/events/?EventID=209

Pew Forum on Religion and Public Life. (2009, Jan. 30). Faith-based aid favored – with reservations. pewforum.org/docs/?DocID=340 - 33k

Pew Forum on Religion and Public Life. (2009, Feb. 4). Overview: The Conflict Between Religion and Evolution. http://pewforum.org/docs/?DocID=395

Pew Forum on Religion and Public Life. (2009, Nov. 5). An Overview of Religion and Science in the United States. http://www.pewforum. org/docs/?DocID=471

Pew Forum on Religion and Public Life. (2009, Nov. 5). Public Opinion on Religion and Science in the United States: Views on Science and Scientists. http://www.pewforum.org/docs/?DocID=472

The Pew Forum on Religion and Public Life. (2009, Nov. 13). The future of evangelicals: A conversation with Pastor Rick Warren. http://pewforum.org/events/?EventID=221

The Pew Forum on Religion and Public Life. (2009, Nov. 16). Faith-based programs still popular, less visible. http://www.pewforum. org/docs/?DocID=483

Phillips, K. (2006). *America theocracy: The peril and politics of radical religion, oil, and borrowed money in the 21st century*. New York: Viking.

Quebedeaux, R. (1983). *The new charismatics, II*. San Francisco: Harper & Row.

Rich, F. (2008, May 4). The All-white elephant in the room. *The New York Times*. http://www.nytimes.com/2008/05/04/opinion/04rich. html?th&emc=th

Rauschenbusch, W. (1907/1992). *Christianity and the Social Crisis*, (1992). Ottati, D. (Ed.). Louisville, KY: Westminster John Knox Press.

Rauschenbusch, W. (1907/2007). *Christianity and the Social Crisis in the 21st Century: The Classic That Woke Up the Church*. New York: HarperOne.

Reed, R. (1996). *Active faith: How Christians are changing the soul of American politics*. New York: Free Press.

Report of the National Study Conference on the Church and Economic Life. (1947, Feb. 21). New York: Religious Publicity Service of the Federal Council of the Churches of Christ in America

Robinson, M. (2009, Jan 22). Illinois moment of silence ruled unconstitutional. The Associated Press. http://www.msnbc.msn.com/id/28788715/

Rush, B. (1791, Nov. 12). *Letters of Benjamin Rush 2 Vols*, (1951). L H. Butterfiled (Ed.). Princeton, NJ: Princeton University Press.

Rushdoony, R.J. (1973). *The institutes of Biblical law*. Phillipsburg, NJ: P&R Publishing.

Rushdoony, R.J. (1978). *Thy kingdom come: Studies in Daniel and Revelation*. Fairfax, VA: Thoburn Press.

Sandler, L. (2006). *Righteous dispatches from the evangelical youth movement*. New York: Viking.

Scarborough, R. (1999). *In Defense of Mixing Church and State*. Lufkin, Texas: Vision America.

Schieder, R. (2008). *Sind Religionen gefährlich*. Köln/Berlin: Berlin University Press

Schweiger B., & Mathews, D. (Eds.). (2004). *Religion in the American South: Protestants and others in history and culture*. Chapel Hill, N.C.: University of North Carolina Press.

Selman v. Cobb County School District (2005). http://fl1.findlaw.com/news.findlaw.com/cnn/docs/religion/selmancobb113050rd.pdf

Serjeant, J. (2007, Nov. 28). US evangelicals strive to change attitudes on AIDS. http://www.reuters.com/article/latestCrisis/idUSN27516593

Sheinin, A. (2009, July 12). Reed to refashion coalition. The Atlanta Journal-Constitution. http://www.ajc.com/metro/content/printedition/2009/07/12/reed0712.html?cxntlid=inform_sr

Sheldon, C. (1896/2004). *In his steps: What would Jesus do?* Ada, MI: Revell/Baker publishing

Sider, R. (1977/2005). *Rich Christians in an age of hunger: Moving from affluence to generosity*. Nashville, TN: Thomas Nelson.

Sider, R. (1999/2007). *Just generosity*. Grand Rapids, MI: Baker Books.

Sider, R. (2008) *The scandal of evangelical politics: Why are Christians missing the chance to really change the world?* Grand Rapids, MI: Baker Books.

Sider, R., & Knippers, D. (2005). *Toward an evangelical public policy*. Grand Rapids, MI: Baker Books

Sider, R., Olson, P., Unruh, H. (2002). *Churches that make a difference; Reaching your community with good news and good works*. Grand Rapids, MI: Baker Books.

Skillen, J. (1994). *Recharging the American experiment*. Grand Rapids: Center for Public Justice.

Skillen, J., & Pavlischek, K. (2001). Political responsibility and the use of force. *Philosophia Christi*, 3, no.2.

Smith, G. S. (2006). *Faith and the presidency: From George Washington to George W. Bush*. New York: Oxford University Press.

Smith, T. (1957). *Revivalism and social reform: American Protestantism on the eve of the Civil War*. New York: Abingdon Press.

Stassen, G. (1992). *Just peacemaking: Transforming initiatives for justice and peace.* Louisville, KY: Westminster/John Knox.

Stassen, H. & Gushee, D. (2003). *Kingdom ethics: Following Jesus in contemporary context.* Downers Grove, IL: InterVarsity Press.

State Historical Society of Wisconsin. (1920). *Collections of the State Historical Society of Wisconsin,* Vol VI. Madison: WI.

Stern. M. (2008, June 17) Will gay rights trample religious freedom? http://www.latimes.com/news/opinion/commentary/la-oe-stern17-2008jun17,0,3683979.story

Stockman, F. (2004, Oct. 14). Christian lobbying finds successes. Evangelicals help to steer Bush efforts. *Boston Globe.* http://www.boston.com/news/nation/articles/2004/10/14/christian_lobbying_finds_success/?page=2

Stone, D. (2009, Apirl 7). One nation under God? *Newsweek.* http://www.newsweek.com/id/192915

Stone v. Graham. (1980). http://www.oyez.org/cases/1980-1989/1980/1980_80_321/

Stutz, T. (2009, March 27). *Texas rejects effort to require teaching of evolution »weaknesses.«* Dallas: The Dallas Morning News. http://www.dallasnews.com/sharedcontent/dws/news/texassouthwest/stories/DN-evolution_27tex.ARTo.State.Edition1.4a7acaf.html

Surdin, A. (2008, June 19). Calif. Court Considers Medical Rights: Justices Weigh Whether Doctors, Citing Religion, Can Refuse to Treat Some Patients. *Washington Post.* http://www.washingtonpost.com/wp-dyn/content/article/2008/06/18/AR2008061802913_pf.html

Sweeney, D. (2005). *The American evangelical story.* Grand Rapids, MI: Baker Academic.

Tomma, S. (2007, Sept. 30). Influence of Christian right in the GOP wanes. McClatchy Washington Bureau. http://www.sacbee.com/111/v-print/story/406777.html

Toulouse, M. (2007). *God in politics: Four ways American Christianity and politics relate.* Louisville, KY: Westminster John Knox.

Troeltsch, E. (1912/1992) *The Social Teaching of the Christian Churches.* Louisville, KY: Westminster John Knox Press.

Tuveson, E. (1968). *Redeemer Nation.* Chicago: University of Chicago Press.

Van Orden v. Perry. (2005). http://www.oyez.org/cases/2000-2009/2004/2004_03_1500/

Vu, M. (2009, April 1). Evangelicals Make Case for Welcoming Immigrants. *Christian Post Reporter.*

Wacker, G. (2000). The Christian right. The twentieth century: Religion and the national culture. Durham, NC: Duke University Divinity

School.National Humanities Center.http://nationalhumanitiescenter. org/tserve/twenty/tkeyinfo/chr_rght.htm.

Wacker, G. (2001). *Heaven below: Early Pentecostals and American culture.* Cambridge, MA: Harvard University Press .

Wallace v. Jaffree (1985). http://www.oyez.org/cases/1980-1989/1984/ 1984_83_812/

Wallis, J. (1995). *The soul of politics: Beyond »Religious Right« and »Secular Left.«* Eugene, OR: Harvest Books.

Wallis, J. (2005/2006). *God's Politics: Why the Right Gets It Wrong and the Left Doesn't Get It.* San Francisco: HarperOne.

Wallis, J. (2008). *The great awakening: Reviving faith and politics in a post-Religious Right America.* New York: HarperOne.

Wallis, J. (2008, Oct. 16) *A New Conversation on Abortion.* http://blog.sojo. net/2008/10/16/a-new-conversation-on-abortion/

Wallis, J. & Moyers, B. (2005). *Faith works: How to live your beliefs and ignite positive social change.* New York: Random House.

Wallis, J., & Schlabach, G. (2007). *Just Policing, Not War: An Alternative Response to World Violence.* Collegeville, MN: Liturgical Press.

Whitcomb, J., Morris, H. (1961). *The Genesis Flood.* Phillipsburg, NJ: Presbyterian and Reformed Publishing.

Will, G. (2005, July 4). A Debate That Does Not End. *Newsweek.* http:// www.newsweek.com/id/50448

Williams, R. (1644/1963). *The bloudy tenent of persecution for cause of conscience* in The complete writings of Roger Williams. New York: Russell & Russell,

Williams, R. (2001). *The bloudy tenent of persecution for cause of conscience.* R. Groves, Ed. Macon, GA: Mercer University Press.

Wills, G. (1997). *Democratic religion: Freedom, authority, and church discipline in the Baptist South, 1785-1900.* New York: Oxford University Press.

Wills, G. (2007). *Head and heart: American Christianities.* New York: Penguin.

Wilson J., & Drakeman, D. (Eds.). (2003). *Church and state in American history: Key documents, decisions and commentary from the past three centuries,* 3rd edition. Bolder, CO: Westview Press.

Women Donors Network and Communication Consortium Media Center. (2008). Moving forward: On reproductive health and a broader agenda. http://www.importantlifedecisions.org/decisions/ overview.pdf

Wood, G. (2006, June 8). American religion: The great retreat. *New York Review of Books,* Volume 53, Number 10.

Wuthnow, R. (1988). *The restructuring of American religion: Society and faith since World War II.* Princeton, NJ: Princeton University Press.

Yoder, J. (1972/1994), *The politics of Jesus*. Grand Rapids Michigan/ Cambridge, UK: Eerdmans Publishing.

Zelman v. Simmons-Harris. (2002).   http://www.oyez.org/cases/2000-2009/2001/2001_00_1751

Anmerkungen

Teil I:
Ein Blick auf die Religion im liberalen, demokratischen Staat

I-1. Einleitung

1 *Evangelical Manifesto: A Declaration of Evangelical Identity and Public Commitment* (7. Mai 2008).
2 Dies ist ein Begriff mit einer langen Reihe von Definitionen. Hier verwende ich ihn im Sinne einer Regierung, in der das Handeln der gewählten Vertreter verfassungsrechtlich bestimmt ist und beschränkt wird durch: gegenseitige Kontrolle der Regierungsorgane, unabhängige Justiz und Medien, sowie durch gesetzlichen Schutz der Grundrechte aller Bürger (Redefreiheit, Presse-, Petitions-, Versammlungs-, Vereinigungs-, Bewegungs- und Gewissensfreiheit; das Recht zu wählen und ein Amt zu übernehmen, das Recht auf ein ordentliches Gerichtsverfahren, Privatsphäre, Eigentum, etc.).
3 Casanova (1994), Kap. 2; Luckmann (1967); Luhmann (1987).
4 Berger (1999), Davie (1999) S. 65–84; Graf, (2004); Martin (1976).
5 Evangelikalismus ist eine Spielart des Protestantismus und wird ausführlicher im 2. Kapitel beschrieben. Entstanden im 18. Jh. aus den europäischen »enthusiastischen« Kirchen und aus den pietistischen Bewegungen und der Herrnhuter Brüdergemeinde in Deutschland, strebte der amerikanische Evangelikalismus nach einer Erneuerung des Glaubens in der »innigen«, lebendigen Beziehung zu Jesus. Betont wurde die individuelle Beziehung zu Jesus; das Kreuz als ein Symbol des Dienstes, des Opfers und des Heils; die individuelle Annahme der Erlösungsgabe Jesu; die selbstständige Bibellektüre durch einfache Männer und Frauen, sowie die Priesterschaft aller Gläubigen unabhängig von kirchlichen oder staatlichen Autoritäten.
6 Der Begriff stammt von Richard Cizik, ehemals Vizepräsident für Regierungsangelegenheiten der *National Association of Evangelicals*.
7 Grimm, D. (2009), S. 2369–2382.
8 Diese 25 % teilen sich auf in: die »religiösen Linke« bei 9 % der US-Bevölkerung (die ältere evangelikale Linke, die katholische Linke und

neue, aufstrebende Kirchen); die »red letter Christians«, die Bibelstellen rot hervorheben als Wegweiser für progressive Politik, auch
bei 9 %; und das religiöse Zentrum (liberale Theologie, moderate Politik), bei etwa 6 %. Siehe Pew Forum on Religion and Public Life:
Assessing a more prominent »Religious Left« (5. Juni 2008).

9 Evangelische Kirche in Deutschland, http://www.ekd.de/english/
4329-christians_in_germany.html

10 Barna, G. (2006); Evangelische Kirche in Deutschland: Congregational life and activities, http://www.ekd.de/english/4329-
congregational_life_and_activities.html

11 http://www.nae.net

12 The Pew Forum on Religion and Public Life. (13. November 2009).
The future of evangelicals: A conversation with Pastor Rick Warren.
http://pewforum.org/events/?EventID=221

13 http://www.au.org/

14 http://www.mainstreambaptists.org/

15 Interview mit dem Autorin am 5. Mai 2009.

16 Genauso wenig drängen fundamentalistische Formen von Religion
Gesellschaften in vormoderne theokratische Organisationen. Fundamentalismus birgt den Erhalt einer inner-gemeindlichen Reinheit,
eine apokalyptische Eschatologie und geistigen Absolutismus in sich.
Vgl. Marty, M. & Appleby, R.S. (1994). Daraus erwachsen für eine Gemeinschaft zwei Handlungsalternativen: entweder der Rückzug aus
der Welt in ein heiligeres Leben, oder ein aktives Engagement in der
Welt, das karitativ, partizipierend, evangelisierend oder in einigen
Fällen gewalttätig sein kann. Nur eine dieser Möglichkeiten, nämlich
der Rückzug oder Selbstausschluss von religiösen Gemeinschaften in
isolierte oder gewalttätige Gruppen, tendiert zur Parallelgesellschaft
oder Balkanisierung.

17 Gushee, D. (2008), S. 50. Gushees Regeln für evangelikale Politik
sind: Christen in Führungspositionen sollten weder Kandidaten oder
Parteien bevorzugen, noch sie beraten, finanziell unterstützen oder
Parteimaterial verbreiten. An Veranstaltungen der Kampagnen sollten
sie nur teilnehmen, wenn sie die von allen Kandidaten besuchen,
und Kandidaten nur zu Reden einladen, wenn sie auch alle anderen
Anwärter einladen. Wahlsiege sollten niemals mit einem Sieg für das
Reich Gottes verknüpft werden. Vielmehr sollten Führungspersonen
die Perspektive der Schrift auf eine gegebene politische Frage zur
Sprache bringen, unabhängig von der Bandbreite der parteilichen
Positionen. Führungskräfte sollten »einen respektvollen zivilen Diskurs gestalten und anregen«, sowie »die Achtung der verfassungs-

gemäßen Beziehung zwischen Religion und Staat lehren und vorleben«.

18 http://www.esa-online.org/Images/mmDocument/Declarations %20&%20Letters/An%20Evangelical%20Declaration%20Against %20Torture.pdf

19 Interview mit der Autorin vom 6. Dezember 2007.

20 Im Jahr 2003 bot beispielsweise das Islamic Institute for Civil Justice an, die Familienrechtsprechung für die muslimische Bevölkerung Kanadas zu übernehmen. Der Vorschlag wurde unterstützt von der Christian Legal Fellowship, der B'Nai Brith (einer jüdischen Organisation), der Salvation Army, der Sunni Masjid Noor und den Ismali Muslims. Kanada lehnte das Angebot ab.

21 Tatsächlich hatte der Supreme Court im Jahr 2000 (Mitchell v. Helms) die Unterscheidung zwischen religiös und »religiös durchdrungen« aufgehoben und entschieden, dass die Bundesregierung sowohl religiöse, als auch »religiös durchdrungene« wie nicht-religiöse Schulen finanzieren darf. Die Gesetzgebung von Colorado wurde vor 2000 geschrieben; dieser Fall brachte das Landesrecht in Übereinstimmung mit dem Supreme Court.

22 USA Today / Gallup Poll, 14. April 2009.

23 Schieder, R. (2008), S. 150.

24 Interview mit der Autorin vom 11. Mai 2009.

25 Casanova, J. (1994); siehe auch Casanova, J. (1.–3. September 2007).

I-2. Die Freiheit des Gewissens und die Trennung der Kirche vom Staat: Ein geschichtlicher Überblick

1 Siehe Chronica und Paradoxa ducenta octoginta (1534) in Lecler, J. (1960), Bd. 1, S. 175, 176.

2 Castellio, S. (1554/1965), S. 129.

3 Castellio spitzt diese Idee in seinem dritten Traktat über die Toleranz zu (Concerning the Nonpunishment of Heretics, 1655). Dort warnt er in direkter Form, dass Religionsfreiheit unmöglich sei, wenn die religiöse Wahrheit in der Obhut der politischen Obrigkeit bliebe.

4 Castellio, S. (1554/1965), besonders S. 123, 129, 132–135, 222–225, 251–253.

5 Eine volksnahe Gruppe, die ein erweitertes Wahlrecht, mehr Demokratie und religiöse Toleranz forderte.

6 Marshall, C. (2002), S. 148.

7 Locke, J. (1993), S. 65, 67, 68, 71–91.

8 Die britische Aufklärung des 18. Jahrhunderts nahm in gewisser Weise einen anderen Weg: Die Feindschaft Englands mit Frankreich trieb die englische Politik und Religion nach rechts, jedenfalls im Vergleich zum späten 17. Jahrhundert. Der Patriotismus wurde von der Vorstellung gerahmt, Gottes Segen liege auf den Anstrengungen der Briten gegen das »papistische« Frankreich, sodass Anti-Klerikalismus eher kein Merkmal der britischen Aufklärung und Demokratisierung wurde.

9 Im späten 19. Jahrhundert entstand in Europa ein linksgerichtetes Christentum, das mit den sozialistischen Bewegungen zusammenarbeitete; im 20. Jahrhundert schlossen sich die fortschrittlichen Kirchen der Neuen Linken an. Aber während diese linken religiösen Bewegungen der Überzeugung waren, dass die Hilfe für den Nächsten ein gottgefälliges Werk sei, rückte doch keine von ihnen von dem aufklärerischen Prinzip ab, dass Politik in den Bereich der rationalen Diskussion gehöre, nicht jedoch die Unwägbarkeiten der kirchlichen Lehren.

10 Also das Misstrauen gegen eine Zentralgewalt, den Glauben an wechselseitige Kontrolle (checks and balances) und an ein dreigliedriges Regierungssystem (Exekutive, elitäre Legislative, Mitbestimmung und Teilhabe des Volkes).

11 Cutler, W., & Cutler, J. (1888), Bd. 2, S. 66–67.

12 Rush, B. (12. November 1791), Bd. 1, S. 611–12.

13 Williams, R. (1644/1963), S. 153–160, 250, 343.

14 Williams, R. (1644/1963), S. 19–81.

15 Die Verfassung von Rhode Island besagte, dass »niemand in der besagten Kolonie in irgendeiner Weise belästigt werde oder für irgendeine unterschiedliche Meinung in einer religiösen Angelegenheit in Frage gestellt werden soll«; Siehe Wilson, J. & Drakemann, D. (Eds.) (2003), S. 30, 31.

16 Williams, R. (2001), S. xxiv.

17 Siehe Backhus' Werk *Appeal to the Public fore Religious Liberty* (1773).

18 Church, F. (Ed.) (2004), S. 92.

19 Church, F. (Ed.) (2004), S. 71.

20 Jensen (1997) (Ed.), S. 278–285.

21 Nachdem Jamestown, die früheste Siedlung in Amerika, nur drei Jahre nach ihrer Gründung im Jahr 1606 beinahe zugrunde gegangen wäre, entsandte London Sir Thomas Gates, um das Kriegsrecht und die Einhaltung der religiösen Bräuche in der abtrünnigen Kolonie durchzusetzen. Religiöses Abweichlertum war in Connecticut und Virginia im 17. Jahrhundert ein Kapitalverbrechen.

22 Im Jahr 1800 gab es etwa 65.000 Methodisten in den Vereinigten Staaten, 1850 waren es über 1.250.000; siehe Gaustad, E. (1962), p. 78. Im späten 19. Jahrhundert stieg die Zahl der Methodisten von 1.250.000 auf 5.500.000; siehe Gaustad, E. & Barlow, P. (2001), S. 374.

23 http://www.yale.edu/lawweb/avalon/diplomacy/barbary/bar1796t.htm

24 Das *Virginia statute of religion freedom*, 1777 von Jefferson verfasst, wurde innerhalb eines Jahrzehnts rechtswirksam. Massachusetts war 1833 der letzte Staat, der seine Staatsreligion abschaffte.

25 Wilson, J. & Drakeman, D. (Eds.) (2003), S. 87.

26 Zwischen 1800 und 1840 gab es über 100 Frauen, vor allem Methodisten, Free Will Baptisten, Jünger Jesu und Cumberland Presbyterianer, die als Pfarrerinnen oder Wanderpredigerinnen beschäftigt waren; siehe Brekus, C. (1998).

27 Noll, M. (2002), S. 182, 200–201.

28 Siehe auch Carwardine, R. (1985), S. 134; Smith, T. (1957), S.22; Goss, C. (1866), S. 106.

29 Finke, R., & Stark, R. (1989, March), S. 30; Noll, M. (2002), S. 166.

30 Moorhead, J. (1991), S. 297.

31 Balmer, R. (2006), S. 61, 185.

32 Marsden, G. (1991), S. 12.

33 Siehe: Bebbington, D. (2005). *The dominance of evangelicalism: The age of Spurgeon and Moody.* Downers Grove, InterVarsity Press, S. 46–50.

34 Rauschenbusch, W. (1907/1992), S. 265, 284. Das Buch wurde 2007 bei HarperOne neu verlegt unter dem Titel *Christianity and the Social Crisis in the 21st Century: The Classic That Woke Up the Church*, mit Kommentaren von Cornel West, Jim Wallis und Richard Rorty, Rauschenbuschs Enkelsohn.

35 Ironischerweise lagen die Bestimmungen zur Arbeitsruhe aus religiösen Gründen ganz auf einer Linie mit den Forderungen der Arbeiterbewegung, den Arbeitern wenigstens einen freien Tag zu gewähren.

I-3. Die evangelikale Wende zum Konservatismus:
Eine neue Union von Kirche und Staat?

1 *Record.* (1863). London.

2 Paley, W. (1794).

3 Gardiner, F. (1872), S. 288; Gardiner, F. (1878), S. 65–66.

4 Ab 1947 erstreckte sich der Einflussbereich der National Association of Evangelicals (gegründet 1942) auf mehr als 1.300.000 Mitglieder aus 30 Denominationen. Youth for Christ hatte bald über eine Million aktive Mitglieder und veranstaltete in ihrem ersten Jahr 900 Treffen; siehe Carpenter, J. (1984), S. 15.

5 Bacevich, A. (2005), S. 140.

6 Everson v. Board of Education. (1947).

7 Epperson v. Arkansas (1968).

8 Siehe Rushdoony, R.J. (1973).

9 Rushdoony, R.J. (1978), S. 39, 194.

10 Siehe Grant, G. (1987), S. 50–51.

11 Siehe Center for Religion, Ethics, and Social Policy. (Februar 2005).

12 Carney, J. (23. Juli 2006).

13 Interview mit der Autorin vom 28. April 2009.

14 Das Gesetz von 1996 lautete: »No public funds provided directly to institutions or organizations to provide services and administer programs ... shall be expended for sectarian worship, instruction, or proselytization.«

15 Im Jahr 2002 gab Bush eine Durchführungsverordnung mit dem Titel Equal Protection of the Laws for Faith-Based and Community Organizations heraus, die bestimmte, dass die Regierung mit Einrichtungen zusammenarbeiten dürfen, die einer konfessionellen Einstellungspraxis nachgehen.

16 Der Religious Freedom Restoration Act.

17 Pew Forum on Religion and Public Life (23. September 2008, Sept): John DiIulio Previews How Faith-Based Initiatives Would Change if Barack Obama Is Elected President; Siehe auch DiIulios Bericht über diese Episode: DiIulio, J. (2007).

18 Ein Bericht des Office of Faith-based and Community Initiatives vom Juni 2003 bekräftigte, dass religiöse Organisationen Regierungsmittel beantragen könnten, wenn sie »Personen, die öffentliche Leistungen erhalten, nicht diskriminieren«, keine »Teilnahme an religiösen Aktivitäten als Bedingung für den Erhalt von Leistungen« fordern und öffentliche Gelder nicht verwenden, »um religiös inhärente Aktivitäten zu unterstützen«. Siehe DiIulio, J. (2007), S. 138.

19 DiIulio, J. (2007), S. 134.

20 Siehe Pew Forum on Religion and Public Life (10. April 2001): Faith-based Funding Backed, but Church-State Doubts Abound; Pew Forum on Religion and Public Life (2002): Americans Struggle with Religion's Role at Home and Abroad; Pew Forum on Religion and Public Life (2002): Lift Every Voice: A Report on Religion in American Public Life; Pew Forum on Religion

and Public Life (24. August 2006): *Many Americans Uneasy with Mix of Religion and Politics.*

21 American Jewish Committee and the Feinstein Center for American Jewish History at Temple University. (2001), S. 311–312.

22 DiIulio, J. (2007), S. 133.

23 Kosmin, B., & Keysar, A. (2009).

24 Stone, D. (7. April 2009).

25 Siehe Pew Forum on Religion and Public Life (5. November 2009): *An Overview of Religion an Science in the United States;* siehe auch Pew Forum on Religion and Public Life (19. April 2009): *U.S. Religious Landscape Survey.*

26 Lambsdorff, O. (22. Juni 2005).

27 Edgell, P., Joseph G., Douglas, H. (2006), S. 211–234.

28 *The Economist* (23. Juni 2005); Heineck, G. (Oktober 2001); Wacker, G. (2000).

29 Mead, W. (September/ Oktober 2006).

30 D.h. auf der Suche nach einer engeren, persönlichen Beziehung zu einem immanenten Gott durch partizipatorische Gottesdienste (ungleich der katholischen Messe) und zeitweilig durch pfingstlerische Praktiken wie göttliche Heilung und Zungenrede; siehe *The Economist* (16. Juli 2009); Pew Forum on Religion and Public Life and the Pew Hispanic Center (2007): *Changing Faiths: Latinos and the transformation of American religion.*

31 Hout, M., & Greeley, A. (4. September 2004), S. A 17.

32 Kohut, A. et al. (2000), S. 130–133.

33 Austin, S. (2003).

34 Stockman, F. (14. Oktober 2004); Green, J. (September 2004), S. 34.

35 Für Interviews mit der evangelikalen Elite, einschließlich 101 evangelikalen Geschäftsführern, Vorstandsvorsitzenden und Präsidenten großer Unternehmen (einschließlich Pepsi, Johnson & Johnson und New York Life Insurance) siehe Lindsay, D.M. (2007) und Pew Forum on Religion and Public Life (6. Mai 2008): *American Evangelicalism: New Leaders, New Faces, New Issues.*

36 *The Economist* (23. Juni 2005); Goodstein, L., & Kirkpatrick. D. (22. Mai 2005).

37 Pew Forum on Religion and Public Life (6. Mai 2008): *American Evangelicalism: New Leaders, New Faces, New Issues.*

38 Hunter, A. (1987), S. 7.

39 Gilgoff, D. (23. Juni 2009); Sheinin, A. (12. Juli 2009).

40 Graves, R. (20. Mai 2005).

41 Parsley und Hagee erreichten besondere politische Bedeutung, als der republikanische Präsidentschaftskandidat John McCain im Frühling 2008 ihre Unterstützung annahm. Wegen ihrer provokativen theologisch-politischen Äußerungen distanzierte McCain sich und seine Kampagne nach einigen Monaten wieder von ihnen.

42 Kindy, K. (29. Mai 2008), S. A 08.

43 Hier wiederholt Hagee die Beschuldigungen, die Pat Robertson und Jerry Falwell am 13. September 2001 erhoben hatten, dass die Angriffe des 11. Septembers Gottes Strafe für Amerikas Abtreiber, Feministen und Schwule gewesen seien.

I-4. Die Unschärfen zwischen Kirche und Staat: ungelöste Probleme

1 Lemon gegen Kurtzman (1971).

2 1995 hat das amerikanische Bildungsministerium diese Richtlinien unter der Ermutigung der Clinton Administration festgeschrieben.

3 Pew Forum on Religion and Public Life. (2007, June). Religions Displays and the Courts.

4 County of Allegheny gegen ACLU. (1989).

5 McCreary County gegen ACLU. (2005).

6 Van Orden gegen Perry. (2005).

7 Capitol Square Review Board gegen Pinette. (1995).

8 Die Summum Gemeinde glaubt, dass diese mystischen sieben Prinzipien von Moses vom Berg Sinai gebracht wurden und das Universum erklären. Als diese Prinzipien aber nicht verstanden wurden, kam er mit den einfacheren 10 Geboten wieder.

9 Moore, D. (26. August 2005).

10 Ott, B. (25. August 2006).

11 Pew Forum on Religion and Public Life. (24. April 2008). Courts not silent on moments of silence.

12 Vgl. *Wallace gegen Jaffree* (1985); Das Gericht hat ein »Moment der Stille«-Gesetz in Alabama abgelehnt, für das der Kläger als alleiniges Ziel die »Rückkehr von freiwilligen Gebeten an öffentlichen Schulen« angab. Das Gericht betonte jedoch, dass es das »Moment der Stille«-Gesetz erlaubt hätte, wenn es ein säkulares Ziel verfolgt hätte. Vor diesem Urteilsspruch hatten fast alle niedrigeren Gerichte Stille Andachten als verfassungswidrig angesehen. Seit 1985 werden nun aber fast alle »Moment der Stille«-Gesetze von den Gerichten erlaubt.

13 Croft gegen Perry. (2008).

14 Robinson, M. (22. Januar 2009).
15 The Pew Forum on Religion and Public Life. (4. Februar 2009).
    Overview: The Conflict Between Religion and Evolution; The Pew
    Forum on Religion and Public Life. (5. November 2009). Public
    Opinion on Religion and Science in the United States: Views on Sci-
    ence and Scientists.
16 Boyd, R. (2009, Jan. 26).
17 The Pew Forum on Religion and Public Life. (4. Februar 2009).
    Overview: The Conflict Between Religion and Evolution.
18 *Selman gegen Cobb County School District.* (2005).
19 Texas, Alabama, Florida, Louisiana, Michigan, Missouri und South
    Carolina haben darüber nachgedacht, Lehrpläne zu öffnen für
    »Sichtweisen auf die wissenschaftlichen Stärken und Schwächen der
    Darwinistischen Theorie«, vgl. McKinley, Jr. J. (22. Januar 2009).
20 Stutz, T. (27. März 2009).
21 Stutz, T. (27. März 2009).
22 *Kitzmiller gegen Dover Area School District.* (2005).
23 Diese Bestimmungen, die *Blaine Amendments* genannt werden, nach
    dem Kongressabgeordneten, der diese im 19. Jahrhundert vorge-
    schlagen hat, wurden nicht implementiert, um die staatliche Neu-
    tralität zu schützen, sondern aus Abneigung gegen den Katholizis-
    mus. Am Übergang zum 20. Jahrhundert wollten sie die öffentliche
    Unterstützung für katholische Schulen beenden, da diese sich vor-
    nehmlich dem amerikanischen Papismus zuwendeten. Ironischer-
    weise werden die *Blaine Amendments* heute von den Religiösen Rech-
    ten abgelehnt, die diese vor einem Jahrhundert noch begrüßten. Sie
    würden heute lieber katholische Schulen unterstützen, da sie nicht
    mehr so viele Vorurteile gegen den Katholizismus hegen, als auf öf-
    fentliche Mittel für protestantische Schulen zu verzichten.
24 Zelman gegen Simmons-Harris. (2002).
25 The Pew Forum on Religion and Public Life. (16. November 2009).
    Faith-based programs still popular, less visible. http://www.
    pewforum.org/docs/?DocID=483
26 DiIulio, J. (2007), S. 178.
27 The Pew Forum on Religion and Public Life. (16. November 2009).
    Faith-based programs still popular, less visible. http://www.
    pewforum.org/docs/?DocID=483
28 The Nelson A. Rockefeller Institute of Government. (11. Juni 2009).
    Taking Stock: The Bush Faith-Based Initiative and What Lies Ahead,
    the final report by the Roundtable on Religion and Social Welfare
    Policy.

29 Es gibt außerdem eine generelle positive Korrelation zwischen religiösem Engagement und sozialen produktiven Effekten: Vom Sinken des Blutdrucks und der Selbstmordrate über Straßenkriminalität und Schulversagen. Der medizinische und soziologische Nutzen von religösem Engagement, der in Korrelationsstudien auftaucht, mag auch andere Gründe, wie ein stabiles Familienleben haben. Sehr unstabile Familien, durch Drogenmissbrauch, Kriminalität, Gewalt, Todesfall oder Trennung, sind weniger kirchlich engagiert als stabile Familien. Die besseren medizinischen und psychologischen Verhältnisse in religiös aktiveren Familien könnten also eher von der Stabilität der Familie als den speziellen religiösen Lehren kommen. Vgl. Johnson, B. (2001); Levin, J., & Koenig, H. (Eds.) (2005).

30 Flast gegen Cohen. (1968).

31 Hein gegen Freedom From Religion Foundation.(2007).

32 *Pedreira gegen Kentucky Baptist Homes for Children.* (2008).

33 Surdin, A. (19. Juni 2008); vgl. zusätzlich: Stern, M. (17. Juni 2008).

34 Lampman, J. (26. März 2008); vgl. zusätzlich: Women Donors Network and Communications Consortium Media Center, (2008). Moving Forward: On reproductive health and a broader agenda.

35 Berger, M. (18. Dezember 2008).

Teil II:
Starke Religion innerhalb liberaler Demokratie:
Eine Fallstudie über Amerika

II-6. Die neue evangelikale Landschaft: Eine Einführung

1 Kirkpatrick, D. (28. Oktober 2007).

2 Pew Forum on Religion and Public Life. (1. Oktober 2008). Americans Wary of Church Involvement in Partisan Politics.

3 Pew Forum on Religion and Public Life. (21. August 2008). More Americans Question Religion's Role in Politics.

4 Scot McKnight unterrichtet an der North Park University, Chicago; vgl. Kirkpatrick, D. (28. Oktober 2007); vgl. außerdem Sider, R. (1977/2005); Sider, R. (1999/2007); Sider, R. (2008).

5 Diese 25% schließen mit ein: Die »Religiösen Linken« mit 9% der amerikanischen Bevölkerung (die älteren evangelikalen Linken, die katholischen Linken, und neu, die *emergent churches*); auch bei 9% die

»Red-Letter-Christians«, die Bibelstellen rot hervorheben als Wegweiser einer progressiven Politik, und die religiös Gemäßigten (liberale Theologie, moderate Politik) bei ungefähr 6 %. Vgl. dazu: Pew
Forum for Religion and Public Life. (2008, June 5). Assessing a More
Prominent »Religious Left«.

6 Evangelische Kirche in Deutschland, http://www.ekd.de/english/
4329-christians_in_germany.html

7 8 Millionen; 1,7 Millionen beteiligen sich an protestantischen – von
der Evangelischen Kirche organisierten – Aktivitäten; vgl. Barna G.
(2006); Evangelische Kirche in Deutschland, http://www.ekd.de/
english/4329-congregational_life_and_activities.html

8 Um andere Vergleichsmaßstäbe zu schaffen: Die New Evangelicals haben mehr Mitglieder als die Einwohnerzahl von England (50 Millionen), Italien (60 Millionen), Frankreich (65 Millionen) und doppelt
so viele Mitglieder wie die Einwohnerzahl Polens (38 Millionen).

9 Pew Forum for Religion and Public Life. (8. Dezember 2008). A Post-
Election Look at Religious Voters in the 2008 Election.

10 Wallis, J. (2008), S. 182.

11 Wallis, J. (2008), S. 182.

12 Interview mit dem Autor, 26. April 2009.

13 Stone, D. (7. April 2009).

14 Kuo, D. (2006).

15 Eine ähnliche Entwicklung ist unter den katholischen Amerikanern
zu beobachten. Ein sichtbares Beispiel ist der ehemalige Politik- und
Strategieberater von George W. Bush, Michael Gerson. Sein 2007 er-
schienenes Werk Heroic Conservatism strebt die Verbindung der traditionellen katholischen Hilfe für die Bedürftigen mit dem traditionellen
Glauben an einen begrenzten Staat und an einen freien Markt an, um
das Ziel von sozialer Gerechtigkeit zu erreichen. Sein »moralischer
Internationalismus« konzentriert sich auf Menschenrechte, Armutsbekämpfung, Rassenbeziehungen, »Pro-Life Themen« und auf den
Kampf gegen Menschenhandel, Malaria und AIDS. Letzterer benötigt, so betont er, Bildung von Frauen und die Verteilung von Kondo-
men. Er kontrastiert die Außenpolitik im Mittleren Osten – die seiner
Meinung nach unhaltbar ist, da sie anti-amerikanische Gewalt her-
vorruft – mit dem Anstieg der Hilfe für Afrika, die höchst positive
Einschätzungen der USA hervorrufen.

16 Kirkpatrick, D. (28. Oktober 2007).

17 Gehrke-White, D., Sampson, H., & Veciana-Suarez, A. (28. August
2007).

18 Kirkpatrick, D. (2007, October 28).

19 Pew Forum on Religions and Public Life. (9. September 2008). Analyzing the Fall Campaign: Religion and the Presidential Election.

20 Meckler, L. (24. März 2009).

21 Cox. D. (28. September 2007).

22 Kirkpatrick, D. (28. Oktober 2007).

23 Tomma, S. (30. September 2007).

24 Die neue Formulierung klingt nun wie folgt: »The Democratic Party also strongly supports a woman's decision to have a child by ensuring access to and availability of programs for pre- and post-natal health care, parenting skills, income support, and caring adoption program,«; vgl., Murphy, T. (13. August 2008).

25 Kennedy, J. (6. Oktober 2008).

26 Offenheit gegenüber Obama und den Demokraten war unter Evangelikalen außerhalb des Südens und bei Jüngeren zu beobachten (zwischen 18 und 29 Jahren); vgl. Religion & Ethics NewsWeekly/ United Nations Foundation; vgl. Pew Forum on Religion and Public Life. (8. Dezember 2008) A Post-Election Look at Religious Voters in the 2008 Election.

27 70% der Mormonen und 60% der Evangelikalen lehnen Abtreibungen in allen oder den meisten Fällen ab, während 62% der durchschnittlichen Christen und 70% der Religionslosen sagen, dass Abtreibungen in allen oder den meisten Fällen legal sein sollten. Vgl. Pew Forum on Religion & Public Life. (2008.). U.S. Religious Landscape Survey.

28 2008 waren 54% der evangelikalen Kirchen der Meinung, dass Umweltschutz seine Kosten wert ist. Vgl. Pew Forum on Religion & Public Life. (2008.). U.S. Religious Landscape Survey.

29 Pew Forum on Religion & Public Life / U.S. Religious Landscape Survey (2008).

30 http://www.yale.edu/faith/abou-commonword.htm

31 Unterschrieben haben diesen evangelikalen Brief unter anderen: Leith Anderson – Präsident der National Association of Evangelicals; Jim Wallis – Präsident der progressiven evangelikalen Sojourners Association und Rick Warren.

32 Mead, W. (September / Oktober 2006). Evangelikale waren außerdem aktiv beteiligt an dem Versuch, den Krieg im Sudan zu beenden. Vor allem Samaritan's Purse war sehr aktiv (ihr Krankenhaus wurde wiederholt zerbombt). Ihr Leiter Franklin Graham, der Sohn von Billy Graham (dem Großvater der modernen evangelikalen Bewegung), war unter denen, die Bush dazu gedrängt haben, Verhandlungen über Frieden im Sudan im Januar 2005 zu führen. Vgl. Hertzke, A. (2004).

33 Andere wichtige evangelikale Hilforganisationen sind: Die *Association of Evangelical Relief and Developement Organization*, die seit 1978 einen großen Bereich von Hilfe und Beratung für Menschen aller Rassen, Religionen und ethnischen Gruppen innerhalb seiner 47 Mitgliedsgruppen weltweit aufgebaut hat. Die *International Justice Mission*, die 1997 gegründet wurde und sich inzwischen mit einem Budget von 10 Millionen $ auf Themen wie Menschenrechte, Sklaverei, Sexhandel, Zwangsarbeit, Vergewaltigung, illegaler Verhaftungen und Polizeigewalt konzentriert.

34 The Pew Forum on Religion and Public Life. (2009, Nov. 13. November 2009). The future of evangelicals: A conversation with Pastor Rick Warren. http://pewforum.org/events/?EventID=221

35 Das Armutsforum kam zu seinen Vorschlägen, indem Progressive mit Konservativen zusammengearbeitet haben und zusammen Armutsbekämpfungsrichtlinien entwickelten. Die Vorschläge des Forums beinhalten: Bundesstaatliche Anreize für private Sparkonten; Geschäftspartnerschaften, um junge Erwachsene, die weder eine Arbeit haben noch in der Schule sind, Arbeitserfahrung sammeln zu lassen; finanzielle Ausbildung und Planung für niedrige und mittlere Einkommenshaushalte; die Schaffung von 2 Millionen Gutscheinen für »Bebauungsmöglichkeiten«; eine Erhöhung der bundesstaatlichen Mindestlöhne; die Ausweitung von Gefangenen-Resozialisierung, um Rückfälle und Kriminalität zu bekämpfen; die Förderung von verantwortungsvoller Vaterschaft und gesunden Ehen.

36 Serjeant, J. (28. November 2007).

37 P.E.A.C.E steht für *Promote reconciliation, Equip ethical leaders, Assist the poor, Care for the sick and Educate the next generation* – Unterstütze Versöhnung, erschaffe ethische Führungspersönlichkeiten, helfe den Armen, pflege die Kranken und bilde die nächste Generation aus.

38 The Pew Forum on Religion and Public Life. (13. November 2009). The future of evangelicals: A conversation with Pastor Rick Warren. http://pewforum.org/events/?EventID=221

39 http://www.nae.net/index.cfm?FUSEACTION=editor.page&pageID=127&idCategory=5

40 2009 haben Leith Anderson, Präsident der NAE, und weitere Führungspersönlichkeiten der Evangelikalen Obama aufgerufen, adäquate Mittel bereitzustellen, um Einwanderungsgesetze zu implementieren und die »enormen« Wartezeiten für Immigranten bis zum Erhalt eines legalen Status zu verringern. Vgl. Vu, M. (2009, April 1).

41 Entscheidende Richtlinien für gerechten Handel beinhalten: Das Verbot von Preismanipulationen, die vorteilhaft sind für große Firmen;

die Erlaubnis für arme Länder, Gebühren zu erheben, die die Kosten für Importe steigern und so der einheimischen Industrie die Möglichkeit geben, sich zu entwickeln; das Verbot für wohlhabende Länder, Gebühren zu erheben, um so den Import von Produkten aus armen Ländern zu ermöglichen und diese auf Erste-Welt-Märkten wettbewerbsfähig zu machen.

42 Gushee, D. (2008), S. 240.
43 Evangelical Manifesto. (Mai 2008).
44 Sider, R., & Knippers, D. (2005), S. 165.
45 Hunter, J. (2008), S. 94.
46 http://www.barna.org/
47 Kinnaman, D., & Lyons, G. (2007), S. 203.
48 Meacham, J. (2006), S. 192.
49 King beendete diese Rede mit der üblichen Beschwörung: »New Jerusalem [...] If we but do it, we will bring about a new day of justice and brotherhood and peace. And that day the morning stars will sing together, and the sons of God will shout for joy. God bless you.« Vgl. King, M. L. Jr. (1968).
50 Vgl. De Young, C. P.; Emerson, M.; Yancey, G.; Kim, K.C. (2004); Noll, M. (2008); Perry, D. (1998).

II-7. *New Evangelicals:*
Grundlegende Überzeugungen

1 Yoder, J. (1972/ 1994), S. 49, 50, 52.
2 Die Lehren, die zum Beispiel in Kollosser (3:18-4-1) und Epheser (5:21-6:9) und 1. Petrus (2:13-3:7) gefunden wurden.
3 Es wurden auch Behauptungen aufgestellt, dass die apostolischen Haustafeln nicht von Jesus, sondern von existierenden jüdischen Gesetzen und stoischer Philosophie stammen. Vgl. F. C, Baur. Arguments restoring *Haustafeln* to Jesus' vision can be found in Hoskyns, E., & Davey, N. (1947/ 1957).
4 Das Lukasevangelium ist das Evangelium, das sich am meisten mit sozialer Gerechtigkeit beschäftigt, aber die unterschiedlichen Gewichtungen in den anderen Evangelien sind kein Grund, sich aus den Vorschriften des Lukasevangeliums herauszuwinden.
5 Ebenso zentral im evangelikalen Verständnis des Kreuzes ist die Vorstellung der stellvertretenden Sühne, in dem Sinne, dass Jesu Tod stellvertretend für uns sühnt.
6 Vgl. Yoder, J. (1972/ 1994), S. 185–187.

7 Die Menschheit könnte auch am Phänomen der Auferstehung teilhaben: »Wenn nun der Geist dessen, der Jesus von den Toten auferweckt hat, in euch wohnt, so wird er, der Christus von den Toten aufgeweckt hat, auch eure sterblichen Leiter lebendig machen durch seinen Geist, der in euch wohnt.« (Rö 8,11).

8 Vgl. beispielsweise Troeltsch, E. (1912/1992). Troeltsch geht einem Wandel von einer Ethik der Liebe und sozialer Inklusion in den frühen Kirchenjahren zu einer an den stoischen Naturgesetzen orientierten Ethik nach. Nachdem die Kirche Mitglieder aus der Oberschicht gewonnen und sozio-politische Macht errungen hatte, fing sie an, so Troeltsch, die existierenden sozialen Institutionen zu unterstützen und eigene zu entwickeln. Statt der Priesterschaft aller Gläubiger bedeutete dies nun patriarchale, soziale Klassenhierarchie und eine kirchliche Bürokratie.

9 Yoder, J. (1972/1994), S. 103–106.

10 Kreuzigung, nicht Enthauptung, war die Hinrichtungsmethode der Römer.

11 »Und stellt euch nicht dieser Welt gleich, sondern ändert euch durch Erneuerung eures Sinnes, damit ihr prüfen könnt, was Gottes Wille ist, nämlich das Gute und Wohlgefällige und Vollkommene. [...] Und haben verschiedene Gaben nach der Gnade, die uns gegeben ist. Ist jemand prophetische Rede gegeben, so übe er sie dem Glauben gemäß. [...] Hasst das Böse, hängt dem Guten an. Die brüderliche Liebe untereinander sei herzlich. Einer komme dem anderen mit Ehrerbietung zuvor. [...] Ist's möglich, soviel an euch liegt, so habt mit allen Menschen Frieden. Rächt euch nicht selbst, meine Lieben, sondern gebt Raum dem Zorn Gottes [...].« (Rö 12,2-19).

12 Berkhof, H. (1962), S. 42.

13 Vgl. Berkhof, H. (1962), S. 30–31.

14 Eph 6,14-18 beschreibt die christlichen Waffen als »Schild, Pfeil, Helm und Schwert« – alles defensive Waffen im Gegensatz zu Lanze, Bogen und Speer. So gehen die Christen nicht offensiv in die Welt, aber sie verteidigen ihren Glauben: »So steht nun fest, umgürtet an euren Lenden mit Wahrheit und angetan mit dem Panzer der Gerechtigkeit und an den Beinen gestiefelt, bereit einzutreten für das Evangelium des Friedens. Vor allen Dingen aber ergreift den Schild des Glaubens, mit dem ihr auslöschen könnt alle feurigen Pfeile des Bösen, und nehmt den Helm des Heils und das Schwert des Geistes, welches ist das Wort Gottes.«

II. 8. Der neue Evangelikalismus in der Praxis:
Lösungsansätze zu Fragen der Religionspolitik und Perspektiven auf
die Religiöse Rechte

1 Es existieren auch andere Typologien der New Evangelicals. Eine oft gebrauchte ist die Unterscheidung theologischer und politischer Positionen in konservativ bzw. liberal. New Evangelicals passen jedoch nicht
ohne weiteres in dieses Schema. Leah Daughtry, Pastor der Pfingstbewegung, der 2008 den Nominierungsparteitag der Demokraten ko-
ordinierte, befürwortet das Recht auf Abtreibung, glaubt aber, dass
sowohl Kreationismus als auch Evolutionstheorie in öffentlichen
Schulen unterrichtet werden können. Richard Cizik, früherer Vizepräsident für Staatsangelegenheiten bei der National Association of
Evangelicals, ist gegen Abtreibung, aber unterstützt Umweltschutz,
die Reduzierung von Armut und das Recht auf konfessionelle Präferenzen bei der Einstellung von Mitarbeitern. Da ich an Modellen für
das Verhältnis von Staat und Kirche interessiert bin, basiert die hier
verwendetet Typologie auf dem Verhältnis zum Staat.
2 Boyd, G. (2006), S. 89.
3 Boyd, G. (8. April 2009).
4 Interview mit dem Autor, 4. Mai 2009.
5 Boyd, G. (8. April 2009).
6 Interview mit dem Autor, 4. Mai 2009.
7 Evans, T. (1997), S. 418, 426.
8 Boyd, G. (2006), S. 143.
9 Boyd, G. (2006), S. 88.
10 Dies war zur Zeit Jesu nicht üblich, als Armeen angeworben wurden
(hired army), so dass er darauf keinen Bezug nehmen konnte. Das
»Schwert« war außerdem eine Waffe zur Verteidigung. Siehe Kap. II-7.
11 Interview mit dem Autor, 4. Mai 2009.
12 Boyd, G. (2006), S. 34.
13 Boyd, G. (2006), S. 139; Will, G. (4. Juli 2005).
14 Interview mit dem Autor, 4. Mai 2009.
15 Balmer, R. (2006), S. 189.
16 Balmer, R. (2006), S. 89.
17 Balmer, R. (2006), S. 188–189.
18 Balmer, R. (2006), S. 107.
19 Balmer, R. (2006), S. 94.
20 Hunter, J. (2008), S. 22. Viele von den Ideen in diesem Buch finden
sich ebenfalls in Hunter, J. (2006).

21 Hunter, J. (2008), S. 59.

22 Hunter, J. (2008), S. 31.

23 Siehe auch Hunters podcasts, http://www.rightwingwrongbird. com/

24 Hunter, J. (2008), S. 84, 85.

25 Hunter, J. (2008), S. 54, 55.

26 Hunter, J. (2008), S. 172.

27 Zum Beispiel das Gleichnis vom Unkraut unter dem Weizen (Mt 13,24-30 und Thomas-Ev. 57). Das Unkraut, was zwischen dem Weizen wächst, wird nicht vor der Ernte ausgerissen. Dies wird als Gebot gegen die Inquisition und die Hexenverfolgung interpretiert und als Aufruf zur Geduld mit denen, die Jesus noch nicht angenommen haben. Sie könnten es noch tun bis zum Tag des jüngsten Gerichtes (der Erntezeit) und in jedem Fall weiß kein Mensch, ob es nur einen Weg zum Heil gibt, oder, wenn es ihn gibt, welcher es ist. Darüber entscheidet Gott allein.

28 Gushee, D. (2008), S. 49, 51.

29 Gushee, D. (2008), 50; Gushees Regeln für evangelikale Politik ähneln denen von Hunter: Christliche Führer sollten keine Kandidaten oder Parteien unterstützen, beraten, finanzieren oder Parteiwerbung verteilen. Sie sollten an Wahlkampfveranstaltungen nur teilnehmen, wenn sie die Veranstaltungen aller Kandidaten besuchen und sie sollten Kandidaten nur zu einer Rede einladen, wenn sie alle Bewerber einladen. Wahlsiege sollten nicht mit Siegen des Reiches Gottes in Verbindung gebracht werden. Vielmehr sollten die Leiter die Perspektive der Bibel zu einer gestellten politischen Frage zum Ausdruck bringen, ganz unabhängig von Parteipositionen. Die Leiter sollten »einen respektvollen und zivilen Diskurs gestalten und fördern« und »Respekt für das verfassungsgemäße Verhältnis von Religion und Staat lehren und vorleben.«

30 *Christianity Today* wurde 1956 von Billy Graham und L. Nelson Bell gegründet. Es erscheinen zehn Periodika für über eine Millionen Abonnementen. Die Internetseite hat knapp zwölf Millionen Besuche pro Monat.

31 Michael Lindsays Inhaltsanalyse des Magazins über die letzten vierzig Jahre zeigt einen signifikanten Anstieg von, wie er es nennt, »kosmopolitischen« Inhalten, im Gegensatz zu »populistischen« Inhalten; siehe Lindsay, D. M. (2007); also Pew Forum. (2008, May 6). American Evangelicalism: New Leaders, New Faces, New Issues.

32 Kirkpatrick, D. (2007, October 28).

33 Evangelical Manifesto:A Declaration of Evangelical Identity and Public Commitment. (7. Mai 2008).

34 Evangelical Manifesto:A Declaration of Evangelical Identity and Public Commitment. (7. Mai 2008).

35 Hunter, J. (2008), S. 180.

36 Gushee, D. (2008), S. 206–209.

37 Siehe: Pavlischek, K. (21. Nov. 2001); Skillen, J., & Pavlischek, K. (2001), S. 443.

38 Gushee, D. (2008). S. 211–213.

39 »Sofern eine Person ein Menschenrecht hat, sollte diese Person auch die Möglichkeit haben, eine exekutive, legislative oder judikative Autorität anzurufen, dieses Recht durchzusetzen oder zuzusprechen.« Siehe: National Association of Evangelicals (2004). For the Health of the Nation: An evangelical call to civic responsibility.

40 http://www.esa-online.org/Images/mmDocument/Declarations %20&%20Letters/An%20Evangelical%20Declaration%20Against %20Torture.pdf

41 Interview mit dem Autor, 13. Mai 2009.

42 Hunter, J. (2008), S. 161.

43 Hunter, J. (2008), S. 184–185.

44 Interview mit dem Autor, 11. Mai 2009.

45 Die umfassendste rechtliche Prüfung zugunsten der substantiellen Neutralität findet sich in den Arbeiten des Center for Public Justice (CPJ), gegründet 1981 von Jim Skillen.

46 Interview mit dem Autor, 5. Mai 2009.

47 Kennedy, J. (6. Okt. 2008).

48 Die CCCUC hat in den USA und Kanada 105 Mitgliedsinstitutionen, 75 Partnerorganisationen in 20 Ländern. Außerdem gehören ihr 300000 Studenten und 1,55 Millionen Absolventen an. Das Budget der CCCUC beläuft sich auf elf Millionen Dollar, unter den Mitgliedern ist auch das renommierte Wheaton College.

49 Interview mit dem Autor, 13. Mai 2009.

50 Claiborne, S. (2006), S. 41, 127.

51 Claiborne, S. (2006), S. 169.

52 Claiborne, S. (2006), S. 163, 329.

53 Claiborne, S. (2006), S. 186.

54 Interview mit dem Autor, 6. Mai 2009.

55 Veteranen, Doktoren, Journalisten und Durchschnittsbürger.

56 Claiborne, S. (2006), S. 206, 263.

57 Claiborne, S. (2006), S. 213, 215.

58 Claiborne, S. (2006), S. 282.

59 Interview mit dem Autor, 6. Mai 2009.
60 Interview mit dem Autor, 6. Mai 2009.
61 Wallis, J. (2008), S. 181.
62 Wallis, J. (2008), S. 181.
63 Wallis, J. (2008), S. 65.
64 Wallis, J. (2008), S. 185–186.
65 Wallis, J. (2008), S. 253.
66 Wallis, J. (2008), S. 255.
67 Wallis, J. (2008), S. 181.
68 Campolo, T. (2008), S. 24.
69 Campolo, T. (2008), S. 24.
70 Campolo, T. (2008), S. 207.
71 Campolo, T. (2008), S. 17.
72 Im Jahre 2006 fusionierte Call to Renewal mit Sojourners.
73 Campolo, T. (2008), S. 114.
74 Campolo, T. (2008), S. 63.
75 Claiborne, S. (2006), S. 159, 246.
76 Claiborne, S. (2006), S. 354.
77 Hunter, J. (2008), S. 30–32.
78 Hunter, J. (2006), S. 10.
79 Hunter, J. (2008), S. 40.
80 Gushee, D. (2008), S. 52.
81 Gushee, D. (2008), S. 54; Skillen, J. (1994).
82 Gushee, D. (2008), S. 48.
83 Die Barna Group stellt statistisches Material und andere Rechercheer-
    gebnisse für christliche Organisationen zu Verfügung, http://www.
    barna.org/
84 Kinnaman, D., & Lyons, G. (2007), S. 37.
85 Kinnaman, D., & Lyons, G. (2007), S. 191.
86 Boyd, G. (2006), S. 65, 72.
87 Boyd, G. (2006), S. 80.
88 Boyd, G. (2006), S. 210, Anm. 5; siehe auch: Jewett, R., & Lawrence,
    J. (2004); Tuveson, E. (1968).
89 Balmer, R. (2006), S. ix.
90 Balmer, R. (2006), S. 8–10.
91 Balmer, R. (2006), S. 180.
92 Balmer, R. (2006), S. 170, 171.
93 Balmer, R. (2006), S. 175.

II-9. Die »New Evangelicals« in der Praxis:
Umweltschutz, Abtreibung, Homosexualität

1 Beisner, E.C. (1990), S. 22, 30.
2 http://www.ausable.org/au.main.cfm
3 National Association of Evangelicals. (2004). For the Health of the Nation: An evangelical call to civic responsibility. S. 24.
4 Evangelical Environmental Network & Creation Care Magazine. (2004). What would Jesus Drive?
5 Der Verleger David Neff spielte eine Schlüsselrolle bei der Abfassung von For the Health of the Nation und An Evangelical Declaration against Torture, und ist eine zentrale Figur der evangelikalen Umweltschutzaktivitäten.
6 Goodstein, L. (10. März 2005).
7 Interview mit dem Autor, 30. Okt. 2009.
8 Religion & Ethics NewsWeekly/United Nations Foundation. (Sept. 2008); siehe: Pew Forum for Religion and Public Life. (8. Dez. 2008). A Post-Election Look at Religious Voters in the 2008 Election.
9 Balmer, R. (2006), S. 187.
10 Boyd, G. (2006), S. 143.
11 Claiborne, S. (2006), S. 44.
12 Der verfassungsrechtliche Schutz der Privatssphäre im Familienrecht wurde durch die Legalisierung von Verhütungsmitteln durch den Supreme Court 1965 bestärkt. Siehe: Griswold v. Connecticut. (1965).
13 Balmer, R. (2006), S. 188.
14 Zum Beispiel sagt ein Vers des Deuteronomiums »Wähle das Leben«, was für einen evangelikalen Autoaufkleber verwendet wurde, obwohl es im Kontext heißen muss: »wähle den Weg des Lebens, Gottes Weg«.
15 Balmer, R. (2006), 12; die offizielle Position der Southern Baptists in einer Resolution von 1971 war: »Wir fordern die Southern Baptists auf für eine Gesetzgebung zu arbeiten, die Abtreibung bei Vergewaltigung, Inzest, nachgewiesenen schweren Missbildungen des Fötus und bei klaren Hinweisen auf mögliche Schäden für die emotionale, mentale und physische Gesundheit der Mutter erlaubt.« Siehe: Annals of the Southern Baptist Convention. (1971). W.A. Criswell, Pastor der First Baptist Church in Dalles und ehemaliger Präsident der Southern Baptist Convention hatte auch keine Einwände gegen die Legalisierung von Abtreibung im Jahre 1973: »Ich hatte schon immer das Gefühl,

dass erst nachdem ein Kind geboren war und ein von seiner Mutter unabhängiges Leben hatte, es zu einem Individuum wurde; und es schien mir deswegen schon immer, dass erlaubt sein sollte, was für die Mutter und ihre Zukunft am Besten ist.« Siehe, Balmer, R. (2006), 13.

16 Martin, W. (1996), S. 173.

17 Balmer, R. (2006), 16; Balmer bestätigt diese Darstellung anhand evangelikaler Führer dieser Zeit, wie Tim LaHaye, Autor der Bestsellerreihe *Left Behind*, eine evangelikal-apocalyptische Abenteuergeschichte, und Ralph Reed; siehe, Reed, R. (1996), S. 216.

18 Balmer, R. (2006), S. 174.

19 Hunter, J. (2008), S. 176.

20 http://www.nae.net/index.cfm?FUSEACTION=editor.page&pageID =579&idCategory=1

21 Siehe, David Gushee's Kommentar zu Obama's Politik: http://rightdemocrat.blogspot.com/2009/03/david-gushee-mr-president-we-need-more.html

22 Campolo, T. (2008), S. 121.

23 Wallis, J. (16. Okt. 2008).

24 Wallis, J. (2008), S. 195.

25 Wallis, J. (2008), S. 197.

26 Dreweke, J., & Wind, R. (2006, Aug. 16); Siehe auch, Frost, J., & Sonfield, A., & Gold. R. (2006), S. 23–25.

27 NAE-Präsident Leith Anderson war trotzdem der Meinung: »es gibt einen Vertrauensverlust seine Glaubwürdigkeit betreffend als Sprecher der Führer- und Wählerschaft«. Siehe, Wallis, J. (18. Dez. 2008). SojoMail@sojo.net

28 Es gab andere Fragen in dem Interview, die Verwunderung auslösten. Cizik sagte, er würde mit Obama an der Reduzierung von Abtreibungen arbeiten, dass er für Obama in den Vorwahlen gestimmt hat und dies möglicherweise auch bei der Wahl tut. Über Empfängnisverhütung sagte Cizik: »Wir sind keine Katholiken, die per se gegen Abtreibung sind. Und seien wir ehrlich, was wollen wir? Wollen wir ungewollte Schwangerschaften, die zu Abtreibungen führen, oder wollen wir die Bedürfnisse der Frauen in Not lindern, was offen gesagt die bessere Empfängnisverhütung wäre, um die Entscheidung zu vermeiden, die Abtreibung, die wir alle als moralisch verwerflich ansehen – ich tue das zumindest.« National Public Radio, http://www.npr.org/templates/story/story.php?storyId=97690760

29 Kinnaman, D., & Lyons, G. (2007) S. 92, 102, Tabelle.

30 Interview mit dem Autor, 13. Mai 2009.
31 Interview mit dem Autor, 11. Mai 2009.
32 Interview mit dem Autor, 13. Mai 2009.
33 Boyd, G. (2006), S. 137–138.
34 Kinnaman, D., & Lyons, G. (2007), S. 97–98.
35 Kinnaman, D., & Lyons, G. (2007), S. 96.
36 Boyd, G. (2006), S. 116.
37 Boyd, G. (2006), S. 138–139.
38 Kinnaman, D., & Lyons, G. (2007), S. 106.
39 Matthäus 7,1-5; Römer 2,1-3; 14,2-3.10-13; Jakobus 4,10-12.
40 Balmer, R. (2006), S. 191.
41 Interview mit dem Autor, 11. Mai 2009.
42 Evans, T. (1997), S. 26.
43 Interview mit dem Autor, 11. Mai 2009.
44 Andringa, R. (12. Juli 2005). President's Self-evaluation for the Council for Christian Colleges & Universities Board, siehe auch: Gushee, (2008), S. 99.
45 National Association of Evangelicals (2004). For the Health of the Nation: An evangelical call to civic responsibility.
46 Interview mit dem Autor, 5. Mai 2009.
47 Claiborne, S. (2006), S. 269.
48 Interview mit dem Autor, 6. Mai 2009.
49 Campolo, T. (2008), S. 98.

Teil III:
Interviews

1 Die Interviews beginnen mit einer Reihe von Fragen, die der Interviewte mit seinen eigenen Worten beantwortet und nicht aus einer Liste mit vorgegebenen Antworten aussucht. Abhängig von der Antwort dienen die danach gestellten Fragen der Verdeutlichung, was manchmal auch dazu geführt hat, dass das Interview in eine etwas andere Richtung ging. Die Interviewten, die offiziell, also in ihrer Eigenschaft als Vertreter des Staates oder ihres Berufstandes mit mir sprachen, werden hier namentlich genannt. Alle anderen, also alle Privatpersonen, haben andere Namen bekommen.

2 AMOS, A Mid-Iowa Organization Strategy, bezieht sich auf Amos, 5:24, Come, build a land »... where justice shall roll down like water, and peace like an ever-flowing stream.« 1996 haben sich die Kirchen der Vereinigten Methodisten, der Episkopalen, der Katholiken und die evangelisch-lutherischen Protestanten sowie die

»*Disciples of Christ*« mit örtlichen Synagogen zusammengetan, um soziale Projekte für die Mid-Iowa-Region zu entwickeln.

3   Bevor Laser zu *Third Way* kam, arbeitete sie als Anwältin in einer Gruppe für Gesundheits- und Fortpflanzungsrechte im feministischen *National Women's Law Center*, zuvor war sie Leiterin der Rechtsabteilung im *Planned Parenthood* in Washington, DC.

Teil IV:
Zusammenfassende Bemerkungen

1   Sheldon, C. (1896/2004), S. 207.
2   Report der National Study Conference on the Church and Economic Life, S. 14, 15.
3   Erdman, C. (1917), Bd. 4, S. 99, 100.
4   Kirkpatrick, D. (28. Okt. 2007).
5   Evangelical Manifesto: A Declaration of Evangelical Identity and Public Commitment. (7. Mai 2008).
6   Evangelical Manifesto: A Declaration of Evangelical Identity and Public Commitment. (7. Mai 2008).